Joyce McDougall

Théâtres du Je

Gallimard

Dans la même collection

THÉÂTRES DU CORPS, n° 429

Joyce McDougall est psychanalyste, membre titulaire de la Société psychanalytique de Paris ; membre honoraire de l'Association for Psychoanalytic Medicine de New York, membre de la New York Freudian Society et enseignante à l'Object Relations Institute de New York.

Pour Daniel, Joshua et Oliver

PROLOGUE

Théâtre psychique, scène psychanalytique

Le monde entier est un théâtre,
Et tous, hommes, femmes, ne sont que des acteurs,
Ils ont leurs entrées, ils ont leurs sorties,
Et chaque homme y voit maint rôle lui échoir :
Les actes font sept âges...

Shakespeare[1]

« *All the world's a stage* » proclame Shakespeare, constatant que les hommes et les femmes sur cette vaste scène ne sont rien d'autre que des acteurs, *merely players*, répétant et interprétant les rôles d'une pièce inconnue, dans un théâtre aux confins imprécis. Le sentiment de Shakespeare était sans doute que chacun de ses héros tragiques n'était qu'un jouet du destin, marionnette mue par des fils invisibles, ou guignol manœuvré du dedans de façon inexorable. « Quintessence de la poussière. » Mais qui donc manipule les fils ?

1. *Comme il vous plaira*, Acte II, scène 7. Traduction d'Anton Tavera, Le Club Français du Livre.

La tragédie d'Hamlet, de Lear, de Richard III..., c'est l'histoire de l'homme confronté aux forces violentes de sa nature instinctuelle, forces qui, tels des courants souterrains profonds, font dériver son vouloir et modifient le cours de sa vie. Traversé par des orages d'amour et de haine, cherchant tantôt à séduire et à chérir, tantôt à punir et à détruire, chaque homme a dû, dès l'enfance, s'astreindre à naviguer entre les interdits et les impossibles de sa vie. Obligé d'inventer une solution pour chacun des inévitables conflits suscités par ses désirs primitifs, il lui a fallu trouver des compromis qui le satisfassent lui-même autant que l'autre. Avec toutes ses luttes, comme avec une palette de couleurs, il a dessiné le portrait de cette personne qu'il croit être quand il dit « Je ». En fait, ce Je est un personnage, un « acteur » sur la scène du monde qui, en privé, dans sa réalité interne, assiste à un théâtre plus intime dont le répertoire est secret. À son insu, des scénarios s'organisent, scènes bouffonnes et scènes tragiques en quête d'un lieu de représentation et d'action. Le metteur en scène, c'est, bien sûr, le Je lui-même, mais le visage des personnages, l'intrigue comme son dénouement lui sont voilés ; il ne sait pas, en effet, qui sont ceux qui le poussent vers le drame. Nul avertissement ne lui est donné que l'action va commencer et que quelque part, dans un lieu de sa psyché, un personnage s'agite et veut entrer en scène... Et pourtant, c'est là, dans cet univers intérieur, que se décidera la plus grande partie de ce qu'il deviendra dans la vie.

Dans la mesure où ce théâtre psychique joue à guichet fermé, pour soi, nous sommes, en vérité, comme disait Shakespeare, *mere players*, de pauvres personnages, poussés à réaliser des désirs obscurs, à accomplir des tâches qui se donnent pour nécessaires, à poursuivre une trajectoire où s'associeront réussites louables et échecs lamentables, sans pour cela que nous soyons capables de dire les vraies raisons qui ont motivé ces visées et ces fins. Le Je de chaque individu règle continuellement ses comptes avec le passé et ainsi reproduit inlassablement les mêmes drames, ceux-là justement que le Je d'autrefois, tout petit, avait vécus dans sa volonté de survivre psychiquement au milieu d'un monde d'adultes. Qu'ils se manifestent sous forme de névroses, de problèmes de caractère ou de perturbations narcissiques, d'addictions ou de perversions, de psychoses ou de psychosomatoses, ces scénarios psychiques sont toujours des inventions artisanales, approchant parfois cependant d'une véritable œuvre d'art. L'auteur de ces pièces intimes, ignorant sa propre créativité, les éprouve la plupart du temps comme des productions où il a un rôle à jouer, où il doit faire des gestes et prononcer des répliques, mais qui sont mises en scène ailleurs, dirigées par d'autres.

En utilisant cette métaphore du théâtre, j'espère mettre en lumière deux aspects de l'activité psychique : *le cadre ou le lieu où se passe telle scène ; les personnages qui y jouent.* Le premier a trait à l'économie psychique, le second à la signification dynamique. C'est au Je de composer avec ces éléments, de maintenir le sens et de canaliser les forces d'investissement. Pour y parvenir, il lui faut de l'invention, de l'imagination.

Les thèmes des scénarios refoulés, dont le symptôme est le vestige, appartiennent tous au canevas sur lequel se tisse toute la comédie humaine et ils n'échappent donc point aux contraintes de l'Interdit et de l'Impossible. Contourner l'Interdit relève des projets libidinaux du Je, tandis que nier l'Impossible concerne ses visées narcissiques. Bien que l'un n'aille jamais sans l'autre, il importe de les différencier. L'interdit est par définition toujours *possible.* Qu'est-ce qui donne au sujet l'impression qu'il lui est « impossible » de réaliser le parricide, ou d'accomplir l'inceste ? C'est bien la barrière du refoulement qui rend ces actes *impensables.* Les vrais impossibles, eux, sont issus des inéluctables traumatismes narcissiques et sont bien moins accessibles à la parole. Ils nécessitent des contre-investissements d'un tout autre ordre — et leur mise en scène risque toujours de faire sauter l'appareillage fantasmatique et verbal.

Le répertoire du Je, sur le versant névrotique, sera constitué par les infinies variations tant homosexuelles qu'hétérosexuelles du drame œdipien. Au lieu de jouir de son droit à la vie sexuelle et amoureuse, et aux réalisations narcissiques, avec ce que cela comporte de rivalités, de luttes, d'échecs, mais aussi de victoires et de plaisir, le Je se retranche et protège sa sexualité — et ses sublimations — dans sa double polarité. L'enfant effrayé qui se tapit au cœur de l'homme entrave la jouissance ou pose des conditions et oblige à des compromis. Les scénarios du désir seront distordus et prendront les couleurs de l'interdit et de la culpabilité ; toutefois cette dialectique du *dit* et de l'*inter-dit* n'échappera pas aux mailles du langage. Les scènes du répertoire de l'Interdit sont en effet des textes, qui racontent, au moyen des mots, les péripéties du désir. C'est à partir des fantasmes et des pensées infantiles que la psyché, dans un deuxième temps, forgera cette mise en acte, remarquable de densité, d'économie et d'équilibre, qu'est le symptôme.

Les scènes d'attraction-répulsion du chapitre II de ce livre (« Scènes de la vie psychique ») où se tiennent et se détiennent les intrigues construites autour de l'objet phobique et de l'objet fétichiste, sont des scénarios types de ce théâtre de l'Interdit. Que de personnages manquants ! Que d'affects inexplicables ! Que de signifiants énigmatiques ! Et que de chaînons à poser pour rétablir le sens ! L'analyste convié sur le tard à assister au spectacle, devant ces mises en scène remaniées à l'excès, aura autant de mal à comprendre les ressorts de l'intrigue, à se faire une juste idée du visage des protagonistes et de leurs mobiles, que le metteur en scène lui-même.

Le théâtre de l'Impossible, en revanche, franchit les frontières du Je pour chercher des solutions oniriques. Point de recours simple ici pour que le désir de l'impossible se métabolise en désir d'autre chose. Comment l'être humain peut-il, en effet, affronter ces échecs scandaleux du narcissisme que sont l'altérité, la différence des sexes, le vieillissement et la mort, autrement que par la pensée magique qui, fantasmatiquement, le transforme en être tout-puissant, bisexué et immortel ?

Voilà bien le théâtre où Narcisse, mégalomane, se mire : celui du rêve où cherche à s'assouvir la demande impossible... de l'Impossible. En fait, jour et nuit, le Je sera hanté par la revendication narcissique et il devra inventer les mises en scène et les gestes magiques qui pourraient la faire taire.

L'échec à ce niveau hypothèque sérieusement la structuration de la vie psychique et met en cause les vicissitudes de la rencontre de l'inconscient parental avec la fragilité psychique de l'enfant. Si le théâtre interne des parents les amène à utiliser l'enfant, son corps et son esprit, pour combler leurs propres manques narcissiques, voire pour régler quelques comptes mortifères avec le monde interne qui est le leur, il y a grand risque que cet enfant magique et mégalomane ne reçoive jamais l'aide qui lui est indispensable pour affronter l'impensable altérité et l'inacceptable différence des sexes et des générations. Du même coup lui seront refusés les biens suprêmes qui récompensent le renoncement à l'Impossible, à savoir le droit à une existence séparée, à une identité subjective et sexuelle, bref, l'accès au désir. C'est le rideau du théâtre de la psychose qui risque de s'entrouvrir. Nous ne voyons plus ici la lutte du névrosé-normal pour assurer ses droits à une vie d'adulte, mais une guerre sans répit dont l'enjeu est le droit d'exister. Ballotté entre les désirs contradictoires d'exister pour soi ou pour l'Autre, de mourir à soi ou à l'Autre, le sujet risque de se découvrir incapable de faire face aux demandes instinctuelles comme aux demandes de la réalité extérieure. La sortie d'une pareille impasse peut entraîner cette désorganisation du réel qui, structurée comme un rêve, se nomme délire. Le sujet alors s'attaque à son propre fonctionnement psychique et ce qui était jusque-là forclos de sa psyché réapparaît à la façon dont un metteur en scène détruirait son décor et laisserait voir au grand jour le désordre de l'arrière-scène. Tout comme les scènes compactes et condensées de la névrose, les scénarios psychotiques sont fabriqués à partir des mots, mais de mots dont le sens a été attaqué, fracturé, dévitalisé. Pourtant, le théâtre psychotique ne s'adresse plus à l'autre, bien qu'il l'utilise parfois dans ses tentatives de réaliser l'impossible. Le fragment clinique évoqué au chapitre II concernant l'histoire du jeune assassin illustre bien le tragique de l'Impossible.

Toutefois, pour parvenir à composer avec l'Impossible, l'individu n'est pas seulement écartelé entre le rêve et le délire. Une troisième scène lui est offerte dans l'espace qui sépare son monde interne de la réalité. Je veux parler de ce que Winnicott a appelé l'espace transitionnel. Ce lieu, défini, d'un côté, par la satisfaction pulsionnelle complète et, de l'autre, par l'objet à jamais inatteignable, est l'aire où se déploient tous les champs de la culture ; une sorte d'espace-temps où se dépense l'essentiel des forces humaines. Or, pour certains Je, cette aire de la culture est fort réduite, voire ignorée et inexplorée. Pour d'autres, elle est remplie d'objets transitionnels que nous pourrions considérer comme pathologiques ou, pour mieux dire, d'objets *transitoires.*

Pensons ici à l'objet toxicomaniaque des addictions. Un tel objet est « transitoire » dans le sens où il faut le remplacer continuellement, puisqu'il n'a ni la signification, ni le destin du véritable objet transitionnel à savoir un objet *en voie d'introjection.* Les sujets qui ont créé de tels objets ont échoué dans leur tentative d'introjecter la fonction maternelle. Ce sont ces enfants pour qui le corps et la présence maternelle doivent pallier l'absence d'un objet transitionnel, doivent être cet objet. Les parents de tels enfants, en fonction de leurs propres conflits, ont fait du corps et de l'être de leur enfant un objet de besoin et de demande, destiné à satisfaire des visées narcissiques, elles-mêmes impossibles, niant par conséquent à l'enfant tout désir propre. C'est un mécanisme analogue qui joue lorsque le Je d'un autre est utilisé addictivement, sorte d'objet-drogue, tenant lieu d'objet transitionnel. L'espace transitionnel n'est plus, dès lors, lieu d'échange mais d'exploitation. Les assoiffés de l'Impossible, faute d'avoir pu créer des objets transitionnels authentiques, font des autres de la scène du monde des proies pour les enfants affamés qu'ils sont. Car ils sont en danger d'annihilation si les autres ne les abreuvent pas et ne servent pas leur bonheur.

Ces dernières mises en scène du Je, et leurs mises en acte sur la scène du monde, ne sont ni des créations psychotiques ni des élaborations névrotiques, mais elles empruntent leurs façons de penser et d'agir aux deux catégories. Je propose d'appeler le lieu où elles se produisent : théâtre du *Transitionnel.* Le metteur en scène ici se refuse les facilités du délire mais en revanche doit faire en sorte que d'autres Je jouent les rôles qu'il leur destine, et lui apportent les certitudes dont il a radicalement besoin. De ce théâtre-là, l'histoire de Blanche-Neige (chap. III) est exemplaire. Notons au passage à quel point la relation addictive ressemble aux scénarios pervers (voir chap. XI et XII). À cette différence près cependant : la quête des objets pour la scène transitionnelle n'est pas ouvertement érotisée, et ne demande pas que la jouissance sexuelle vienne au secours des certitudes en péril. Cette extériorisation d'un drame qui n'a pas trouvé sa résolution dans l'univers privé ressortit bel et bien, quant à ses postulats de base, au théâtre de l'Impossible, comme, d'ailleurs, le scénario pervers. Mais, à l'inverse du théâtre psychotique, il faut qu'y interviennent à tout prix le concours et la croyance des autres. Ainsi, le metteur en scène se trouve soumis, dans une large mesure, aux désirs de l'autre, et, de ce fait, il éprouve, de façon souvent angoissante, les exigences du Possible.

J'en arrive à ce théâtre psychique plus troublant qui cherche à exploser du côté du corps. Il nous est loisible, nous l'avons vu, de décrire un corps-théâtre névrotique, un corps-théâtre psychotique, un corps-théâtre pervers et toxicomaniaque. Posons maintenant notre regard sur cette présentation sans paroles qu'est le corps-théâtre psychosomatique. Le savoir douloureux, mais, somme toute, rassurant, qu'a le Je sur ses créations névrotiques, sur ses inventions perverses et ses scènes psychotiques s'évanouit dès qu'apparaissent ses productions psychosomatiques. Des perceptions, des sensations corporelles, des affects qui d'ordinaire réclament bruyamment l'accès à la représentation se trouvent ici coupés de façon radicale de la psyché. Les personnages à mettre sur la scène psychanalytique — corps-sexes, corps-choses, objets et morceaux d'objets, mystérieux ou monstrueux — boudent dans les coulisses du théâtre interne. Les textes manquent aux acteurs qui ne s'expliquent plus que par des gestes, des actes ou encore par quelques vagues mots qui servent moins la communication que le besoin de décharge énergétique.

Repris sur la scène psychanalytique, tous les personnages de la vie psychique — parties de soi ou de l'autre, objets externes et internes, aimés et haïs — se mettent à reconstruire leur texte, à trouver leurs répliques ; ils entrent, côté cour, dans l'espoir de ressortir, côté jardin, avec une histoire, un désir propre et une place définie dans la généalogie. L'expérience d'une psychanalyse exerce sur ces divers textes compacts, volumes réduits à une surface, un grand pouvoir de réfraction, à la façon du rayon de lumière passant à travers une pierre taillée. Ainsi s'ouvre devant le Je de l'analysant un nouveau décor où faire évoluer son théâtre secret, et une nouvelle scène où pourraient se faire entendre ces voix perdues. Expérience inaugurale, où les personnages internes vont enfin pouvoir interpeller le sujet et l'obliger à reprendre le fil d'un discours interrompu quand il était enfant. Ce qui se dira alors, en contrepoint des misères du corps et de l'esprit, sera entendu par le Je pour la première fois, dans ses propres associations, comme une révélation, un discours de lui inconnu.

Au fil des séances sortiront du magasin aux accessoires tous les personnages de la comédie humaine et se dessineront trait pour trait les visages du Père idéalisé ou humilié, séducteur ou castrateur, de la Mère adorante et dévorante, toute-puissante ou séductrice, lieu à miracles et à mort. Le Je aussi y déploiera des facettes inconnues de lui-même : petit œdipe névrosé ou pervers emprisonné dans les rets de l'Interdit et torturé par la culpabilité ; infans narcissique envahi par la honte, pris dans les filets de l'Impossible et cherchant, au-delà de ses potentialités psychotiques et psychosomatiques, sa propre créativité.

L'analyse sera le lieu de cette confrontation entre le Je adulte et le Je infantile. Pour sa part, l'analyste sera l'objet-figurant protéiforme du théâtre interne de l'analysant, appelé à figurer dans de multiples visages, à jouer tous les rôles. L'analyse suivra son cours dans le dédale des résistances et dépendra dans ses principaux tournants, d'une part, de la capacité du Je de l'analysant à tolérer l'intensité de ses relations analytiques ; d'autre part, de la perméabilité et de la tolérance au Je de l'analyste qui courra toujours le risque d'être inconsciemment entraîné à jouer ses propres rôles et à laisser son théâtre intime personnel infléchir le récit.

Une psychanalyse, c'est la rencontre de Jekyll avec Hyde, son frère jumeau dénié ; c'est l'étonnant dialogue de Faust avec Méphisto, partie vitale mais clivée de lui-même. Sur fond de silence, l'amour et la haine se reconnaîtront derrière les mêmes visages, et le sujet réconcilié signera la trêve de la sourde guerre qui, comme chez Faust, comme chez Jekyll, allait l'épuiser à mort.

C'est en se disant que le Je se rencontre et s'écoute. Le discours qu'il tient sur lui-même et sur ces autres en lui lui rend les pouvoirs qu'il avait abdiqués en même temps que sa capacité de réfléchir et de ressentir. Au fur et à mesure que le symptôme redevient métaphore et que le souvenir se reconstruit, l'inacceptable et l'insensé du passé changent de signe. En fin de compte, ce que le sujet avait dilapidé de ses avoirs psychiques lui sera rendu, lui permettant de se reconnaître comme acteur et auteur du drame de sa vie, comme gérant de son passé et de son avenir.

Qu'en est-il au demeurant de la vérité de ces textes perdus et de ces scénarios oubliés ? Disons qu'elle est à construire sur la scène psychanalytique dans la dialectique du souvenir, du fantasme et de l'illusion. Pour l'homme délivré du rôle de victime condamnée sans relâche à jouer les mêmes scènes, à répéter les mêmes échecs, à souffrir des mêmes angoisses, la vérité, c'est l'affirmation du présent, et du bilan qui s'y comptabilise. L'analyse peut être pour certains la seule démarche capable de les libérer des rôles écrits d'avance dans lesquels se répètent de manière lancinante les déchéances et la douleur psychique.

Sans l'aide d'une psychanalyse, d'autres auront trouvé dans les transformations de leur théâtre psychique des solutions différentes aux inévitables conflits auxquels ils auront survécu. Car nous savons que le Je n'a pas pour seul destin créateur la névrose, la psychose ou la perversion ; il est aussi capable, pour sortir des mêmes impasses, des plus belles réparations, des plus beaux rêves, des plus grands idéaux, des amours les plus intenses et des plus sublimes œuvres d'art.

« Voulez-vous que vos personnages vivent ? » demandait Sartre. « Faites donc qu'ils soient libres ! »

CHAPITRE I

Entre la stase et l'extase : réflexion sur l'élaboration en psychanalyse

Théâtres du Je... scénarios psychiques... répliques illisibles donc inaudibles... personnages internes... enfin travail sur le sens. Ce sont les métaphores qui me viennent à l'esprit pour parler le plus précisément possible de la nature du travail psychanalytique ; voyage à deux à la recherche de la réalité psychique, voyage sans cartes où chacun s'efforce de suivre un chemin dit flottant dans l'espoir de la découvrir. Au fur et à mesure que l'analysant qui s'y engage s'installe dans le cadre de l'analyse, et qu'il acquiert une certaine confiance dans la relation qui s'y noue — même s'il reste aux aguets —, va se dévoiler dans les espaces entre les mots une planète encore à découvrir : la sienne. Ce monde interne est peuplé de façon bizarre et contradictoire. Tel celui de cette patiente parlant dans la séance d'une amie qui a perdu son fils ; au milieu de ses pleurs, elle pense tout à coup à son petit frère qu'elle aimait tant ; en ce moment elle s'inquiète beaucoup pour sa santé. « Ses troubles digestifs...

pourvu qu'il n'ait pas un cancer comme Papa ! » Preuve qu'elle l'aime toujours. Or, la petite fille d'antan, celle qui, dans la détresse la plus absolue, a voué à la mort cet intrus parce qu'il lui enlevait non seulement ses repères identificatoires mais aussi sa certitude d'être aimée, celle-là n'est jamais apparue sur la scène analytique. La seule personne présente à notre séance d'aujourd'hui, c'est la femme adulte qui aime véritablement son frère. Le seul reflet du drame insoupçonné parce qu'inavouable qui est en train de se dévoiler, c'est l'impression qu'éprouve ma patiente d'être subitement envahie par un sentiment d'angoisse. Elle se demande pour quelle raison elle n'a pas écrit depuis des mois à ce frère aimé. Le moment où la femme aimable et affectueuse acceptera de dialoguer avec la petite fille-assassin, de la comprendre, et finalement de lui *pardonner* (au lieu de la haïr) est encore loin.

Cette lente reconstruction des scènes psychiques enfermées dans les archives du théâtre interne, et cette reconnaissance tardive des personnages qui y jouent les rôles essentiels, a un nom dans la théorie psychanalytique : il s'agit de l'*élaboration psychique.* Cette activité prend la suite, sur la scène psychanalytique, d'une répétition inlassable — en dépit du changement des personnages et des lieux — des mêmes conflits internes. À ce travail minutieux Laplanche et Pontalis [1967] ont donné le nom de *perlaboration.* Le premier de ces concepts *(psychische Verarbeitung)* touche au mode de fonctionnement de l'appareil mental et à son travail intrapsychique ; le deuxième *(Durcharbeitung)* concerne le travail de la cure psychanalytique. Comme le remarquent les auteurs du *Vocabulaire,* une analogie s'impose entre les deux concepts. Ajoutons qu'il y a, chez les deux participants au travail analytique, élaboration et perlaboration. L'analysant, sous la pression du « tout dire et ne rien faire », fournit un « labeur » assidu, imposé par la demande que sa vie pulsionnelle fait à son appareil psychique, ce qui va être perlaboré dans la nouvelle situation ; l'analyste, de son côté, se livre à un travail parallèle où, bien entendu, ses demandes pulsionnelles et son propre théâtre interne jouent un rôle tout aussi inévitable que ceux de ses patients ; ils doivent être également écoutés, élaborés, et perlaborés, afin qu'il saisisse mieux ce qui se passe chez ses analysants, et entre lui et eux.

Quant à la richesse que recèle pour moi la notion de théâtre interne et de drames perdus, j'en suis redevable à Mélanie Klein et je voudrais rendre hommage à son génie clinique. Je me souviens de l'horizon nouveau qui s'entrouvrit à moi à la lecture de son œuvre — en particulier de son livre fondamental : *La Psychanalyse des Enfants* [1932]. Elle fut la première analyste à reconnaître la profonde importance symbolique du jeu de l'enfant — qui d'ailleurs n'est nullement un jeu dans l'optique de l'enfant mais bel et bien un *travail* — et à concevoir l'idée que la psychanalyse infantile pouvait être véritablement praticable avec des petits jouets, animaux et personnages, au travers desquels se dévoilerait la structure inconsciente de l'enfant. Ainsi, disait-elle, les jeux « libres » (pas plus libres, en fait, que les associations du même nom) joueraient un rôle analogue à celui de la communication verbale dans la psychanalyse des adultes. La scène vivante du petit « Peter » m'est encore présente à l'esprit : le garçonnet qui vient d'avoir un petit frère parle de cet événement et en même temps fait cogner, l'un contre l'autre, deux chevaux. L'analyste remarque que cela lui fait penser à deux personnes qui se cognent ensemble. « Oh ! dit Peter. C'est pas gentil, ça » pour ajouter qu'il s'agit bien de deux personnes qui jouent ensemble, et « qui à la fin vont s'endormir ». Comme on peut s'y attendre, cette solution paisible de la scène primitive qui produit des petits frères n'est guère satisfaisante pour Peter. Dans la continuation de son jeu, il couvre ce couple de « cognés » avec des briques en énonçant : « Maintenant les deux sont tout à fait morts. » Solution ludique pour adoucir la douleur d'émotions intolérables.

La psychanalyse de ces enfants grandis que sont les adultes révèle également une dimension de jeu, de « comme si », de « imaginons que... », qui permet que l'espace psychanalytique devienne une scène où la reconstruction du monde interne et de ses pièces psychiques, condensées et effacées du conscient, soit possible. Dans ce premier chapitre, j'espère donner un aperçu de ce qui s'élabore chez l'*analyste,* tandis qu'il écoute ce qui se déroule dans le discours de ses analysants. L'élaboration-perlaboration de l'analyste est double : concernant la nature du théâtre psychique en évolution chez chacun de ses patients, son écoute comporte une activité de « théorisation flottante » [Aulagnier, 1977], contrepartie des associations, supposées elles aussi flottantes, de l'analysant. Cette forme d'écoute fertilise la réflexion de l'analyste sur la relation spécifique et unique qui s'établit entre lui et chacun de ses patients, et qui s'élabore tout au long de la cure, jusqu'à ce qu'il puisse percevoir ce qu'il représente pour la réalité psychique de l'autre : il se découvrira tour à tour dans le rôle des différents pères et mères qui habitent l'univers interne de chacun, pour ensuite se reconnaître comme le dépositaire des idéaux du sujet lui-même, ainsi que l'incarnation de tout ce qui l'empêche de vivre et d'être heureux. Et j'en passe...

À ce travail sur le sens va s'en ajouter un autre — un travail de réflexion qui, lui aussi, prend racine dans l'expérience de la cure, mais ne se poursuit qu'au moment où l'analyste est loin de son fauteuil, de son cabinet de travail et de ses patients. Par moments, la vengeance de l'esprit de l'escalier s'abat sur lui, le mettant en face des coïncidences, des incongruités, des affects contretransférentiels, ou des questions sans fin et sans réponse. À l'encontre de ce qui se passe sur le vif avec les analysants, ce genre de réflexion cherche à maîtriser l'immaîtrisable, à mettre de l'ordre dans le chaos de la psyché humaine, à saisir dans les mouvements inchoatifs qui se dessinent dans chaque analyse la nature mystérieuse de ce processus créatif qui le dépasse. Cette deuxième force d'élaboration psychique n'aboutit pas à des interprétations mais à une mise en question de la pratique de la psychanalyse : l'analyste cherchera confirmation ou infirmation des concepts classiques et peut-être tentera-t-il d'intégrer de nouveaux éléments théoriques au corps doctrinal du freudisme. Pour certains, ces élaborations aboutiront à des exposés, à des écrits.

Deux élaborations, deux champs distincts du fonctionnement psychique — l'un « clinique », l'autre « théorique » : qu'est-ce qui, chez l'analyste, les différencie l'un de l'autre ? Qu'est-ce qu'ils ont en commun ?

En un sens, ces deux activités — élaboration clinique, élaboration théorique — sont antinomiques. L'identification introjective que l'analyste opère avec la communication latente du discours analytique de chaque patient exclut toute préoccupation théorique spécifique. Bien que notre écoute soit élargie par nos connaissances théoriques, celles-ci ne sont enrichissantes que dans la mesure où l'analyste a pu faire siennes ces théories, dans le vif de son expérience analytique personnelle et de sa pratique. Faute de cet enrichissement personnel, la théorie risque de faire écran plus que toute autre chose à notre écoute introjective, et d'empêcher le surgissement d'hypothèses libres concernant la réalité psychique des analysants ainsi que nos propres fonctionnements et réactions psychiques face à chacun d'eux.

Le fait d'« écrire la psychanalyse » [Smirnoff, 1977] constitue en partie une fuite devant la solitude à deux du cabinet de consultation, et en partie une tentative d'affronter le non-su de notre pratique, d'élucider sa raison d'être, d'alléger ses tensions particulières. Je ne m'étendrai pas ici sur les bénéfices libidinaux et narcissiques escomptés par celui qui se livre à l'élaboration théorique de sa pratique. Cette dimension n'a pas de caractère spécifique qui nous permette de différencier les écrits analytiques de toute autre écriture. Je me borne à signaler cet aspect antinomique des deux types d'élaboration, pour mieux centrer mes propos sur les éléments qu'ils ont en commun. Du concept d'élaboration je considérerai ce qui, pour moi, en est le noyau essentiel ; j'examinerai ensuite, à partir d'un exemple clinique, son développement dans la cure et dans l'écriture.

Au centre du concept théorique d'élaboration psychique se trouve, comme le mot l'indique, la notion de *travail : exigence de travail* contenue dans la demande que le corps pulsionnel fait à la psyché ; *persistance du travail* qu'impose la *perlaboration* dans la cure, face aux résistances. Dans ce chapitre, j'utiliserai le terme d'élaboration au sens générique, mais c'est de l'exigence de travail qui déclenche le fonctionnement psychique, plutôt que de la perlaboration, que je me propose de parler. Dans l'esprit de Freud, cette exigence de travail était toujours liée à l'idée de déplaisir, de douleur, de stase libidinale. Puisqu'il y a une infinité de façons de résoudre, de tourner ou de fuir la douleur psychique, il s'ensuit que la disparition du déplaisir, l'écoulement de la stase, dépendra de la nature du travail auquel se livrera la psyché.

Nous pourrions parler de la *stase* et de l'*ex-stase* comme de deux pôles qui délimitent l'espace de l'élaboration, l'ex-stase étant ce qui met fin à la douleur, une résolution qui peut aller du pathologique au sublime, et qui est censée viser le maintien de l'*homéostase* dans ses versants libidinal et narcissique.

Dans leur *Vocabulaire,* Laplanche et Pontalis nous rappellent que nous devons le terme d'« élaboration psychique » aux recherches de Charcot, qui désignait ainsi le travail psychique responsable de la création d'un symptôme. À la suite de Charcot, Freud et Breuer ont utilisé le même terme, mais, à l'encontre de Charcot, ils ont proposé de voir dans la persistance des symptômes l'indication d'un *manque d'élaboration psychique.* Pour ma part je voudrais souligner que ces deux positions ne s'excluent pas. L'élaboration psychique qui (selon la conception de Charcot) aboutirait à la formation d'un symptôme névrotique ou d'une perversion, voire d'une psychose, est un travail psychique précoce, une solution hâtive, qui porte la marque de la pensée infantile et de l'infiltration des processus primaires dans le secondaire, dans la tentative d'échapper à la douleur psychique. Cette construction symptomatique ferme d'un seul coup la porte à toute élaboration future. Le symptôme, c'est le provisoire qui dure. Cette clôture empêche le sujet de trouver des réponses plus adéquates à ses conflits et plus appropriées à sa vie d'adulte. D'où l'espoir, selon Freud et Breuer, que le travail analytique permette une reprise de l'élaboration mentale à laquelle la formation des symptômes a mis fin, et l'accès à des réalisations pulsionnelles et sublimatoires réussies.

Cependant, il peut exister une autre réponse que l'ex-stase visée par le symptôme névrotique ou psychotique. La stase libidinale peut être présente sans pour autant que l'état psychique ainsi mobilisé se traduise en affect déplaisant et douloureux. Dans ce cas l'exigence de travail ne se manifestera pas, faute d'informations psychiques susceptibles d'alerter le Moi du sujet. Le risque apparaît alors d'une potentialité psychosomatique, ou de l'irruption d'« agirs » d'allure psychotique. (Je reprendrai ces questions aux chapitres VII et VIII.)

Ainsi, je mettrai du même côté l'activité psychique responsable de la constitution des symptômes (ou des sublimations) et celle qui ouvre la voie à la reprise de l'élaboration associative ; et je mettrai de l'autre côté l'entrave plus radicale que rencontre le travail psychique quand la transmission de l'éprouvé affectif et des représentations mentales attenantes est bloquée, en raison d'un clivage précoce entre psyché et soma, entre la vie pulsionnelle avec ses conflits inévitables et leur traduction en qualité psychique. Devant le manque quasi total d'élaboration impliqué par une telle coupure, comment rendre dicible ce qui, dès l'abord, ne l'est pas ? Face aux secteurs silencieux de certains patients, l'élaboration psychique de l'analyste se heurte à un dilemme qui le poussera à s'interroger longtemps sur l'éventualité d'une ex-stase sous forme d'éclosion psychosomatique.

Qu'il s'agisse de structure névrotique, d'organisation perverse ou d'état psychosomatique, chaque fois que se produisent une stagnation dans le déroulement de la cure et un arrêt du processus analytique, il se crée chez l'analyste une « stase » particulière qui l'incite à la réflexion, qui l'amène aux échanges avec des collègues, peut-être à l'écriture. Quant à l'ex-stase que représentent discussions, colloques, conférences, écrits analytiques, nous voyons que les processus psychiques qui y sont à l'œuvre sont les mêmes que ceux qui aboutissent à des interprétations dans la relation analytique, ou à la perlaboration à l'intérieur de la cure. Ce même fonctionnement psychique est aussi à la source de la formation symptomatique. Du point de vue de l'économie psychique et des facteurs de déplaisir-plaisir, nous pourrions avancer l'idée que perversion et sublimation, symptôme et création ont un fond commun [McDougall, 1978].

Pour mieux illustrer ces propos, je citerai un fragment d'analyse qui vient à l'appui de ce que j'avance. La patiente en question montrait divers niveaux d'élaboration psychique : activités sublimatoires, irruptions symptomatiques et manifestations psychosomatiques. Ces différentes expressions m'ont amenée à un travail d'élaboration théorique parallèle. Grâce à la stase dont je souffrais du fait que je ne comprenais pas ce qui se passait chez cette analysante, j'en suis venue a écrire mon premier article psychanalytique [McDougall, 1964]. Malgré mes efforts de compréhension et d'exploration de ma propre réalité interne, maintes questions théoriques sont restées en suspens. Quelques-unes d'entre elles ont trouvé une réponse des années plus tard.

Il y a vingt ans, une jeune femme d'une vingtaine d'années vint me demander une analyse en raison d'une inhibition dans son travail, inhibition qui était allée jusqu'à l'arrêt quasi total de son activité professionnelle. Elle était maigre, peu soignée, peu féminine d'aspect. Elle avait le regard vif, intense, et, quand elle parlait, tout son visage s'illuminait. Artiste-interprète, elle devait se produire en public. Elle décrivait l'expérience affolante que représentait pour elle le fait de se trouver sur scène, paralysée de peur. Elle s'arrangeait pour masquer son angoisse, mais la qualité de son travail en souffrait.

Autres détails apportés spontanément : parents cultivés, qui avaient réussi sur le plan social ; mère dévouée à la famille ; père chirurgien, très efficace, très occupé. « Papa, on ne le voyait pas beaucoup ; maman, on ne pouvait pas l'éviter. » Karen avait une sœur jumelle, Kati, et deux sœurs cadettes. Elle vivait seule. Hors de son travail, me fit-elle savoir, elle n'avait aucune amitié masculine.

D'après mes notes, il semble que je lui ai posé une seule question : voyait-elle d'autres circonstances dans lesquelles la panique qu'elle éprouvait sur scène risquait de se produire ? Elle répondit qu'elle avait parfois peur de sortir dans la rue, et elle enchaîna sur le fait qu'elle souffrait par intermittence d'allergies cutanées, de types eczémateux. Il me sembla que j'avais affaire à une demande authentique d'analyse, à un symptôme phobique grave, conséquence de l'effritement d'une sublimation, dû sans doute à des fantasmes érotiques exhibitionnistes qui risquaient d'échapper au refoulement. J'avais de la place ; je fus ravie de pouvoir commencer cette analyse deux semaines plus tard.

À la première séance Karen se jeta, littéralement, « dans » le divan (façon d'entrer sur la « scène » analytique qui allait persister jusqu'à ce qu'elle casse le divan, un an plus tard. Aucune interprétation n'eut d'effet sur cet *acting*). À cette occasion, Karen sanglota tout le temps de la séance. Me sentant mal à l'aise, ne sachant pas quoi dire, je gardais le silence.

Deuxième séance : « J'aurais été mieux avec un analyste homme. Je n'aurais rien ressenti de cette angoisse, cette impression d'étrangeté. Je n'ai jamais aimé un homme ; je n'ai de désir que pour les femmes. » De mon côté, je me sentais en défaut et je me reprochais de ne pas l'avoir interrogée sur sa sexualité. Pourtant, elle devait me dire plus tard que si je lui avais posé la moindre question sur sa vie sexuelle, elle ne serait pas revenue me voir. Bref, je réorganisais toutes mes premières hypothèses à son sujet · le père quasi absent, la mère omniprésente, mais à partager avec une jumelle, et Karen qui maintenant me révélait non seulement une sublimation menacée, un symptôme névrotique, des troubles psychosomatiques, mais encore une perturbation de l'identité sexuelle. La gémellité pouvait être en soi, me semblait-il, un traumatisme perturbant dans l'acquisition de l'identité subjective. En regardant son image spéculaire, Karen avait dû s'exclamer : « C'est Kati. » J'eus l'idée (naïve en la circonstance) que, sans doute, Kati aussi était homosexuelle, mais Karen ne fit jamais mention d'elle dans les premiers mois de son analyse. Par contre, elle parlait beaucoup de ses amantes, et du fait que toutes ses relations s'étaient mal terminées, la laissant dans l'abandon et le désespoir.

Elle parlait aussi abondamment de ses angoisses devant le public, souffrance tout aussi profonde que celle que lui infligeait sa vie amoureuse manquée. Je cherchais vainement un lien entre ces deux sources de douleur. La relation transférentielle ne laissait aucune prise à l'interprétation. Peu à peu, elle projeta sur moi une image hautement idéalisée, mais qui cachait mal son ambivalence envers moi, envers sa mère, envers ses amies, toutes présentées comme des femmes « idéales ». J'ai compris plus tard ce qui avait, en partie, motivé ma réserve quant aux interprétations de transfert direct, à un moment où j'allais être appelée à supporter toute la force de son amour « cannibale » à mon égard, associée à une rage meurtrière. L'extrait d'une séance, située vers la fin de la première année d'analyse, illustrera ce tournant, qui a amené à la surface un Œdipe condensé et primitif et une sexualité archaïque.

À son entrée en analyse, Karen avait décidé de cesser toute relation homosexuelle et de se centrer de façon intense sur son analyse et la relation analytique. Un jour où elle essayait d'exprimer verbalement ce qu'elle éprouvait à mon égard, les mots lui manquèrent. Au lieu de parler, elle sauta du divan, les mains crochues et comme tétanisées, pour se jeter sur moi. Les mains toujours crispées, elle tomba sur mon fauteuil, en travers de mes jambes. Sur le moment, j'eus plus peur pour elle que pour moi-même ; je lui caressai la tête comme si elle était un petit enfant envahi par une colère incontrôlable. Elle éclata en sanglots. Quand elle se fut calmée, je l'invitai à reprendre place sur le divan et à dire tout ce qu'elle avait ressenti. Cette distance une fois réinstallée, elle se dit possédée par « deux envies terrifiantes et contradictoires ». Son ex-stase hors du divan devenait dicible : d'un côté elle désirait me manger et de l'autre elle ressentait une impulsion de me tuer de ses mains. Je m'entendis dire, sans réfléchir, qu'elle désirait me manger voracement, comme un bébé aime manger sa mère, et qu'en même temps elle cherchait à enlever, à étrangler, à faire sortir de moi le père qui l'empêchait de posséder sa maman à elle seule. Je croyais chercher, par ce flot de paroles, à maîtriser ou à décharger ma propre angoisse. Mais rien de ce qu'on dit n'est entièrement gratuit.

Elle m'avait souvent parlé d'un fantasme qui l'obsédait, le désir d'étrangler un homme avec ses mains ; et les associations ne laissaient aucun doute sur le fait que la victime était bien son père, qu'elle traitait de brute, de cochon, de merde. Parallèlement, ses mains contractées m'ont remis en mémoire le fait que la manifestation allergique sur ses mains était apparue juste après sa première relation sexuelle avec une femme.

J'ouvre ici une parenthèse dans l'histoire de Karen pour dire que cette vision de ses mains reste pour moi l'image de la tétanie. Quelques années plus tard, j'eus à deux reprises des analysants qui souffraient de crises de tétanie. (Tous deux avaient des mères psychotiques. S'agissait-il d'un hasard ?) Ainsi je fus témoin, pendant une séance, de phénomènes tétaniques chez un patient qui, justement, se plaignait de sa dépendance extrême à sa femme. Voulant rendre dicible cette détresse muette, je lui dis qu'il désirait saisir avec ses mains le sein maternel, mais qu'il craignait en même temps de le détruire, ce sein angoissant ; qu'il était pris entre deux impulsions contradictoires. Petit à petit, le spasme céda. Je me suis rendu compte ensuite que c'était bien Karen qui, la première, m'avait aidée à imaginer cette lutte primitive, et que la scène psychique avait continué à s'élaborer dans mon esprit depuis lors. Évidemment, la valeur d'une telle intervention peut être mise en question : elle n'avait aucune prétention d'être « la vérité », mais elle s'inscrivait dans le relais fantasmatique du patient par l'analyste, chose qui se trouve parfois nécessaire.

Quant à Karen, je n'ai pas su entendre en elle, à travers ses symptômes psychosomatiques, le nourrisson qui cherchait un amour primitif et fusionnel. La question de son eczéma et de ses autres allergies restait posée, sans que je puisse la saisir dans une hypothèse théorique. Je dirais aujourd'hui que son contact érotique avec une partenaire féminine avait mobilisé des élans pulsionnels opposés et d'une telle violence que sa psyché n'avait pas pu les élaborer psychiquement, d'où l'éclosion somatique. Dans les années qui ont suivi cette analyse, ma lecture de Mélanie Klein, de Winnicott et de Bion m'a beaucoup aidée à comprendre cette relation archaïque aux parents contenus dans le sein maternel.

Par contre, l'analyse de Karen m'a apporté un premier éclaircissement sur la signification inconsciente de la relation homosexuelle, et cela grâce à ma supposition erronée : que la sœur jumelle serait, elle aussi, homosexuelle. Karen ne parlait pas de sa sœur, mais, en revanche, elle parlait beaucoup de son amère déception devant l'impossibilité de trouver la partenaire homosexuelle rêvée. Je me disais : elle cherche l'âme-sœur. Or, s'il était vrai qu'elle cherchait sans cesse une Autre-elle-même, telle n'était pas la fonction dévolue à l'image de Kati dans son monde intérieur. Je fis remarquer un jour à Karen qu'elle parlait beaucoup des femmes mais rarement de Kati. Elle m'apprit alors que sa sœur était mariée, mère de deux enfants et qu'elle l'aimait beaucoup ainsi que son mari et ses enfants. Bref, elle la présentait comme la femme comblée et sa contemplation de cette vie féminine réussie était comme une oasis dans le désert de sa souffrance et de sa solitude. J'attendis en vain que s'expriment l'ambivalence, la haine, l'envie destructrice. L'idéalisation excessive et ambivalente dont toutes les autres femmes étaient l'objet ne s'appliquait pas à Kati. Un jour, percevant la façon authentique et chaleureuse dont Karen vivait ses séjours chez Kati, et dont elle appréciait la vie que menait sa sœur, je notai sur un papier : *il n'y a qu'un sexe pour les deux.* En effet, tout se passait comme si Karen avait placé en lieu sûr chez sa sœur sa propre sexualité, et s'évertuait à la protéger soigneusement de toute attaque de sa part. L'idée de ce type d'investissement narcissique de la sexualité propre m'a aidée par ailleurs à comprendre, dans son analyse, un homosexuel masculin. Dans sa quête fiévreuse des hommes, il cherchait sans cesse son propre pénis, ainsi qu'une récupération de son identité virile lésée. Or l'analyse de cet homme évolua rapidement, tandis que celle de Karen stagnait. J'allais évidemment découvrir que la sœur représentait dans son inconscient un aspect aimé de la mère intériorisée, mais il restait une problématique bien plus archaïque à explorer. À travers les somatisations diverses de Karen et surtout ses expériences de dépersonnalisation, je suis parvenue à comprendre que la perturbation de son identité sexuelle n'était pour elle qu'un reflet de son angoisse concernant son identité subjective et les limites non seulement de son « Je » mais aussi de son corps.

S'il n'y avait qu'un sexe pour deux, fantasme par essence homosexuel, pour Karen il n'y avait *qu'un corps pour deux,* ou plutôt un corps sans limites. Dans son imaginaire, Karen fusionnait en quelque sorte avec tout Autre qui pouvait être pour elle objet d'amour ou de haine. Ainsi sa plus grande peur était de se diluer, de se perdre dans l'autre femme. Mais il m'a fallu bien des mois d'élaboration personnelle pour intégrer cette découverte ; jusqu'alors j'avais seulement compris que l'acte homosexuel était une récupération du sexe propre et de l'identité sexuelle, fût-ce pour un temps bref. J'avais aussi repéré que toute femme qui intéressait Karen était imaginairement sa propre mère, et qu'elle cherchait à retrouver dans ce substitut maternel tout ce qu'elle n'avait pas pu « prendre », par identification, à sa mère. Mais parce que l'imago paternelle était fort endommagée dans sa structure psychique, toute femme était en même temps une menace de perte des limites, de l'identité, une porteuse de mort psychique. Aujourd'hui, seize ans après, je verrais également dans ses somatisations allergiques une « défense » archaïque contre le désir de se perdre en se confondant avec l'Autre, réaction du soma contre un affect débordant mais étouffé, le corps se défendant comme s'il s'agissait d'une maladie physiologique. Or, à cette époque, il m'était déjà difficile de formuler ce que j'avais compris concernant l'homosexualité. Et je crois bien que je ne me serais même pas permis de me livrer à l'invention théorique si je n'avais pas été invitée à participer à un ouvrage sur les problèmes de la sexualité féminine. Il y a une sorte de transgression à écrire des choses qui n'ont pas encore été dites. Ceci me fit découvrir également le gouffre qui sépare les deux champs d'élaboration chez l'analyste — c'est-à-dire l'écart existant entre la masse de réflexions cliniques et de notules illisibles que j'avais accumulées avec tant de plaisir, et la mise en forme d'une communication s'adressant à un public averti, et qui devait, de plus, s'intégrer à la métapsychologie classique. Mes inhibitions et mon angoisse étaient tout aussi évidentes que celles de Karen ! Est-ce là la raison pour laquelle je n'ai jamais songé à écrire un article sur les problèmes de l'inhibition créatrice ? Ce que je voyais me semblait compréhensible et peu original. En effet, l'élaboration de la signification inconsciente du symptôme de Karen suivait fidèlement le modèle de la névrose. À travers ses états affectifs, ses rêves, ses rêveries, ses souvenirs, ses associations verbales, on pouvait résumer ainsi son histoire d'amour avec le public, quant à son fondement fantasmatique : « Le public va voir que tout ce que je produis n'est qu'excréments. Bien plus, il va voir que moi-même je ne vaux pas mieux. Je ne suis qu'un tas de merde. » Scénario fantasmatique d'amour prégénital fondé sur une théorie sexuelle infantile, avec confusion entre l'objet-fèces cadeau précieux, et l'objet-fèces projectile meurtrier. L'établissement des liens multiples entre la sublimation et son fondement pulsionnel, la reconstruction du sens perdu à travers une infinité de déplacements venaient aisément. Un mot ici et là, et Karen put découvrir, derrière le « public », le castrateur et le persécuteur qu'elle attendait depuis toujours. Au-delà de sa peur de faire quelque chose de ridicule, sans valeur, se profilait son désir-crainte de noyer tout ce monde (public et entourage familial) dans ses produits et son amour infantile. Or la nature archaïque de toute sa structure libidinale était telle que Karen ne pouvait être sûre qu'il n'y eût de danger ni pour elle ni pour les autres, ce qui la poussa, encore une fois, à un *acting* dans la séance. Un jour, sans avertissement, elle se mit debout près de la fenêtre au lieu de s'installer sur le divan : elle commença alors à produire devant moi le « spectacle de la panique », celui qui semblait avoir mis fin à sa carrière, lors de sa dernière apparition publique. Cette « production » dura toute la séance, et je dus l'arrêter à la fin. Il n'y eut que deux mots échangés : en partant, Karen me dit « merci » et je lui répondis « merci ». En ce qui concerne son histoire symptomatique, je peux ajouter que, quelques mois plus tard, je reçus deux billets pour assister à un spectacle où Karen tenait le rôle principal — sa première apparition depuis quatre ans. L'ex-stase dans la sublimation avait retrouvé ses droits. Mais en ce qui concernait la structure profonde, la perturbation de l'identité subjective et sexuelle, nous étions encore loin de la conclusion.

J'arrêterai ici ce fragment clinique en espérant avoir donné un aperçu de l'élaboration psychique qui se produit chez l'analyste dans la situation analytique. À travers le désir de comprendre et le vécu contre-transférentiel, une élaboration poursuit constamment son chemin dans l'inconscient à mesure que l'analyste absorbe et installe en lui les fantasmes, les métaphores, les signifiants et le monde intérieur du patient. À cela s'ajoute l'effort conscient pour rendre dicible, à travers sa propre réalité psychique, sa vision de la réalité psychique de l'autre. Ces *insights* viennent par à-coups, et si le moment des interventions éventuelles est bien trouvé, l'élaboration clinique portera ses fruits ; l'analyste rendra à l'autre ses propres représentations avec les affects et gestes qui font partie de la communication mais dans une forme différente, avec un autre sens.

Ai-je réussi à communiquer également ce qui, selon moi, pousse l'analyste à des élaborations *théoriques* ? La stase dont il est ici question s'alimente à des sources diverses dont je n'ai mentionné que quelques-unes. J'en ajouterai une autre : le protocole analytique, avec son austérité propre, crée au sein de la relation analytique une certaine tension pulsionnelle chez les deux partenaires, mais, chez l'analyste, celle-ci doit trouver son expression ailleurs que dans le travail interprétatif. Si l'analysant est invité à tout dire et à ne rien faire, l'analyste, qui doit aussi s'abstenir de « faire », ne peut pas, lui, « tout dire », cependant qu'il est sollicité sans répit — libidinalement, agressivement, narcissiquement — à répondre. Ce vécu de contrainte s'ajoute à celui, implicite dans le métier d'analyste, de rester toujours sur sa faim en ce qui concerne le désir de savoir ; il est exigé de l'analyste qu'il supporte pendant des années la frustration qu'engendrent en lui les innombrables non-sus suscités par chaque analyse qu'il entreprend. Malgré notre avidité de compréhension, nous ignorerons toujours la plus grande partie de ce qui est en cause dans les transformations psychiques éventuellement effectuées dans une analyse. Peut-être devons-nous nous contenter de nommer le phénomène : il s'agit d'élaboration, élaboration de part et d'autre, élaboration à deux.

Entre la stase et l'ex-stase s'étend la scène psychanalytique, lieu de croisement de deux réalités psychiques, de deux théâtres internes, aussi insaisissables l'un que l'autre dans leur totalité.

CHAPITRE II

Scènes de la vie psychique

On espère toujours être quelqu'un pour trouver en fin de compte qu'on est plusieurs.

Raymond Devos

Du répertoire classique

« Il n'y a pas dans notre clinique de troubles psychopathologiques qui puissent être référés à une instance qui ne soit pas le Je », dit Piera Aulagnier [1977], pour préciser ensuite que « celui qui refuse de jouir, celui qui rencontre la jouissance sous la forme de l'interdit, celui qui ne peut l'atteindre qu'en la payant du prix d'une culpabilité qui peut l'obliger à la fuir, ce n'est ni le "corps" ni le "ça", mais bien le "Je" ».

À cette constatation, à laquelle je souscris entièrement, j'ajouterai que le « Je » n'est pas « un », mais plusieurs ; je dirai aussi que ce « Je » composite n'a pu arriver à ces solutions-symptômes qu'au prix d'efforts créatifs considérables où le renoncement, la souffrance et l'angoisse jouent un rôle inéluctable. Ces œuvres d'art, construites par le Je infantile avec les moyens du bord, ne se cristallisent que dans un deuxième temps, pour se présenter au Je adulte comme des exigences venant d'un ailleurs qu'il ne repère pas, et dont il ne peut se défaire. Les énoncés du passé que l'enfant de jadis a interprétés pour lui-même — parfois correctement, parfois d'une façon erronnée — ont disparu du conscient du Je adulte, mais en emportant avec eux des fantasmes, des rêves, des désirs et des affects mêlés et multicolores ; leur destin : composer avec les interdits du monde adulte afin de brider les élans pulsionnels tout en sauvegardant, dans la mesure du possible, leurs visées originelles. Ce qui reste à l'adulte se présente comme une surface impénétrable, un texte en sténogramme, que le sujet apporte à l'analyste, offrande que l'on appelle *symptôme.* Cette réalisation étonne, plus que toute autre personne, l'auteur lui-même. Car la distance qui sépare les éléments ténébreux du conflit de sa forme cristalline finale est une trajectoire de vie si tortueuse et entrecoupée de chicanes que la vue d'ensemble de cette scène pauvrement reproduite est obstruée, tant pour l'analyste que pour celui qui l'a préservée intacte, pendant de nombreuses années. Et pourtant, le Je, créateur de cette œuvre, admet la plupart du temps qu'elle est bien de lui, même quand il cherche à incriminer les autres, même s'il exige, pour s'en débarrasser, que l'analyste lui ouvre la porte dont lui seul possède la clef.

Pour illustrer mon propos, j'ai choisi deux scènes psychiques, en raison même de leur banalité sur la scène psychanalytique. Scénarios elliptiques, qui peuvent se comparer, comme ils peuvent s'opposer.

Mme A... raconte qu'hier elle a pris rendez-vous avec le coiffeur, visite qu'elle a toujours en horreur à cause du trajet ; sortir de chez elle l'angoisse depuis son adolescence. Pour accomplir son projet, non seulement elle doit stationner dans un rayon d'une vingtaine de mètres autour du salon de coiffure de façon à ce que sa voiture lui soit toujours visible, mais il faut en outre qu'elle porte un certain sac à main, avec une certaine poche extérieure, où seront logées les clefs de la voiture — cela, dans le cas où elle devrait la regagner d'urgence. Or, hier elle n'est pas arrivée à se garer à moins de deux cents mètres ! La rue qu'elle s'apprêtait à traverser était vide. D'ordinaire, en prévision d'une telle catastrophe, Mme A... invite à l'accompagner, sous des prétextes variés, une amie investie de qualités protectrices. Mais, cette fois-ci, elle était seule. Saisie de panique en plein milieu de la rue, elle rebroussa chemin, puis sauta, en transpirant, le cœur battant, dans sa voiture, et repartit en trombe pour rentrer chez elle.

Que se passe-t-il ? Pour l'observateur, il y a une nuance de film policier dans ce récit, mais il manque bien des morceaux pour que le scénario de Mme A... prenne sens.

M. B... raconte, à la suite du bref rappel d'un échec professionnel pénible, une scène imaginaire : « ... et je vois une petite fille ; elle porte un imperméable. Il y a un tas de gens autour qui la regardent. Une femme plus âgée — peut-être sa mère — la met à genoux, et retrousse l'imperméable. Elle va battre la fille sur les fesses nues, avec un fouet... » B... s'arrête brusquement. « Je ne peux pas continuer. J'ai peur — d'avoir une éjaculation. » Et nous voilà encore avec un scénario lacunaire. Les personnages sont vagues, le sens de leur action est occulté, et l'effet sur l'auteur de la scène, scène qui lui est pourtant familière depuis une trentaine d'années, est toujours le même que le jour où elle lui fut « révélée » à lui, petit garçon d'une huitaine d'années : honte et incompréhension.

En quoi, pourrait-on se demander, l'objet phobique et l'objet fétichiste se ressemblent-ils, et en quoi se différencient-ils l'un de l'autre ? Soulignons tout d'abord la violence qu'imposent les deux objets à leur créateur. Ajoutons que ces objets renvoient toujours à un scénario, à une mise en scène et à une mise en acte, dont le sens profond est caché. Dans les deux cas, l'inventeur de ces pièces dramatiques a l'impression d'être agi plus qu'il n'est agissant. Œuvres de Je, imprégnées de la magie terrifiante de l'enfance, ces morceaux de choix ont été choisis pour assurer une continuité du désir, tout en évitant la menace de castration telle qu'elle a été interprétée d'après le discours familial. Le texte figé, pétrifié à vie, n'admet aucun questionnement ; les personnages invisibles qui auraient pu rendre son sens au scénario ont été réduits, il y a belle lurette, au silence total. Ces scènes condensées et immuables, le Je de chaque sujet va les jouer, inlassablement, des années durant, pour un auditoire invisible, pour des spectateurs anonymes.

Répétition du même, cette compulsion qui fait souffrir le sujet révèle paradoxalement en même temps une des fonctions fondamentales du Je, car elle démontre, à travers cette inexorabilité, le besoin psychique de maintenir, coûte que coûte, l'économie identificatoire qui lui est propre. Ainsi ces constructions-symptômes, seul reflet visible des scénarios fondamentaux qui composent le répertoire du théâtre psychique de chacun, sont fortement investies, malgré la souffrance dont elles sont la source, de sorte que chaque auteur luttera avec acharnement pour les maintenir, tout en demandant à la psychanalyse d'enlever leurs effets et de les rayer de son monde interne.

Le théâtre de la névrose, ou plus exactement du secteur névrosé du répertoire du Je, trouve son origine dans le drame œdipien, drame double en ce que l'enfant désire le couple parental pour lui seul ; sa possessivité vise à obtenir les pouvoirs et les privilèges des deux. Dans son scénario inconscient, ces objets de désir seront signifiés par le sexe de chacun. Si le phallus en tant que symbole de fertilité et de complétude appartient aux deux parents, le pénis, détaché de cette conjecture, figurera dans les diverses scènes dramatiques. Objet de convoitise pour les deux sexes, son rôle sur la scène psychanalytique sera déterminé différemment selon le sexe anatomique de l'analysant. Quant au sexe féminin, son invisibilité pose problème pour les enfants des deux sexes ; tant que ce sexe ne bénéficie pas, dans l'imaginaire, des bornes imposées par l'image d'un pénis qui le complète, objet indéfinissable, il reste un espace vague, et se déplace de ce fait sur tous les espaces imaginables — tunnel étroit, champ ouvert, rue déserte, foule anonyme, l'eau profonde, l'air, la terre... le choix est illimité. Faute d'un scénario capable d'unir les deux sexes dans un acte d'amour où l'on devient la raison d'être de l'autre, le pénis autonome se fait représenter dans le théâtre psychique comme un objet qui déchire, qui lacère ; le vagin, divorcé de sa fonction de contenant aimant et désirant, devient à son tour un organe qui écrase, qui étrangle et qui châtre tout ce qu'il rencontre : l'être ou le sexe de l'autre.

Reprenons les scènes lacunaires du début de ce chapitre. Le fouet, pénis punitif, la rue déserte, vagin étrangleur, sont vite repérables pour l'oreille analytique — ce qui ne veut pas dire qu'ils sont interprétables en tant que tels. De telles interprétations manquent totalement leur effet tant que les personnages, les événements cruciaux du passé et les affects qui accompagnent ces objets-signifiants n'ont pas trouvé leur place sur la scène analytique de façon à redonner vie à la souffrance désespérée de l'enfant bafoué, aussi bien qu'à l'intensité des désirs qui ont été paralysés.

Mme A... s'est construit une névrose : M. B... une perversion. La névrose, dit Freud, c'est le négatif de la perversion. [*Trois Essais,* 1905.] L'objet (lieu ou situation) phobique, on le sait, est un objet d'horreur, d'épouvante ; il commande de ce fait une action d'évitement. L'objet (lieu ou situation) fétichiste est, au contraire, un objet d'adoration, ce qui déclenche des recherches intenses. La réfraction psychanalytique ne révèle que dans un deuxième acte ce que les deux metteurs en scène ont en commun. Malgré les apparences divergentes, il est tout de suite évident que chacun guette sa « chose » avec une intensité égale. Si l'actrice du drame phobique va se révéler à elle-même, comme à l'analyste, qu'elle cherche son objet avec une fascination envoûtante et évidente, le fétichiste, lui, ne tarde pas à découvrir qu'il tient le sien en haine : dépouillé de son pouvoir érotique, cet objet suscite un vif dégoût. L'ambivalence du Je à l'égard de ces objets privilégiés devient manifeste.

Avant d'aborder le troisième acte de ces scénarios, je me permettrai d'introduire une autre scène psychique qui fait partie du répertoire classique — celle qui est construite par l'érotisation non pas des objets mais des *pensées,* structure qu'on appelle obsessionnelle.

Honorine, femme dans la quarantaine, est venue en France en raison du travail de son mari. Ce dernier n'a jamais désiré d'enfants. Honorine est persuadée qu'elle, elle aurait voulu de ces petits absents de son couple. Manifestement, elle ignore totalement cette autre personne en elle qui, comme son mari, ne les désirait point.

Malgré six ans d'analyse, ma patiente souffre toujours de pensées obsédantes qui surgissent, elle ne sait d'où. Elle, qui se veut parfaite, image de la bonté, de la pitié, de la compréhension totale de la race humaine, est harcelée par quelqu'un d'autre en elle qui lui hurle des injures, des obscénités, des hymnes à la haine. Pour combattre cet habitant de son âme, Honorine pratique diverses sortes de magies : gestes, mots rituels, chiffres symboliques, tous censés conjurer le sort, c'est-à-dire la méchanceté de cette autre Honorine haïssable.

Voici une séance typique :

H. : Dans la salle d'attente j'ai regardé vos fleurs... (Elle développe longuement ce thème, entremêlé de pensées affectueuses et flatteuses à l'égard de l'analyste. Et puis, silence.)

J.M. : Qu'est-ce qui vous arrête ?

H. : Je... suis... gênée... une pensée absurde : que peut-être, c'est ridicule, mais voilà... que peut-être vous n'avez jamais pu avoir d'enfants, ou que peut-être vous êtes maintenant trop vieille pour en avoir. Et que vous cultivez des plantes à la place ! Vous voyez ?

J.M. : Mais encore ?

H. : Cette pensée risque de vous faire du mal... et... vous allez m'en vouloir.

J.M. : Il se peut que vous me prêtiez une de vos pensées – que vous m'en vouliez pour quelque chose ?

H. : Je pense à ma mère avec ses trois petits enfants. (Honorine repense, pour la énième fois, à tous les gestes et rituels de son enfance – de type conjuratoire et réparateur.) C'était toujours pour protéger les gens de ma famille contre la mort.

J.M. : Lesquels ?

(J'ai une hypothèse flottante qui pointe de temps à autre : Honorine était le dernier enfant ; peut-être se tenait-elle pour responsable du fait qu'il n'y en avait plus après elle. N'a-t-elle pas « enlevé » mes enfants tout à l'heure ? Qu'en est-il de son désir d'enfant non réalisé ? Etc. Ses gestes et conjurations ne sont-ils pas destinés à protéger les enfants contre son désir de les supprimer ?)

H. (Elle soupire lourdement) : C'est clair – mes parents et mes deux sœurs.

J.M. : On vous a toujours appelée « la petite dernière ».

H. : Oui, et je me suis sentie toujours si seule... pendant toute mon adolescence, j'ai gardé les enfants des autres. Tout le monde savait combien j'aimais les enfants. Une fois j'ai renversé trois bébés par accident ; je les ai ramassés et ensuite je les ai rerenversés de la petite charrette. C'est un souvenir horrible. (Silence.)

Je l'invite à associer plus avant sur mes « enfants-fleurs » et elle répond avec des souvenirs dans lesquels apparaît, à chaque évocation, son *impuissance à accomplir quoi que ce soit* valablement. Elle est une personne « sans force », « sans détermination ». Après une pause, elle essaie d'associer sur les « enfants-fleurs » mais elle reprend une ancienne plainte : si elle se laisser aller, si elle donne libre cours à toutes ses pensées hostiles, il ne restera plus rien. C'est dire que sa haine est ressentie comme dangereuse non seulement parce que dotée de la mégalomanie infantile mais aussi parce qu'elle risque de tuer en elle tout ce qui est bon, affectueux et protecteur (qualités, d'ailleurs, très réelles chez cette analysante).

J.M. : Autrement dit, votre agressivité si magique, en fin de compte, ne vaut pas grand-chose ? Personne n'en meurt ! Même les bébés renversés se portaient bien !

H. : Oui, beaucoup d'angoisse pour rien... c'est presque triste. (Elle rit.)

J.M. : Cette mise en échec de vos pensées magiques, de votre toute-puissance, c'est peut-être une blessure encore plus grande ?

H. : Mais oui... si vraiment, cela ne fait rien... eh ben... à quoi bon !

Ainsi est mise sur scène la petite Honorine haineuse, qui, à elle seule, a renversé du ventre maternel tous les enfants qui cherchaient à fleurir après elle. C'est la première fois en six ans d'analyse que cette Honorine-là a eu droit à la parole.

Si l'on repense à tous ces objets ambigus qui ont un rôle central dans les thèmes du Je — l'objet fétiche, la situation phobique, les pensées obsédantes — l'ambivalence de chaque Je à leur endroit devient manifeste. Derrière leur pouvoir de protéger le Je conscient contre le fantasme de menace de castration, punition bien méritée pour les désirs œdipiens interdits, il surgira encore un dernier acte avec un message succinct. *L'objet sert toujours à lier le sujet à un autre.* Mais de quel Autre s'agit-il ? Et pourquoi faut-il passer par l'objet pour le rejoindre ? Sans explorer tous les aboutissements de ces pièces complexes, disons sommairement que l'objet-fétiche protège son créateur non seulement contre la vengeance œdipienne mais aussi contre l'aimantation de la sexualité archaïque. En fin de compte, c'est un objet *contra-phobique* qui, magiquement, empêche le sujet de céder à un désir-terreur d'être aspiré, de ne faire qu'un, avec la Mère-Univers mère de la petite enfance. En ce qui concerne la construction phobique, elle se révèle, à son tour, un garde-fou contre les désirs primitifs de l'être humain ; et, pour y aboutir, l'invention phobique va créer un champ magnétique qui utilisera, pour remplir sa fonction, des décors variés : hauteurs, gouffres, espaces ouverts et clos, pourvu qu'ils soient dotés d'un sens symbolique se rapportant à la fois à la mère œdipienne et à la mère-sein. Quant au scénario de l'obsession, lui aussi, dans les premiers actes du théâtre psychique, il sert à résoudre, névrotiquement, la problématique œdipienne ; ses déguisements se différencient de ceux de la phobohystérie en ce que la scène primitive est ramenée à une version prégénitale, marquée fort souvent du sceau du sadique-anal, ce qui oblige l'enfant menacé à débarrasser de ses pensées, de ses mains, de ses vêtements, de ses habitudes... tout ce qui est « sale » et « dangereux ». Mais, derrière ce compromis avec l'Œdipe, la mort se profile toujours à l'horizon. Ainsi l'acteur doit-il se tenir constamment à une prudente distance de tout objet de désir, non seulement pour échapper à la punition, mais aussi pour éviter les dégâts qui suivraient son identification à une Mère-Univers mortifère.

Toutes ces mises en scène pour venir à bout de la même pulsion archaïque, avec son angoisse spécifique, nous dévoilent que les *leitmotive* de la castration se joignent secrètement à ceux de la mort. Céder au désir de se fondre dans la matrice du monde n'éveille pas la seule crainte de mourir. Ce serait trop simple. Plus angoissant encore à contempler est *le risque que le Je ne meure.*

Le Théâtre de l'Impossible

Nous revoici au seuil de l'Impossible, ce répertoire qui fait partie du théâtre psychique de chacun, et qui, en se développant, permet de faire face à l'impensable altérité. Comment l'être humain arrive-t-il à accepter qu'il lui soit à tout jamais impossible de traverser cette frontière qui le sépare de l'autre ? Comment se détache-t-il de son désir impérieux d'envahir l'autre afin de fléchir, par la seule pensée, le désir propre de cet autre ? Certains n'y renoncent jamais !

Et comment composer avec cette monstruosité, forçant le regard, qu'est la différence des sexes ? Le sexe, on le subit — comme la mort. Cependant, certains Je jouent, dans leur théâtre intime, le rôle d'un personnage somme toute optimiste — qui peut toujours choisir son sexe générique : les scénarios qui appartiennent au registre de la néo-sexualité en témoignent, jusqu'au défi ultime du transsexuel. Comment ne pas les comprendre ? Pourquoi ce fond fixe de naissance ? Comment accepter, sans remous et sans remords, la monosexualité ? Chacun doit se tirer du dilemme, avec le moins de dégâts possible !

Avec quoi l'homme se consolera-t-il de la dernière déchéance ? Parfois le Je ne peut tolérer le « Rendez-vous à Sammarra », où la Mort nous attend, sans invitation, qu'en mettant en scène un autodafé personnel, ou bien en se contentant d'une maladie psychosomatique, qui le fera mourir précocement pour de mauvaises raisons.

Ainsi, nous avons toujours à prendre en considération les thèmes éternels du Je, aussi bien que les événements traumatisants que chaque sujet a eu à vivre et qui l'ont conduit à construire des scènes capables de les contenir, ou même capables simplement de permettre au « Je » de survivre. Mais la façon dont les thèmes proprement inénarrables vont se traduire sur la scène de la vie — et a fortiori, sur la scène analytique — nous intéresse particulièrement en raison de la difficulté inhérente à leur statut présymbolique. Cette difficulté est doublée d'une complication subtile : le sujet, qui emploie tout de même des mots pour s'exprimer, pour dire l'indicible, a bien souvent retiré de ces mots leur sens pour les affubler d'un sens privé, ou les a drainés de leur vitalité, laissant le sens dénué de la charge émotionnelle originelle. C'est pour cela que la visée de l'être qui cherche à réaliser, à rendre possible ce qui, par nature, ne l'est pas est bien moins accessible au processus analytique. Ces manifestations vont de la psychose à la psychosomatose, en passant par ce que nous pouvons appeler l'*extériorisation* des conflits psychiques. J'ai situé cette dernière manifestation dans ce que j'ai nommé le théâtre du Transitionnel ; il en sera question au chapitre III. Quant à ce qui lie la psychose et la psychosomatose, et ce qui les différencie l'une de l'autre, j'en parlerai plus longuement dans le chapitre VII. Signalons en passant que si la psychose est réservée à relativement peu d'individus, la somatisation face aux conflits déniés fait partie du théâtre psychique de tout le monde.

La transformation de l'impossible en état vivable dépend fortement de la mère primaire, et de sa capacité, à travers ses propres entraves inconscientes, d'être « good enough », « plus-ou-moins adéquate » (Winnicott)[1], d'être un « contenant » (Bion) pour les rages inévitables de son nourrisson, ou d'être en mesure d'imposer la « violence interprétative » — et nécessaire — dont parle Piera Aulagnier. Ici, plus que partout ailleurs, l'*excès* de violence interprétative de la part de la mère laissera une marque profonde. Ce dernier auteur tient cet excès pour une des causes fondamentales de la psychose. Il me semble que cette marque qu'imprime l'excès de violence interprétative peut être décelée chez d'autres Je que ceux soumis à la pensée psychotique. Des manifestations bien plus banales que

1. Il est à noter que dans la traduction française courante (i.e. « suffisamment bonne ») du terme « good enough », il manque une nuance inhérente à la phrase anglaise, à savoir : quelque chose qui n'est ni « bon », ni « suffisant », mais qui « peut aller », qui est « assez bien sans plus ».

la névrose et la psychose, telles que l'extériorisation et la somatisation, révèlent les mêmes racines conflictuelles. Pour mieux apprécier ces mises en acte spécifiques, il faut davantage étudier le facteur économique à l'œuvre dans les processus psychiques que le contenu fantasmatique des drames obscurs qui s'y jouent. J'y reviendrai.

Pour donner leur juste place aux scénarios du théâtre de l'Impossible dans sa version psychotique, il faudrait un livre à part (et une expérience des psychoses en psychanalyse qui me manque). Je me borne à laisser entrevoir une scène tirée du répertoire de la psychose paranoïaque, que j'ai eue le privilège d'entendre et de suivre jusqu'à son dénouement dans l'analyse — jusqu'à la construction lente et pénible d'une autre pièce, plus vivable, moins à contre-courant du monde des autres et mieux adaptée aux désirs intimes du sujet.

Un jeune homme d'une vingtaine d'années, adressé par la justice pour se faire soigner psychiquement, se présenta comme demandeur d'une psychanalyse à la suite d'une tentative de meurtre. Aîné de deux garçons, il avait joui, pendant les trois premières années de sa vie, de ce qu'il interpréta comme une adoration maternelle unique, quoique par moments reçue comme « excessive » et « aliénante ». Son paradis illusoire lui fut brutalement arraché par la naissance d'un frère cadet, événement banal s'il en fut, mais qui, pour lui, fut vécu comme une douleur inacceptable et irréparable. L'événement lui avait laissé l'impression

« d’avoir grandi dans la haine », une haine si forte « qu’aucune force au monde ne pourrait me l’enlever ». Pour l’observateur (le père, les témoins au procès), c’était un garçon doux, réservé et secret, qui faisait montre depuis toujours d’une tendresse insolite pour son jeune frère. À dix-huit ans, notre patient quitta le domicile familial pour aller à l’université. Là, il retrouve une amie d’enfance de sa mère ; en quelques semaines, il fait d’elle sa maîtresse. Dans un bonheur apparemment sans ombre, il en vient à obliger son amie contre son gré à recevoir un jeune ami d’études, invité ainsi à partager leur logement et leur vie. Petit à petit, le fantasme que son amante et son camarade entretiennent des relations amoureuses se transforme en certitude. Malgré les protestations de son amie et la décision qu’elle prend de renvoyer le jeune camarade, il prépare soigneusement sa vengeance : la maîtresse infidèle doit mourir par sa main. Il n’a tenu qu’à des circonstances parfaitement fortuites que la femme, grièvement blessée par les coups de couteau de son amant délirant, ait pu échapper à la mort (circonstance atténuante, dans la décision prise au procès judiciaire).

À l’inverse de ce que je considère comme paradigmatique du théâtre du Transitionnel (i.e. l’extériorisation, la néo-sexualité, les relations addictives), le Je paranoïaque choisit, pour réaliser sur la scène du monde son scénario interne, des personnages qui ne se reconnaissent pas dans les rôles qui leur sont attribués. S’il est fort probable, dans le cas du jeune assassin, que la maîtresse d'âge mûr désirait un fils-amant, voire, pour des raisons homosexuelles qui les concernaient, désirait atteindre son amie à travers son fils, il est bien moins certain qu'elle cherchait inconsciemment à se faire assassiner ! À la différence du Je qui s'équilibre sur le mode transitionnel, le Je psychotique crée une nouvelle réalité, hors de toute question ou de doute, un monde dans lequel il lui semble encore possible de vivre, dans sa tentative de protéger sa peau psychique, un monde où il pourra garder intacts les bastions si perméables de son édifice identificatoire, un monde enfin où il pourra contenir de son mieux sa mortification narcissique et sa rage face à l'insensé et à l'intolérable de ce qu'il a compris être « sa » place dans la vie. En quête de certitudes, il crée de toutes pièces les preuves de l'impossible afin de régler ses comptes avec les premiers objets : il veut se prouver qu'il est toujours temps de rayer le passé ; de le refaire avec un autre dénouement plus conforme à ses visées narcissiques ; qu'il est, en fin de compte, ce que personne n'est en droit d'être, et qu'il a ce que nul ne peut posséder.

On ne manquera pas de remarquer que les événements catastrophiques — la découverte des parents en tant que couple sexuel et de leur désir d'autres enfants que leur fils aîné — n'ont rien d'insolite dans la vie de l'enfant. Mme A..., M. B..., Honorine, le jeune homme — qu'est-ce qui les différencie les uns des autres ? Dans le fond, rien, si ce n'est la forme de leur tentative d'autoguérison face aux douleurs mentales et aux blessures narcissiques que nul ne peut éluder.

Qu'est-ce qui a pu favoriser une solution plutôt qu'une autre ? Cette question ne recevra jamais de réponse satisfaisante.

Le soma sur la scène psychanalytique

Les personnages du théâtre du soma ne sont ni homme, ni femme, ni enfant, mais des objets sentis, subodorés, humés, respirés, quelque chose comme des corps-sexes, des morceaux mystiques, ou monstrueux. Et, encore plus profondément, attendent des anthropoïdes fossiles, des animaux primitifs qui hantent le théâtre psychique et qui troublent l'être humain plus qu'il ne peut ni ne veut le savoir. Comment peut-on entrer en contact avec les cétacés ? Faut-il parler « rhinencéphalien » ?

Les éclosions psychosomatiques ont la propriété d'apporter à la connaissance du Je le fait incontestable que *son corps est un autre !* Et qu'il ne parle aucune langue connue de nous. Cependant, c'est souvent le corps qui sert de cadre au théâtre du Je ; mais la façon dont ce corps est « vécu », imaginairement et symboliquement, peut seule déterminer la nature des « représentations » qui peuvent y apparaître : corps-théâtre névrotique ? corps-théâtre psychotique ? ou cette représentation sans paroles, ce mime qu'est le théâtre psychosomatique ? Le savoir du Je sur ses créations névrotiques est bafoué devant les productions somatiques. Qu'est-ce qu'elles ont à voir avec lui, le sujet ? Par la coupure radicale entre psyché et soma, il est inévitable que le Je soit privé des messages du soma et surtout de la sensibilité affective. Le Je ayant démissionné pour des raisons inconnues, c'est le soma qui risque de devenir le théâtre, d'être appelé à inventer la réponse aux conflits forclos de la connaissance du Je. Or, même si le rideau tombe sur le Je, cette instance parlée se trouve dans l'obligation d'« expliquer » ce qui arrive dans son inexplicable soma. L'éclosion psychosomatique devient un objet psychique pour le Je du discours, et peut servir à occulter des problèmes d'ordre psychologique — théâtre du néoréalisme, si l'on veut.

En voici un exemple [Brahmy, 1977]. M. E... est venu en consultation dans un service de psychosomatique à la suite de moments de confusion survenus dans la rue, ce qu'il vit « comme l'acmé catastrophique d'un mouvement de détérioration déjà en cours depuis un an et demi (mais qu'il attribuera entièrement à des causes physiques). Qu'il s'agisse de son investissement professionnel ou de ses relations avec son ami ou sa famille, il y a pour lui l'*avant* et l'*après...* ce qu'il met avant, c'est le prestige qu'il avait, en particulier auprès des filles... maintenant il a conscience d'un rétrécissement dramatique de sa vie actuelle, ce qu'il exprime de façon bien particulière. En effet ce qui lui arrive, pense-t-il, ne relève d'aucune cause interne, d'aucun sens ; c'est comme ça : il constate... Dans les premiers temps où je le vois et dans le mouvement de ce qu'il appelle l'avant et l'après, on pourrait, selon les termes de Pierre Marty [1976] constater chez M. E... "un processus de désorganisation entraînant la disparition de la hiérarchie fonctionnelle et la disparition des fonctions associées provoquant la confusion et le désordre", et j'ajouterais, chez M. E... dans un non-sens absolu ».

Pour mieux saisir la mise en sens du Je et le refus de la réalité psychique chez des patients de structure psychique semblable à celle de M. E..., j'ai choisi un fragment de son récit, pris sur bande magnétique pendant sa première consultation.

– Et alors, vous êtes irritable ? Comme ça ? Depuis quand ?

– Sans – sans – sans raison d'ailleurs – sans raison.

– Oui.

– Mon entourage – disons, y'a des variations, si vous voulez, pour le diabète – suivant le taux de sucre qu'on a dans le sang, on est plus ou moins irritable ou nerveux.

– Oui.

– Lorsqu'on est hypo, c'est là que ça devient dangereux.

– Oui. Mais vous parlez au nom de qui, là ? Parce que vous dites « on ».

– Non, je parle – diabétique – diabétique – parce que je fais partie des diabétiques.

– Oui, mais j'ai bien compris, ça.

– Oui, c'est pas – en mon nom si vous voulez – mais disons que – étant diabétique, y'a une variation, si vous voulez, de l'humeur qui – qui est très variable.

– Mais alors c'est ça qui vous a mis la puce à l'oreille ? Ou c'est ces difficultés à garder conscience que vous avez racontées. Alors, ça s'est passé comment exactement ?

– Bah – écoutez – un jour je me suis retrouvé dans la rue, je ne savais même plus où j'allais. Je ne savais même plus ce que je devais faire. Je savais même plus qui j'étais. Et, euh, j'étais bien ennuyé parce que je croyais que c'était – que j'étais diabétique ou quoi. Je ne sais pas. J'ai été manger quelque chose. Je savais plus.

– Mais vous saviez que vous étiez diabétique ?

– Bah, oui, ça fait vingt ans que je le suis.

Dans la suite de son exposé, l'analyste décrit dans la psychothérapie de M. E... la lente apparition d'une capacité de retenir l'image en l'absence de l'objet, et un changement subtil dans le fonctionnement de sa pensée. Elle interroge le début des pensées issues du processus secondaire qui viennent « contre-investir des pensées latentes » au lieu d'utiliser sa pensée uniquement comme « fonction de décharge ayant seulement la valeur d'un système pare-excitation pour diminuer la tension de l'appareil psychique ».

M. E... a-t-il commencé à parler en son nom propre ? Parlerait-il enfin d'autres langues que « diabétique » ? La situation analytique est-elle propice à l'éveil du Je du somatisant perpétuel ? Peut-elle offrir un cadre apte à colmater la brèche entre psyché et soma ?

Les réponses possibles à ces questions dépassent la visée de mon propos, mais on peut dire que la question de la somatisation comme réponse au conflit psychique et à la douleur mentale est un défi monumental à la compréhension analytique. Étant donné qu'elle surgit inéluctablement au cours de toute analyse, que l'analysant soit ou non dominé par des réactions psychosomatiques, le psychanalyste ne peut guère éviter de se poser des questions. Mais c'est à propos des somatisants graves qu'il rencontrera les entraves inflexibles qui rendent le Je incapable d'élaborer son théâtre interne, au point où le **Je** ne soupçonne même pas son existence. Qu'un tel prisonnier soit libéré demande peut-être un intérêt et un contact particuliers de la part de l'analyste, peut-être lui faut-il cette « capacité créative pour le jeu » dont parle Winnicott [1975]. Cet auteur affirme que le travail analytique évolue au croisement de deux aires de jeu — celui de l'analyste et celui de l'analysant. « Si le thérapeute n'est pas capable lui-même de jouer, il ne sera pas apte à entreprendre ce travail. Si le patient ne sait pas jouer, il doit être aidé à en devenir capable afin qu'un processus psychothérapeutique puisse avoir lieu. » On peut dire, me semble-t-il, que des patients décrits comme « opératoires », comme « alexithymiques », comme « personnalités psychosomatiques » — ce qui renvoie à l'incapacité d'exprimer des affects, ou d'investir libidinalement les autres en s'identifiant à eux, ou de réfléchir sur les causes internes de détresse (ce qui, de toute évidence, n'est pas réservé aux seuls malades psychosomatiques !) — que ceux-là, donc, ont perdu la capacité de

« jouer » au sens winnicottien. Dans la situation analytique, ce fonctionnement psychique se dévoile dans l'impossibilité d'utiliser l'imaginaire, voire de rêver. L'accès aux couches souterraines de la structure du sujet dans le cas d'une telle absence est néanmoins parfois possible ; dès lors le vide commencera à se peupler, bien que souvent accompagné de thèmes et d'angoisses à nuance psychotique. *Si le psychotique se jette dans le délire pour rendre tolérable ce qui ne l'est pas, le sujet dit psychosomatique se jette dans le réel.* L'activité de fantasmatisation elle-même s'en trouve marquée. Le fragment qui suit est plus parlant qu'une esquisse théorique dans la révélation de cette imprégnation du réel-corporel dans la vie imaginaire [Cazas, 1977].

Il s'agit d'un homme dans la trentaine, adressé à l'analyste par une collègue dermatologue ; il se plaint d'une série de troubles dermatologiques, en premier lieu, d'eczéma ; dans ses antécédents un asthme infantile l'a longtemps gêné, ainsi qu'une rhinite spasmodique (poils de chat). Face aux difficultés dans ses processus associatifs, l'analyste l'invite à plusieurs reprises à imaginer une histoire, parfois autour d'un modelage. Parmi d'autres élaborations, le patient raconte des histoires de monstres et de morceaux de corps détachés, tels qu'une « langue » ou un « nez »... Un jour, il parle d'« une énorme langue de dix mètres qui avance par reptation ; dégueulasse, pleine de toutes sortes de saletés ; une petite bouche qui ne sert à rien ; à l'arrière des dents qui ne servent à rien puisque la digestion se fait en surface et que l'on ne peut rien contre cette langue. On ne peut pas se débarrasser, quoi qu'il arrive ; il ne peut y avoir aucune effraction de surface... » L'analyste remarque que « cette opposition entre surface agitée et profondeur sous-jacente anorganique correspond peut-être à la manière dont ce malade psychosomatique se vit au-delà de ses propres symptômes ». (Il s'avère par ailleurs que l'image maternelle correspond en tous points à la mère dont la parole est imprégnée de messages de l'ordre du *double-bind.* (Une « langue » inattaquable ?)) Quelques semaines plus tard le patient amène un modelage : « un monstre préhistorique triparti : tête, corps, derrière. La tête, qui repose sur plusieurs pieds, comporte deux gros yeux globuleux, une bouche grande ouverte d'où sort une main, deux narines d'où pendent d'un côté un œil, de l'autre une pince ». Le « derrière est armé d'une lame tranchante, d'un tire-bouchon, etc (...) le corps n'est qu'une jonction tubulaire recouverte d'écailles, entre la tête et le derrière : le point faible », précise le malade... « Je crois, écrit A. Cazas, que la dynamique d'un travail, dont la dimension ludique apparaît d'emblée, permet la mise en forme d'éléments désérotisés qui figurent en quelque sorte une phénoménologie en mouvement du vécu du patient dans l'espace, à partir d'éléments hétérogènes. » Enfin, voici une dernière histoire imaginaire qui en dit long sur l'effort de ce patient pour médiatiser par la parole et le fantasme non seulement sa problématique corporelle, mais aussi sa place de sujet dans la constellation œdipienne.

« C'est l'histoire d'un faux nez, ou plutôt d'un faux faux nez. Je suis sur scène et mes parents sont dans la salle. Je dois quitter la scène pour un deuxième acte où il me faut ajouter un nez en carton pour jouer le rôle d'un vieillard. Le machiniste a perdu le faux nez qu'il me faut. La salle trépigne et ma mère envoie mon père enquêter sur ce que je fais dans les coulisses. Le machiniste voyant arriver mon père lui tranche le nez avec une lame coupante. Je le mets sur mon visage sans m'apercevoir que c'est un "faux" ; sur scène tout le monde hurle à voir le sang qui coule. J'enlève le nez et je reconnais le nez de mon père ! Je saute dans les coulisses et j'attrape le machiniste... (ici le patient est gêné pour raconter la suite de sa rêverie mais il s'oblige à continuer)... euh, je prends la lame et je coupe la queue du machiniste, et ensuite je frappe sa tête contre le mur jusqu'à faire éclater la cervelle... »

À travers ce récit, événement langagier inaugural, le patient fait montre d'une capacité de signifier l'objet du désir, et de métaphoriser, quoique d'une manière assez crue, son désir primitif : le « faux nez » (le nez qu'il faut, celui du père, faux faux nez) doit être récupéré charnellement. Bien évidemment ce genre de discours n'est pas sans rappeler la pensée psychotique ; il témoigne de l'achoppement symbolique ; les mécanismes primitifs se manifestent dans l'incident du règlement de comptes avec le « machiniste » — règlement par identification projective en ce que le malheureux machiniste est désigné pour incarner le désir du fils de déposséder le père de sa puissance phallique, et pour subir à sa place la castration qui s'ensuit. A-t-il parlé jusqu'ici, à travers son asthme infantile, et ses rhinites spasmodiques, avec un « cerveau-nez », cerveau « viscéral », rhinencéphale ? (Si l'on me permet ce jeu de mots[1].) On peut, à titre d'hypothèse, avancer que la problématique œdipienne et l'angoisse de castration chez ce patient ont mobilisé des réactions contre les « castrations » archaïques subies dans la première enfance, et déceler l'image d'une mère qui, pour des raisons inconnues, n'a pu répondre sans excès de violence aux premières communications de son bébé de sorte que l'introjection de la mère-sein, introjection essentielle pour qu'une vie fantasmatique existe, n'a pas eu lieu, le résultat étant l'exclusion de l'activité libidinale de la chaîne symbolique. Ne restent visibles que l'asthme et les rhinites. Il nous est également permis d'espérer que l'expérience de la relation analytique va offrir une scène pour la mise en place des personnages et des drames pulsionnels jusqu'ici indicibles.

Tant que le soma seul sert de théâtre, sans le concours de l'instance Je, c'est un drame en puissance plus mortifère que les élaborations névrotiques, perverses et psychotiques qui va se jouer. La

1. En effet la première fonction de cet « ancien cerveau » était associée à l'odorat et à son rôle primordial dans le contact avec l'autre. Chez l'humain, cette fonction donne au signifiant « nez » une dimension particulière.

psyché créative, érigée en forteresse, protège non seulement la vie psycho-sexuelle, mais aussi la vie biologique. Ce « délire » du soma, dont la défaillance du Je est une condition essentielle (quoique non suffisante pour en rendre pleinement compte), permet un acte sans scénario, sans paroles, la force sans le sens pour aboutir à une somatisation in-sensée. Faute de représentations psychiques vitales, le Je ne dispose pas d'informations précieuses d'ordre affectif et sensoriel pour l'alerter sur les dangers « actuels », que ceux-ci soient de source interne ou externe. Ces thèmes seront explorés plus à fond dans les chapitres IV et V.

En fin de compte, toute douleur est douleur *psychique : en l'absence de représentation psychique des messages pictogrammes, les sensations corporelles ou l'éprouvé affectif n'ont aucune existence pour le Je.* Le délire même, fruit de la créativité du Je, lui sert à supporter l'invivable, tandis que les états psychosomatiques graves, où l'invivable est ignoré, mènent à la mort.

Nous pourrions, certes, nous interroger sur les liens entre les états psychotiques et les états psychiques qui se traduisent uniquement à travers le mauvais fonctionnement somatique. Certains facteurs notés par Piera Aulagnier dans ses observations des parents d'enfants psychotiques apparaissent fréquemment dans la réalité historique de ceux qui, dans leur enfance ou à l'âge adulte, souffrent d'affections psychosomatiques cependant que leur fonctionnement psychique ne révèle aucune perturbation. Y a-t-il une ressemblance entre les mères que je qualifierais d'« excessivement bonnes » de tant d'analysants somatisants ? Cette « bonté » s'avère, à la lumière de la réfraction analytique, avoir été reçue par l'enfant comme une substance toxique ; il ne restait de place ni pour des créations personnelles ni pour la reconnaissance de l'ambivalence envers une mère si manifestement bonne. Le cas d'Isaac cité au chapitre IV illustre bien cette constellation familiale. Il se peut que la haine souvent décelée chez les mères de psychotiques envers un enfant destiné à incarner l'objet du mal dans une partie déniée de la mère elle-même soit remplacée chez d'autres mères par la « bonté excessive » ; cet excès est peut-être un maniement psychique potentiellement moins désastreux pour le psychisme de l'enfant que la défense maternelle par identification projective. Toutefois, dans les deux cas, l'acquisition de la langue risque d'être imprégnée de « blancs », d'« impensables », et de négations en chaîne. Les chercheurs en psychosomatique ont élaboré deux concepts majeurs qui, selon moi, démontrent essentiellement la même distorsion au niveau du fonctionnement psychique et qui auront pour effet d'entraver la capacité du sujet de *penser dans des situations de conflit mental.* [Marty, de M'Uzan, David, 1963.]

Le concept de la *pensée opératoire* renvoie à une forme spécifique de la relation aux autres, relation « opératoire » et pragmatique qui apparaît comme privée de liens affectifs dans le vécu psychique du sujet. Celui-ci semble ignorer toute réaction émotionnelle dans des situations traumatiques ou conflictuelles avec ses objets libidinaux et narcissiques, attitude psychique qui va bien au-delà du déni et qui s'apparente plutôt à la forclusion. Ce vécu désaffecté n'est pas sans rappeler l'« athymhormie » des patients schizophrènes.

Le deuxième concept, du nom d'*alexithymie* [Sifneos, 1973 ; Nemiah, 1978], renvoie, comme ce mot savant l'indique, à l'incapacité d'un individu de pouvoir nommer ses états affectifs ou de décrire sa vie émotionnelle. (Ce concept sera examiné plus en détail au chapitre VII.) Cette incapacité frappe le discours du sujet d'une pauvreté particulière. Ainsi des sentiments de détresse, de désespoir, d'angoisse, de rage... risquent d'être écartés de la mentalisation ; force nous est de supposer qu'ils ont été rejetés hors psyché. Ce rejet vient-il à la place de l'élaboration d'une pensée délirante ? La psyché confrontée à une situation de danger se ferme aux signaux d'alarme : la détresse risque dès lors de s'exprimer directement par la voie du corps biologique. Ici, le travail du Je n'est pas absent mais consiste en une action de détournement et d'annulation et même si les cris du corps réussissent à s'inscrire dans une représentation psychique, ils risquent d'être ignorés par le Je, ignorance et indifférence par lesquelles il tente de préserver sa fragile stabilité. Dès lors, le soma menacé forgera tout seul sa réponse, réponse conforme à la logique implacable qui lui est propre, une logique dénuée de toute signification symbolique.

CHAPITRE III

Le théâtre transitionnel ou la quête des personnages

J'en viens maintenant à la mise en sens et à la mise en acte de ce sens sur la scène du monde qui ne sont ni une création psychotique ni une élaboration névrotique, mais qui empruntent des façons de penser et d'agir à ces deux catégories. Le lieu destiné à accueillir cette construction psychique et la nature des liens avec les personnages qui s'y trouvent composent ce que je propose d'appeler la scène transitionnelle.

Cette façon de faire disparaître la douleur mentale et les conflits psychiques, parce que d'autres solutions plus économiques se sont révélées impossibles, ne se limite pas aux seuls drames d'« extériorisation ». Ces derniers se rapprochent de ce que d'autres chercheurs ont appelé « névroses de caractère », et plus récemment « désordres narcissiques de la personnalité ». (J'en parlerai aux chapitres IX et X.) Fait également partie du théâtre transitionnel tout acte qui cherche à décharger la tension douloureuse et les conflits mentaux, bien qu'il ne convienne pas pour résoudre le problème en cause. Je parlerai plus longuement au chapitre V de ces « actes-symptômes », en soulignant qu'un tel mode de fonctionnement psychique peut également favoriser les éclosions psychosomatiques. Mais, dans ce dernier cas, le mouvement d'extériorisation ne vise pas le monde externe, mais le corps même, comme si ce corps était redevenu, lui aussi, un « monde externe » à la psyché, vision du nourrisson où la perception du corps est celle d'un objet étranger appartenant au monde du dehors.

La problématique de l'addiction est également intimement liée à ce théâtre psychique. Ici, les personnages du théâtre sont réduits à des objets partiels, voire inanimés, telles les drogues, substituts de la mère interne, mère-soignante, parce que celle-ci manque dans le monde interne. J'ai choisi le terme anglais d'*addiction,* plutôt que son équivalent français de « toxicomanie », parce qu'il est plus parlant d'un point de vue étymologique. « Addiction » renvoie à l'état d'esclavage, donc à la lutte inégale du sujet avec une partie de lui-même, tandis que la toxicomanie indique un désir de s'empoisonner. Or, telle n'est pas la visée originelle dudit « toxicomane ». Pour l'« addicté » (que son addiction soit boulimique, tabagique, médicamenteuse, alcoolique ou celle des opiacés), son objet n'est pas vécu comme mauvais ; au contraire, il est recherché comme recelant tout ce qui est « bon », tout ce qui, dans des cas extrêmes, donne sens à la vie. La dimension de mauvaiseté ou de dangerosité qui peut s'y ajouter fait fonction peut-être d'un « bénéfice secondaire » dont on peut supposer qu'il vise la punition du sujet pour avoir osé, fantasmatiquement, posséder, de cette manière, le Sein-mère, mais détaché d'elle, et dès lors, réservé à l'usage exclusif du sujet qui l'a dérobé. Dans la mesure où les objets d'addiction rejoignent le rôle de l'objet transitionnel de la petite enfance, on peut dire qu'il s'agit là *d'une pathologie dans la maturation normale des phénomènes transitionnels,* dans cette étape intermédiaire où le petit enfant crée un objet ou une activité dotés imaginairement des qualités, voire de la magie, de la présence maternelle. En tant que tel, c'est un objet en voie d'introjection, puis d'identification, tandis que les objets d'addiction sont « transitoires », toujours à recréer car toujours dehors.

Je ne m'attarderai pas à décrire les scénarios d'addiction ; ceux-ci sont bien connus non seulement dans leur forme extrême où la vie même du sujet peut être mise en danger, mais aussi, plus près de notre expérience à tous, dans la tendance à vouloir fuir, au travers de divers paradis substitutifs, la douleur psychique issue des déceptions et des désagréments qui jalonnent la vie de tout être humain.

Je reviens alors à ceux qui utilisent *les autres* comme des substances apaisantes, ou comme des contenants pour tout ce qui, en eux-mêmes, leur semble trop dur à assumer comme partie de leur théâtre psychique personnel. Dans les scénarios qui en découlent, le Je va tenter d'expulser et ainsi d'extérioriser son conflit intime, mais, pour le faire, il lui faut le concours des autres Je ; ceux-là seront appelés à jouer les rôles des différents figurants, tirés du monde interne du sujet, ayant été désignés par projection pour ces identifications aux personnages expulsés, sans que le sujet qui réussit cet exploit ait le moindre soupçon qu'il est, lui, le metteur en scène des drames et tensions relationnelles qui en résultent. Néanmoins, il sera continuellement à l'affût de complices, cherchant compulsivement ces autres Je qui, à leur insu comme au sien, sont prêts, eux aussi, depuis toujours, à bondir sur cette scène, à trouver un rôle à leur mesure, et à inventer leurs répliques comme les célèbres « personnages » de Luigi Pirandello. Il arrive que de tels acteurs, une fois en analyse, se rendent compte de leur tendance à entrer dans les scénarios d'autrui, et qu'ils se plaignent de ce que la tentation de le faire soit presque une compulsion ; il faut le courage et la force de tout leur côté adulte pour qu'ils s'en empêchent ; il y a ainsi un échange scénique quotidien chez certains époux, au point qu'on se demande parfois s'ils ne se sont pas choisis, inconsciemment, pour cette raison, parmi d'autres plus conscientes ou plus avouables.

Ainsi le Je du théâtre transitionnel ne cherche ni à résoudre son conflit dans le compromis névrotique, ni à inventer une réalité autre que celle propre au socius qui est le sien. En un sens, il se lance dans une réalisation plus hasardeuse que l'aménagement psychotique puisqu'il dépend toujours du bon vouloir des autres pour lui fournir les certitudes dont il est en quête. Son exploit ressemble bien plus au scénario pervers [McDougall, 1978], mais la mise en scène n'est pas manifestement érotisée, et n'exige pas non plus la jouissance sexuelle comme preuve des certitudes à afficher. (Il arrive aussi que ces patients soient décrits par l'entourage comme mus par la « perversité », comme prenant plaisir à souffrir ou à faire souffrir les autres.) Puisque ces scénarios impliquent une certaine manipulation du monde réel, et cela dans le but de faire jouer par un autre une partie de la réalité psychique propre à un Je — c'est-à-dire qu'ils sous-entendent un déni du postulat de l'altérité —, ils appartiennent bel et bien au théâtre de l'Impossible, mais puisqu'ils dépendent également, pour leur réalisation, du concours et de la croyance des autres, non imaginaires, ils sont soumis à la réalité externe, et donc limités par les exigences du Possible.

Pour mieux illustrer ce que j'entends par théâtre du Transitionnel, je prendrai encore une fois une séance d'analyse. L'analysant, c'est « Blanche-Neige » ; mariée depuis douze ans, elle a deux fils. Des crises dépressives l'ont amenée il y a deux ans à la psychanalyse, crises qu'elle nommait « vides », espaces de temps mort où il lui semblait que la vie ne valait pas la peine d'être vécue. Or, une fois installée dans l'analyse, tout se passe comme si elle était venue uniquement pour me prouver qu'elle a toujours « raison », surtout dans les disputes perpétuelles avec son mari. Ce mari, elle l'a choisi, dit-elle, « parce qu'il répondait exactement à ce qu['elle] attendai[t] d'un homme ; à ce qu['elle] désirai[t] ». Combien était amère sa déception ! L'ayant étudié microscopiquement depuis douze ans, elle peut à présent affirmer que ce mari n'est qu'un monstre d'égoïsme, un père ridiculement indulgent, un homme négligent dans ses affaires comme dans sa tenue, désordonné et distrait ; en plus, il fait de la casse à la maison et en voyage, voire au lit où il se montre maladroit et inattentif aux désirs de sa femme. De temps à autre vient une phrase qui l'épingle et le situe dans le théâtre interne de Mme B. N. : « Mon mari, c'est une merde ! » Pendant deux ans le dicours de Blanche-Neige est émaillé de phrases telles que : « Vous voyez bien ! » « C'est évident ! » « Mais c'est clair, non ? » comme si elle cherchait à m'ouvrir les yeux de force pour regarder la scène. À d'autres moments, il me semble qu'elle met devant moi des pièces à conviction concernant son mari ; il me reste quarante minutes pour trouver la réponse et pour porter un jugement sur l'accusé. Un jour, un peu excédée par mon silence, elle me dit d'une voix ferme : « Madame, cette fois-ci j'exige une réponse ! » « Réponse à quoi ? » lui demandai-je. Moment de sidération. Elle me dit alors d'une petite voix incrédule : « Vous m'écoutez au moins ? » À sa grande surprise, je lui réponds que oui, j'ai bien entendu que... et j'énumère les méfaits du mari depuis deux jours. J'ajoute qu'elle a l'air d'attendre de ma part une réponse à une question non formulée.

Irritée, elle cherche néanmoins à préciser ce qu'elle attend de moi... eh bien, elle se sent en droit d'obtenir une réponse qui confirmerait son jugement sur son mari... parce que... après tout... si elle est là, c'est à cause de son mari ! Sentant revenir l'attraction irrésistible de cette patiente vers la remise en scène de sa tragicomédie continuelle, je l'interromps pour dire : « Votre mari répond toujours, et de façon tout à fait prévisible. » En effet, il répond exactement, depuis avant le mariage, *à ce qu'elle attend de lui ;* ses manquements, ses défauts, elle les connaît depuis toujours. L'essentiel de son scénario tient en ceci qu'elle n'invente rien, ne raconte que la stricte vérité. Cette réponse, déjà connue, toujours attendue, du mari défaillant lui donne droit à une sainte colère ; thème théâtral où son Je pourra trouver une jouissance à vivre. Mais cette joute violente et déchirante dans laquelle elle s'engage compulsivement, jour après jour, avec son « mari-merde » (dont la complicité inconsciente ne laisse guère de doute) lui coûte cher. Plus occupante, plus épuisante qu'un symptôme névrotique, elle se révèle également bien moins accessible à l'analyse. Tout ce qui m'est donné à voir, en tant qu'analyste, c'est mon rôle de juge où il faut que je constate combien sont *réels* ses griefs ; il ne s'agit pas de fantasmes ; l'évidence est là. Cette mise en scène a pour but, dans l'analyse comme dans la vie, de démontrer combien toute cette « mauvaiseté » est en dehors de Blanche-Neige elle-même, et de me prouver comme de prouver à elle-même combien elle est vertueuse, estimable, non coupable et non honteuse — repères essentiels à son image narcissique ; à telle enseigne qu'il est profondément pénible pour Blanche-Neige de reconnaître, en dépit de la réalité des faits à raconter, qu'*elle-même est l'auteur de ce feuilleton,* de cette guérilla à domicile qu'est sa vie. Son travail (qui n'utilise qu'une petite parcelle de ses capacités réelles), sa vie de mère, sa vie de femme — tout est sacrifié au seul théâtre où son Je trouve une ambiance à sa mesure, sans risque pour lui de se dissoudre. Car ce mari qu'elle agresse sans cesse, qui répond sans faute est, malgré les apparences, un *objet bénéfique,* tout comme les objets d'addiction. Et non seulement bénéfique mais nécessaire à son économie narcissique ; il fait fonction d'*un objet transitionnel,* sans lequel elle se sentirait vide, perdue, sans valeur. Mais le mari-merde, comment donc pourrait-il tenir un tel rôle quant tout son apport est ressenti comme nuisible ? Nous avons affaire ici à la petite Blanche à l'âge où la poupée tient un rôle important dans le théâtre du Je. À une fillette qui donne des raclées à sa poupée — parce que la méchante poupée aurait mal travaillé à l'école ou mal répondu à sa maman — on ne dirait pas : « Tiens, tu n'aimes pas ta poupée ? » Elle l'aime comme elle s'aime, car cette poupée renferme une partie d'elle-même, part qu'elle ne veut ni reconnaître ni retenir, un aspect dangereux d'elle dans le sens où il risque de lui faire perdre l'amour de ses parents. La poupée sert alors à l'assurer qu'elle-même est quelqu'un au-dessus de tout reproche, enfant idéal en réponse aux demandes idéales qui lui sont adressées.

Mme B. N. avait été effectivement le siège de demandes qui dépassaient de loin ce que peut recevoir un enfant. Cependant, ce n'est pas de sa réalité historique que je veux parler ici mais du processus par lequel Blanche-Neige est arrivée à se créer une identité illusoire et lacunaire, et pourtant essentielle, pour rendre sens aux demandes insensées. Pour être aimée, il fallait être psychiquement estropiée d'une majeure partie de sa vie pulsionnelle. Ainsi, en dénichant un tel mari et en faisant de lui un objet propre à contenir et à agir tout ce qu'elle-même ne pourrait, au grand jamais, vivre et faire, elle faisait preuve d'un travail psychique créatif. Afin de maintenir une image narcissique tolérable devant ses persécuteurs internes, Blanche-Neige déversait dans l'image de son mari tout ce qui demeurait pour elle inexprimable. À son insu, elle avait fait du mari le dépôt de sa propre vitalité ; ainsi est-il devenu l'objet narcissique exemplaire, tel que Freud l'a conçu — mais à cette différence près que l'objet narcissique dans la conception freudienne est un objet d'amour qui incarne tout ce qu'on voudrait être ou avoir, tout ce qu'on a perdu, enfin un objet qui incarne l'idéal propre du sujet, de l'aimant. Pour Blanche-Neige, son objet de haine devait receler au contraire *tout ce qu'elle ne voulait surtout pas être* — c'est-à-dire tout ce qu'on l'avait accusé d'être — *afin de retenir l'illusion d'incarner son propre idéal, d'être l'enfant reconnue comme telle.* Elle a choisi d'être parfaite pour pouvoir être.

Blanche-Neige se trouvait alors acculée à chercher sans relâche la confirmation qu'elle possédait réellement les valeurs par elle admises pour pouvoir être estimée, aimée, pour pouvoir enfin exister, telle l'image spéculaire qui trouve son ancrage dans le regard d'autrui. Mais pour maintenir cette mise en acte continue, il lui a fallu s'amputer de tout élan pulsionnel aussi bien que de sa capacité d'observer la vie devant elle, de réfléchir sur elle-même, et sur les autres. En un sens, elle ne pensait qu'à son mari. Plus il se noircissait, plus elle gagnait la certitude d'être blanche. Mais le mari ne remplissait pas toujours son rôle ; à certains moments, cette vie de cauchemar était entrecoupée de longues phases vacantes, d'un sentiment de mort interne. Ces fameux « vides », Mme B. N. les subissait lors des crises de colère de son mari ou en son absence. Cependant, le théâtre de son Je se déplaçait, lentement et non sans peine, de sorte que les vides commençaient à se remplir — de toutes les choses précieuses-et-mauvaises qu'elle avait répudiées avec force depuis son enfance. L'enfant maladroite, méchante et « merdique » que personne n'avait jamais reconnue recommençait à prendre sa place sur la scène. Là, elle pourrait enfin dialoguer avec les objets parentaux si brutalement introjectés dans le passé, et avec lesquels son Je conscient était si étroitement identifié. La mise en acte dans le monde extérieur commençait à s'élaborer intérieurement.

Ce genre de théâtre de vie est une réalisation plus prestigieuse que l'invention d'un délire ou la création d'un symptôme névrotique, ne fût-ce que par sa fragilité. Les scénarios dont le sujet à son insu est l'auteur demandent une certaine manipulation d'autrui ; le sujet doit utiliser le Je des autres pour qu'ils jouent des rôles prédéterminés ; tout ce qui ne rentre pas dans le cadre de la scène recherchée ne reçoit aucun investissement psychique, n'est pas perçu. Le Je cherche à obtenir une certitude par cette exploitation inconsciente du monde extérieur afin de rendre celui-ci capable de confirmer ce que lui, sujet, peut se permettre d'anticiper.

Pour mieux cerner les processus à l'œuvre dans le théâtre extériorisé et dans cette utilisation de l'espace entre le Je du sujet et le Je des autres j'ai eu recours au modèle de la relation d'objet, car c'en est un, qui découle du concept des phénomènes transitionnels de Winnicott [Modell, 1969]. Comme tout modèle, celui-ci ne peut représenter qu'un seul aspect du phénomène qu'il est censé expliciter, à savoir la naissance de la relation Je-monde à un moment évolutif dans la construction du Je infantile, ce qui implique l'acquisition progressive de la capacité du Je de se différencier des autres Je, et de maintenir l'image de l'objet absent. Ce concept a pris appui sur la découverte initiale de Freud de la signification du jeu de la bobine ; cet objet n'est ni une pure expérience psychique interne, laquelle n'aurait nul besoin de support réel pour exister, ni purement une partie du monde objectal extérieur, ce monde du « non-moi » sur lequel l'enfant a déjà appris qu'il n'exerce aucune maîtrise et qu'il reconnaît comme hors de son contrôle magique. Ce que Winnicott souligne, c'est la précarité de l'équilibre ainsi établi entre la réalité psychique personnelle et l'expérience du contrôle de l'objet réel, phase de vie qui précède la capacité d'être seul sans perdre les repères identificatoires, sans être débordé d'angoisse ; et qui précède aussi la capacité d'effectuer de véritables échanges avec autrui sans crainte d'invasion dommageable de l'un ou de l'autre.

L'objet transitionnel, quand il réussit à remplir sa mission, est un petit objet inanimé qui incarne le postulat de l'auto-engendrement, car c'est l'enfant lui-même qui en crée le sens — mais le secret de son succès réside en ce qu'il incarne pour l'enfant l'image de la mère ou plus exactement de l'environnement maternant, donc une image *en voie d'introjection* mais qui est toujours loin d'être une identification symbolique. L'enfant n'est pas encore en mesure d'assurer pour lui-même cette fonction maternelle. L'objet ou l'activité transitionnels représentent pour l'enfant l'union avec la mère et l'aident ainsi à supporter affectivement son absence, tout comme dans un deuxième temps le mot « maman » lui permet de pouvoir penser à elle en son absence.

Selon Winnicott, si ce processus est entravé par l'entourage et par les problèmes inconscients des parents, l'enfant risque de n'avoir qu'un seul recours ; se cliver en deux, une partie se renfermant sur le monde subjectif interne, et l'autre se tournant vers le monde extérieur mais sur la base d'une adaptation complaisante à ce qui est demandé par les autres, tout à fait détachée de la réalité psychique intime. Le sujet risque désormais de se vivre comme « pas tout à fait réel », comme ne comprenant rien à ce monde, comme ne pouvant rien retenir — en somme, comme « vide ».

Pareil clivage crée une potentialité addictive ; à la place de l'objet transitionnel manquant, le Je peut s'accrocher à un objet transitoire : une drogue ou un Autre, utilisé comme une drogue. Cet être sera appelé à remplir la fonction « transitionnelle », et sera destiné à rendre au sujet le sentiment d'être « réel », vivant, valable : destiné enfin à colmater des trous dans le Je, trous de sens en ce qui concerne sa propre identité et sa façon de penser le monde. Ainsi dans l'imaginaire du sujet qui s'équilibre par des relations transitionnelles, l'Autre sera tenu pour entièrement responsable de tout ce qui lui arrive ; le sujet s'attend à ce que l'autre lui apporte le bonheur et il ne s'agit pas d'un espoir mais d'un devoir ; quand, tôt ou tard, l'objet se révèle être en deçà de cette attente, le sujet l'accuse d'avoir été trop peu soucieux de son bonheur et d'avoir montré trop peu d'intuition sur ce qui était en cause, d'être enfin responsable de tous ses malheurs. Inconsciemment, il cherche la preuve que l'autre désire qu'il existe et désire qu'il ait des désirs propres. Ces projections persécutives témoignent des effets du Je pour rendre sensé ce qui le déchire ; il ne s'agit pas d'un délire mais on constate que les processus secondaires sont fortement imprégnés de pensées issues du processus primaire. La fragilité d'un équilibre psychique qui dépend tellement des autres — appelons-le la *relation addictive* — est évidente tant que le sujet ignore ce que lui doit cette création, qui est bien la sienne. Cette scène psychique est effectivement sous l'emprise du souhait infantile d'être l'auteur de tout ce qui existe. Mais la réalisation de ce désir passe forcément par l'Autre, afin de créer une identité entre sa pensée et sa réalisation ; le sujet demande la preuve que cette pensée prend corps dans le monde extérieur, si bien que tout ce qui lui arrive est reçu comme l'effet de la toute-puissance du désir de l'Autre. C'est pourquoi j'appelle cet Autre *le tenant-lieu d'un objet transitionnel, objet à mi-chemin entre la perception de l'Autre comme totalement créé par le sujet et l'Autre reconnu comme ayant une existence indépendante, des attributs et des désirs propres. L'objet est hors du contrôle magique mais peut être manipulé.* Ceci est un aménagement assez particulier de l'économie identificatoire ; dans cette répartition spécifique des investissements du Je, nécessaire pour maintenir ses repères, la problématique identifiant-identifié est infiniment complexe. Sa fragilité même la dote d'une force conservatrice puissante, ce qui rend incertain son déploiement dans le cadre d'une psychanalyse.

L'ambivalence fondamentale et inéluctable envers celui qui a été choisi pour cette fonction transitionnelle va fortement marquer la relation analytique elle-même. L'objet externe privilégié de ces analysants est un substitut de la mère primitive, ressentie tour à tour comme excessivement « bonne » et excessivement « mauvaise » ; en même temps, c'est un objet-chose à maîtriser à son gré. Traiter les objets humains comme des objets-choses est une forme archaïque de la relation amoureuse ; il y a désir de faire un « tout » avec cet Autre quand il est vécu sous ses aspects idéalisés, mais il y a aussi une crainte de lui et de son influence supposée sous ses aspects maléfiques. L'intensité de la demande est impossible à satisfaire cependant que la rage destructrice sans bornes que cette situation suscite cherche constamment à se réaliser dans un scénario extérieur. Le sujet, ballotté entre l'illusion de la puissance bénéfique de l'analyste et l'illusion d'être dans les rets d'un sorcier malveillant qui lui fait subir des tortures rien que pour le plaisir, est souvent confus dans ses repères identificatoires et il en tient pour responsable l'analyste. Dans ce climat imprégné d'hostilité et de dépendance, de tels analysants ne s'adonnent pas facilement à la mise en scène dans l'espace analytique des thèmes magistraux de l'amour cannibalique et de la haine meurtrière. Par contre, s'ils peuvent se permettre d'utiliser l'analyste créativement, comme sujet réel et imaginaire à la fois, il pourra naître entre les deux espaces psychiques, entre le Je de l'analyste et le Je de l'analysant, un espace nouveau où la rencontre deviendra possible.

CHAPITRE IV

L'interprétation de l'irreprésentable

L'enfant bouchon et la Mère abyssale

Quand je l'ai rencontré pour la première fois, Isaac a commencé par me dire qu'il n'avait jamais connu le moindre problème d'ordre psychologique avant l'âge de quarante ans, jusqu'au moment où *il fut piqué par une guêpe.* Il perdit connaissance et fut soigné immédiatement pour état allergique. Or, depuis cet événement en apparence anodin, Isaac a été la proie d'attaques violentes et fréquentes d'angoisse brutale ; une névrose d'angoisse s'est installée avec une telle intensité que de nombreuses visites aux psychiatres et maints traitements médicamenteux ne sont pas venus à bout de sa névrose. Il y a déjà quatre ans de cela. Les drogues psychiatriques en doses de plus en plus fortes ne triomphent sur les symptômes que pour peu de temps. Isaac constate avec effroi qu'il devient progressivement dépendant de ces drogues et que son travail commence à s'en ressentir. Il est venu consulter, tout en prétendant n'avoir guère d'espoir que la psychanalyse puisse quelque chose pour lui.

Puisqu'une vignette clinique n'a d'intérêt que dans la mesure où elle soulève des questions théoriques, il vaut la peine de se demander pourquoi l'analyste choisit un cas plutôt qu'un autre ; il est évident qu'il faut une motivation assez puissante pour noter en détail des séances au cours d'une analyse. Pourquoi avoir accepté Isaac en analyse ? Et pourquoi l'avoir choisi pour apporter des éléments de réponse à quelques apories clinico-théoriques qui me harcelaient depuis quelque temps (et qui seront élaborées au chapitre suivant) ?

L'histoire d'Isaac a vivement « piqué » ma curiosité : pourquoi cet homme avait-il attendu quarante ans — et une piqûre de guêpe — pour développer une grave névrose d'angoisse ? Cependant, je n'avais aucunement l'intention d'accepter ce patient en analyse car je n'avais pas de place, et je le lui avais déjà annoncé au téléphone. Or, au cours d'un deuxième entretien (qui avait pour but de préciser les détails concernant son histoire, afin de lui conseiller un analyste) Isaac me révèle que pendant ces quarante années sans l'ombre, prétend-il, d'un problème « psychologique » il avait néanmoins souffert d'un cortège de maladies psychosomatiques : ulcères gastriques, tétanie, difficultés respiratoires de type asthmatiforme et une certaine cardiopathie mal définie. Depuis quelque temps, je me suis intéressée à l'hypothèse selon laquelle l'un des « chaînons manquants » entre les formations hystériques et psychosomatiques était à rechercher du côté des névroses « d'agir », et plus particulièrement dans les formations intermédiaires — entre manifestations somatiques et symptômes psychiques — que sont les « névroses actuelles ». Et voilà qu'Isaac non seulement m'offrait une longue histoire de maladies psychosomatiques et une absence quasi totale de symptomatologie névrotique, mais, de surcroît, il m'apportait une névrose actuelle de taille. Ce patient, en outre, me paraissait intelligent, créatif et un peu cinglé d'une manière qui me plaisait (bien qu'Isaac se considérât lui-même comme un des hommes les plus équilibrés qu'il connût jusqu'à la piqûre de guêpe !). À la vérité, je dois mentionner que j'ai proposé à Isaac de lui trouver un autre analyste, eu égard au fait que je n'avais pas de place et que sa souffrance était intense. Mais Isaac a refusé avec fermeté. Il attendrait le temps qu'il faudrait, pourvu qu'il puisse me téléphoner de temps à autre pour un rendez-vous. Je fus d'accord. Apparemment nous nous étions choisis pour le meilleur et pour le pire.

Voici en bref l'histoire qu'Isaac m'a présentée lors de notre première rencontre : quarante-quatre ans, marié à une femme qu'il aime beaucoup, des enfants adolescents. Il est venu à cause des crises d'angoisse imprévisibles et incompréhensibles qui lui tombent dessus dans la rue, au travail, chez lui et encore plus quand il s'éloigne de chez lui... Ces crises s'accompagnent de tremblements, de sudation excessive, de difficulté à respirer et de tachycardie avec pulsations montant à 120 par minute. À ces moments, il a la certitude que la mort est imminente. La première de ces attaques est venue il y a quatre ans, quand il fut piqué par une guêpe. Il a consulté plusieurs spécialistes — les dosages de médications augmentant avec chaque visite. Isaac, qui n'a jamais de sa vie pris de drogues calmantes, est affolé par cette dépendance croissante et il note avec inquiétude que ses symptômes, loin de s'améliorer, semblent aller en empirant. Lui qui a toujours eu plaisir à être seul craint maintenant la solitude, ce qui entrave sa concentration dans son travail. Isaac est cinéaste et son métier exige qu'il s'absente de temps à autre de Paris pour certaines séquences, mais sa crainte des « attaques » inopinées l'empêche de partir. L'entente entre lui et sa femme, toujours harmonieuse dans le passé, est devenue tendue ; il a la nette impression de perdre tout intérêt pour leurs relations sexuelles.

Jusqu'à quarante ans Isaac se considérait un homme « normal » : pas de problèmes névrotiques, rien, tandis qu'à l'heure actuelle il est une « épave ». Malgré ce qu'« ils » disent (c'est-à-dire les médecins qui l'assurent constamment qu'il n'a ni maladie cardiaque, ni maladie respiratoire graves), il est convaincu qu'il va mourir d'un infarctus du myocarde. Quand je lui demande pour quelle raison il choisit de mourir de cette façon-là plutôt que d'une autre, il me parle des deux infarctus de son père. Ceux-ci ont eu lieu quelques années avant l'aventure de la guêpe, mais Isaac ne se faisait pas de souci à cette époque. Maintenant il est préoccupé, non seulement de sa propre mort, mais aussi de celle de son père. Il y pense jour et nuit et ajoute « qu['il] aime tant [s]on père, que la pensée même de sa mort [lui] est intolérable ». Je lui demande si sa mère est toujours en vie. Bien sûr, et d'une santé de fer ; dans sa voix il y a une nuance d'ironie comme s'il voulait communiquer que rien ne pourrait la tuer, elle. Sa mère l'« énerve pas mal, mais agit toujours avec les meilleures intentions ».

Nous avons ici une vague esquisse de ce qui pourrait être une identification hystérique à la cardiopathie du père, mais il manque bien des éléments pour que les signes cardiaques d'Isaac, au cours de ses crises d'angoisse, puissent être assimilés à un symptôme de conversion hystérique ; il manque aussi un indice quelconque qui nous permettrait de dire que de tels symptômes chez lui sont une métaphore de sa vie sexuelle.

Les circonstances de la première crise sont les suivantes : Isaac et sa femme déjeunaient dans le jardin d'amis proches ; pendant le repas, Isaac est piqué derrière la nuque. Au moment du contact avec le dard de l'insecte, Isaac souffre de vertige, son cœur bat de façon insolite et terrifiante pour lui ; il a l'intuition soudaine qu'il est en train de mourir d'un infarctus du myocarde — et il s'évanouit. Il reçoit sans délai des soins médicaux, et on lui assure qu'il n'a pas subi d'accident cardiaque, qu'il s'agit d'une réaction allergique. Ce verdict le surprend, parce que ce n'est pas la première fois qu'Isaac a été piqué par des abeilles et des guêpes sans la moindre réaction, ni la première fois qu'il s'est évanoui pour des raisons diverses. Bien sûr, il n'est pas exclu qu'Isaac ait pu accumuler les conditions aptes à induire une réaction allergique aux piqûres de guêpe, mais le facteur qui nous intéresse, c'est l'éclosion d'une idée nouvelle : le fantasme qu'il est en train de mourir. Ceci est intéressant au regard du fait que, pendant une bonne quinzaine d'années, malgré ses problèmes gastriques, son asthme, les crises de tétanie et les troubles du rythme cardiaque, Isaac n'a jamais souffert de l'idée que sa mort était proche. Au contraire, il vivait dans une insouciance notable en ce qui concernait sa santé.

Il est à noter que cette « belle indifférence » à leur corps souffrant est une attitude souvent remarquée chez les gens qui somatisent facilement dans des moments de stress — un peu comme si une providence céleste veillait sur eux, semblable à la mère soucieuse de la petite enfance. D'autres deviennent pour eux-mêmes des mères anxieuses une fois leur maladie découverte. Ils guettent la zone ou fonction affectée comme si elle constituait un enfant malade, ce qui déclenche parfois une réorganisation des fonctions du Moi dans un sens positif. Certains collègues ont avancé l'idée que telle pourrait être la raison inconsciente de la maladie. Je ne suis pas d'accord avec cette hypothèse ; j'ai tendance à considérer de telles suites comme un bénéfice secondaire plutôt que comme une cause. L'insouciance se transforme en anxiété hypocondriaque. Cependant ce changement indique peut-être que des instincts de vie se mobilisent pour combattre des forces d'anti-vie, qui jusqu'alors avaient exercé une certaine attraction inconsciente chez le sujet. Il faut aussi rappeler que Freud en est venu à joindre à la catégorie des « névroses actuelles » celle de l'hypocondrie, qu'il considérait comme un investissement de la libido narcissique dans le soi somatique. Peut-être cette façon de traiter leur affection psychomatique comme un enfant malade est-elle valable : elle permet que s'instituent les soins nécessaires pour protéger le soma contre des attaques futures.

Pour reprendre le premier entretien avec Isaac, il est à noter que mon patient a proclamé avec une forte insistance qu'il ne croyait pas à l'analyse — du moins pas pour lui-même. Sa femme a suivi avec bénéfice une cure psychanalytique mais « elle avait des problèmes tandis que [lui] n'en avai[t] pas ». En outre, il craignait les « effets éventuels » qu'une analyse risquerait de produire sur lui. Je lui demande d'expliciter ses craintes et il me répond qu'il pense que l'analyse est capable de détruire sa créativité. Isaac a une théorie personnelle selon laquelle la créativité est fondée sur la maladie psychologique, à condition de ne pas perturber ladite maladie. (Il s'agit là d'une forme d'angoisse de castration éprouvée par beaucoup de personnes qui travaillent dans un domaine créatif.) Face à sa souffrance, Isaac se prépare néanmoins à entreprendre l'aventure, mais il me demande de lui promettre de ne pas faire « une analyse totale » (une castration partielle peut-être ?). Ensuite il me fait remarquer qu'il n'est pas un « analysant typique ». Je lui demande ce qu'il entend par là et il répond que c'est quelqu'un qui a des problèmes sexuels. Lui est « tout à fait normal de ce point de vue ». Ne voulant pas avoir l'air socratique ou persécutrice, je renonce à lui demander ce qu'il entend par « normal ». Sa réserve ultime concernant la psychanalyse tient à ce qu'il a compris du « transfert » et à son observation de l'attachement excessif qu'a sa femme pour le psychothérapeute masculin. Lui ne voudrait pour rien au monde se sentir impliqué de la sorte avec un analyste : il est un homme indépendant et il éprouverait de l'agacement à être ainsi soumis à quelqu'un d'autre.

Bien qu'il l'ignorât, Isaac révélait ici sa peur profonde de devenir l'instrument de la volonté d'un (une) Autre, tout comme il avait été, dans son enfance, inféodé à sa mère. Il y a des mères qui utilisent leurs enfants comme des parties de leur propre corps ou de leur soi, dans lesquelles elles placent imaginairement certains de leurs conflits, pour ensuite les contrôler à travers le fonctionnement somatique de l'enfant. L'exemple m'est présent à l'esprit d'une mère qui donnait des lavements fréquents à son fils pour se débarrasser d'un sentiment pénible d'être sale. Ces enfants risquent de devenir des adultes constamment en alerte contre une telle colonisation ; ils protègent leurs frontières avec ardeur. En même temps, il se peut que, dans ce cadre protégé, ils grandissent *sans avoir pris possession psychique de la totalité de leur corps, de ses zones et de ses fonctions :* celles-ci sont alors vécues en grande partie comme étant la propriété d'un Autre. Ce fantasme, qui se présente comme un manque au niveau de la présentation psychique, peut ainsi devenir le point nodal d'éclosions psychosomatiques éventuelles, ou tout aussi bien le matériau des croyances délirantes ou des perversions sexuelles. Nous aurions bien tort de voir là un « manque de vie fantasmatique » en dépit de son déguisement « opératoire ». Des patients comme Isaac nous révèlent, dans le cours de leur analyse, qu'ils entretiennent une relation *addictive* avec leur mère — et voilà Isaac se défendant déjà avec effroi contre le danger de faire de son analyste un objet d'addiction. Au lieu de posséder dans son monde interne une mère « good enough », c'est-à-dire « plus ou moins adéquate » pour être un objet à l'identification (ce qui lui permettrait d'être une mère adéquate pour lui-même), Isaac montre une « identification adhésive » [Meltzer, 1975], ce qui signifie pour moi une liaison à l'autre comme à une substance addictive, sorte d'objet transitionnel dévié. Il faut remarquer que, chez des malades psychosomatiques graves, cette tendance addictive se polarise souvent autour de la personne du médecin traitant : il se forme ainsi une sorte de triangle œdipien entre le médecin, le patient et « l'enfant » qu'est la zone, fonction, ou organe du corps qui souffre. Comme dans la petite enfance, la représentation de certaines parties du corps — ou la représentation du corps en entier — est celle d'un objet externe, hors psyché.

En ce qui concerne Isaac, il me semble probable que, malgré sa peur de devenir esclave de la drogue-analyse, il a pu venir parce qu'il savait que *je n'avais pas de place.* Le compromis retenu — que je le voie de temps à autre jusqu'à ce que j'aie quatre séances à lui proposer — lui allait comme un gant ! La durée d'attente s'avéra être de dix-huit mois, avec un Isaac de plus en plus demandeur de séances flottantes. Quand celles-ci ne pouvaient être trouvées, il enregistrait ses associations libres sur une cassette et m'apportait cette chanson !

Pendant cette époque de son aventure analytique, Isaac m'a apporté des éléments importants concernant son économie psychique et un certain insight dans les « irreprésentables » qui contribuèrent à la précipitation de ses troubles psychosomatiques et à l'éclosion de sa névrose d'angoisse. Quand, dans le contexte de son analyse, il me parlera pour la première fois des circonstances qui ont accompagné la découverte, à dix-neuf ans, de son ulcère gastrique, deux événements fort importants pour sa vie de jeune adulte prendront un sens nouveau : son échec au baccalauréat, aussi pénible qu'inattendu, était responsable d'une blessure narcissique dont il ne mesurera l'étendue que vingt ans après ; le deuxième événement, qui se passa à la même époque, concernait sa première expérience sexuelle qu'il avait vécue, à l'inverse, comme une réussite conforme à ses souhaits. Le début de sa vie sexuelle, en apparence si plein de félicité, mobilisa des courants d'angoisse insoupçonnés de lui.

L'ambiance propice à la réaction catastrophique de la piqûre de guêpe s'ébauchait aussi pour moi. Isaac avait découvert, pendant le déjeuner, qu'il était extrêmement jaloux de son ami Pierre, en même temps qu'il éprouvait un certain agacement à son égard. La jalousie découlait du fait que la femme d'Isaac s'était engagée dans une conversation animée avec Pierre, concernant une expérience commune dont Isaac était exclu, et il était conscient du fait qu'il désirait amener Pierre de son côté et rester seul avec lui. En même temps, il croyait constater que Pierre se laissait beaucoup influencer par sa propre femme, ce qui irritait prodigieusement Isaac. Ma première « hypothèse flottante » autour du drame occulte d'Isaac était donc que la piqûre de guêpe représentait une pénétration homosexuelle à la fois désirée et crainte, dans un décor où Isaac souhaitait prendre la place des deux femmes avec son ami : celle qui pourrait le séduire et celle qui pourrait le dominer. La scène semblait en outre permettre de supposer une identification, via l'infarctus, à son père et, par l'agacement dont Isaac était conscient à l'égard de sa mère, une identification à celle-ci

La première année

Je donnerai quelques aperçus du trajet analytique et des faits historiques importants durant cette première période d'analyse à raison de quatre séances par semaine. Isaac s'attache rapidement à la situation comme à la relation analytique. Pendant la lune de miel caractérisée par des projections œdipiennes, il guettait jalousement les signes révélant l'existence d'autres analysants, ce qui nous a amenés à mesurer l'importance pour lui d'avoir été l'enfant unique de ses parents et même d'avoir été imaginairement la cause des avortements maternels. Il en est venu à croire que je vivais sans homme, et a longuement développé des arguments en faveur de l'inceste. Tout ceci a non seulement trouvé une certaine expression sublimée dans son travail de cinéaste, lui inspirant de nouveaux thèmes, mais également lui a fait découvrir que sa mère, loin d'être une figure d'agacement, a été pour lui, enfant, le centre de son univers. Elle l'appelait son « petit soleil » et lui rayonnait pour elle. À la faveur des disputes entre ses parents, Isaac se voyait comblé parce que sa mère venait passer la nuit dans son lit avec lui. Avec un retard notable il a fini par reconnaître que, le reste du temps, ses parents partageaient effectivement le même lit et que, de toute évidence, ils avaient des relations sexuelles. En même temps se dégageait l'image d'un père qui a « donné » l'enfant à sa mère comme un phallus lui appartenant en propre. Du moins, c'est ainsi qu'Isaac avait interprété la situation ; tout comme dans l'hypothèse de Freud concernant la sexualité féminine, Isaac avait cru comprendre que le vrai désir et le vrai objet sexuel de sa mère, c'était lui. Cette croyance l'amenait à se demander si son père n'était pas en vérité jaloux et furieux contre lui car il lui semblait qu'il avait vraiment pris cette place auprès de sa mère.

Quelques souvenirs écrans et détails historiques significatifs ont également été évoqués dans cette première année : la famille d'Isaac, famille juive non pratiquante, a subi l'exode. De cette époque, un souvenir poignant surgit avec acuité : au cours d'un bombardement aérien, Isaac et sa mère se trouvant dehors à découvert, la mère jette son propre corps sur le petit Isaac pour le protéger contre les bombes. Malgré les contextes variés dans lesquels ce souvenir revient et malgré l'affect tendre et émerveillé qu'il ne manque pas de susciter chez Isaac, je me suis demandé souvent si une guêpe n'avait pas pu se glisser entre les deux corps dans l'esprit du petit garçon. Piqûre paternelle ? Piqûre maternelle ?

À cette époque Isaac, pour des raisons de sécurité, fréquentait une école catholique. Il se souvient du sentiment d'être différent des autres. En dépit de la réalité de la situation et du danger réel qui guettait la petite famille, j'en suis venue à comprendre que la « différence » comportait également l'idée qu'Isaac entretenait avec sa mère une relation qui était à la fois plus tendre et plus dangereuse que celle des autres enfants. La réalité historique, sans aucun doute, a accentué l'attitude de protection intense de la mère, mais ce n'est pas là une explication suffisante de ce lien particulier.

Isaac retrouva également le souvenir d'un cauchemar répétitif de toute son enfance dans lequel un *chat* entourait son cou et menaçait de l'étrangler. Dans ses associations, il révélait souvent un lien occulte à l'amour maternel et la crainte d'en être étouffé ; nous avons pu joindre à ce lien la peur que moi-même et l'analyse ne risquions d'étouffer la créativité d'Isaac. Je devenais « la chatte qui étouffe », ce qui eut pour effet de ramener un autre souvenir d'enfance — un jeu fréquent avec la baby-sitter qui consistait, pour Isaac, à s'enfoncer sous les jupes de la jeune fille qui l'« emprisonnait » là-dedans, à l'immense joie et excitation érotique du petit garçon. Pendant toute cette période d'évocation ambiguë par rapport au significatif « chatte », Isaac souffrit souvent de difficulté respiratoire de type asthmatiforme, mais il niait toute connexion possible avec ces souvenirs empreints d'excitation et de terreur. Que ces affects puissent être inconsciemment liés au sexe et au corps féminins semblait à Isaac une absurdité et il répétait que, bien qu'il s'attendît à des interprétations de ce genre, celles-ci ne le touchaient point, parce qu'il n'avait ni angoisse ni problème sexuels. Je commençais pour ma part à comprendre qu'Isaac n'avait *aucune représentation préconsciente du sexe de la femme* — ni métaphorique ni métonymique. Cette représentation était rejetée hors psyché, comme forclose, bien qu'une représentation inconsciente concernant une chose-sexe, abîme mortifère, commençât à se dessiner.

À cette même époque Isaac parla de sa cruauté envers sa chatte, et il s'étonna de son comportement envers l'animal qu'il aimait tendrement. À cette conduite insolite était associée une autre conduite qu'il regardait comme tout aussi bizarre — le fait qu'il sursautait d'effroi chaque fois que sa femme l'approchait par-derrière, émotion presque aussi violente, disait-il, que les attaques d'angoisse dans la rue. La chaîne de significations fournie par le souvenir de sa mère se jetant sur le dos d'Isaac, la piqûre de guêpe par-derrière, le chat de ses cauchemars, le jeu érotique-étouffant avec la baby-sitter, enfin une angoisse constante déclenchée par l'approche soudaine de sa propre femme, tous ces éléments renvoyaient à une anxiété globale attachée au corps et au sexe maternels ; mais il manquait le travail psychique, ce qui l'acculait à une angoisse incontenable puisqu'inélaborable qu'Isaac, enfin en quête de représentations, ne pouvait pas encore saisir[1].

La terreur quasi constante « d'une chose qui [l]e surprendrait par-derrière », terreur sans nom qui le saisissait surtout dans les rues désertes, commençait à s'offrir à l'interprétation, à partir des affects transférentiels. J'étais ce danger, et Isaac craignait mon silence comme, à d'autres moments, il craignait mes paroles. Lui ayant demandé quelles images il pourrait trouver qui donneraient corps à ces affects sans contenu, il m'offrit un matériel qui

1. Il est tentant de spéculer sur l'idée qu'Isaac aurait pu tout aussi bien produire des réactions allergiques aux chats et aux poils de chat, telles qu'on les découvre chez certains patients ayant des relations maternelles et des fantasmes semblables à ceux d'Isaac.

nous permit de comprendre que je pourrais le « pénétrer » dangereusement avec mes interprétations « en dard de guêpe », ou, au contraire, que je pourrais, en attendant le moment où il serait en confiance, garder un silence de traître. Néanmoins, il insistait sur le fait que de telles scènes étaient invariablement liées à des images masculines ; c'était, en fin de compte, toujours un homme qu'Isaac attendait anxieusement. J'endossais alors la figure du Père castrateur ; bien plus tard seulement serais-je crainte comme la Mère implosive. Le souvenir de sa mère le protégeant contre toutes les attaques était essentiel à son sentiment de sécurité : mur de protection contre les bombes, les attaques du père et les écorchures de la vie. Au fur et à mesure qu'Isaac se représentait psychiquement le danger émanant de l'homme, il « découvrait » que la punition dans le dos serait justifiée en tant que menace de castration, à l'endroit où lui et sa mère avaient eu un contact tendre et intime dans une situation de mort imminente — contact, somme toute, interdit.

À travers ces diverses élaborations, Isaac prit conscience d'une quantité d'inhibitions et de craintes névrotiques auxquelles il n'avait jamais jusqu'ici prêté attention, ou plutôt qu'il avait esquivées par des moyens contrephobiques et des comportements d'agir. C'est ainsi que se trouve amené sur la scène analytique le dégoût débordant qu'Isaac éprouve, qu'il a toujours éprouvé, à la vue des sous-vêtements féminins, en particulier ceux de sa femme ou de sa mère. À cette vue, il détourne rapidement les yeux, tout en luttant contre une sensation physique désagréable, proche des symptômes d'angoisse. Vers la fin de la première année du travail analytique, il a découvert que ce spectacle insoutenable était étroitement lié au sexe féminin, nanti d'une qualité de chatte avide qui risquait de vous étouffer par son désir sans fin. Une lingerie jolie et excitante était la preuve irréfutable du désir sexuel dangereux de la femme. Isaac allait aussi « découvrir » qu'il n'avait jamais regardé le sexe d'une femme : il s'agissait d'y pénétrer les yeux fermés. (Il est intéressant de faire ici une comparaison avec les formations fétichistes face à cette même représentation du sexe féminin, mais dans lesquelles les éléments dangereux ont été *érotisés* et constituent ainsi un triomphe sur l'angoisse de castration et les peurs archaïques sous-jacentes, liées aux fantasmes du corps maternel en tant qu'objet dévorant et cannibalique. Cet aspect du scénario pervers est exploré dans les chapitres XI et XII.)

Isaac allait révéler successivement d'autres inhibitions du regard : il a peur de voir dans les miroirs le regard d'un Autre ; il ne se regarde jamais dans une glace ; il est incapable de voir des cortèges funèbres sans angoisse ; il lui est insupportable de voir des couples dans la rue qui s'embrassent ; même au cinéma il ferme les yeux devant de telles scènes. (Ses propres films ont davantage trait à la violence qu'à l'amour.)

À la faveur de ces découvertes Isaac a pris conscience de son ignorance totale, jusqu'à l'âge de dix-huit ans, de tout ce qui touchait la sexualité et le corps féminin. Il s'étonne lui-même de ses « blancs » dans son savoir sexuel et de son déni de la sexualité de ses parents. Il s'interroge lui-même sur les moyens psychiques aptes à maintenir de tels clivages et de telles illusions.

En filigrane, à travers ce matériel œdipien rassurant (qui a produit, néanmoins, des changements significatifs dans la vie psychique d'Isaac) apparaissaient des fantasmes plus primitifs, mais difficiles à interpréter sans risque d'intellectualiser leur contenu. Il était évident qu'Isaac *craignait une pénétration anale* venant d'un homme, tout autant qu'il la désirait ; il redoutait donc de découvrir en lui-même un tel souhait. (L'élaboration de ce matériel constitue une partie du chapitre VI.) C'était à la femme (mère, analyste) de le protéger contre cette pénétration. Mais cet écran fantasmatique cachait déjà une autre image de terreur, *celle d'une femme dangereuse, investie phalliquement, qui risquait de l'envahir et de prendre possession absolue de lui* (comme la chatte étouffante) *tout en empêchant l'accès à un père phallique et protecteur.*

Durant cette première année, de tels drames ne purent être décelés qu'au travers des peurs d'Isaac d'être noyé, d'être étouffé, ou de subir une attaque respiratoire. Isaac avait un fort désir inconscient de recevoir un pénis magique, d'un père valable, et donc *avait besoin,* pour ainsi dire, de la croyance qu'il était en danger imminent de pénétration, non seulement dans le but de renforcer sa représentation phallique de lui-même (parmi ses autres craintes névrotiques il redécouvrit la conviction depuis l'enfance d'avoir un pénis « trop petit »), mais aussi dans le but de limiter la représentation, à peine esquissable, du corps féminin : un gouffre sans contenu, pouvant à tout moment l'aspirer, l'écraser afin de l'avaler. Dépourvu d'image psychique renvoyant à un pénis paternel capable de jouer un rôle sexuel dans la vie de la mère, Isaac ne pouvait faire face à cette représentation sans limites du sexe de la mère. L'abîme irreprésentable s'est installé à sa place.

Bien évidemment les différentes couches de fantasmes esquissées ici n'ont rien de rare ni d'étonnant dans le travail psychanalytique. Ils sont la source d'innombrables symptômes et traits de caractère névrotiques, et fournissent même le matériau brut à maintes fantaisies psychotiques. *Ici, l'important est qu'Isaac n'avait pas construit de tels symptômes pour se défendre contre ces terreurs archaïques.* Celles-ci n'étaient ni reprises sous le sceau de l'angoisse de castration phallique, ni contenues dans une organisation œdipienne intégrée. Il avait continué hardiment, pourrait-on dire, avec sa vie sexuelle d'adulte sans la moindre construction, ne fût-ce qu'un écran névrotique, capable de lui offrir un espace protecteur contre l'angoisse globale qui visait son corps entier, voire son être psychique. À la place, son soma produisait des ulcères gastriques et des dysfonctions respiratoires et cardiaques. Pendant quarante ans *les représentations forcloses et les affects étouffés avaient été évacués sans la moindre compensation psychique.*

Je considère ces éléments de la structure psychique comme des facteurs majeurs dans l'accroissement de la potentialité psychosomatique. Sous un aspect de « normalité » — si une telle entité se prête à une définition satisfaisante — la psyché est comme en alerte constante pour affronter un danger mortel. Le rôle de « tampon » que remplissent les constructions névrotiques entre psyché et soma a été admirablement décrit par George Engel [1962].

À la fin de la première année de notre voyage analytique, Isaac a constaté une nette diminution de ses attaques d'angoisse et de ses symptômes cardiaques. En fait, il m'est apparu que les phénomènes qui, depuis quatre ans, étaient éprouvés et nommés comme cardiopathie étaient de plus en plus décrits en termes *affectifs* d'anxiété, d'inquiétude, de crainte, de malaise, ce qui permettait une certaine élaboration des fantasmes sous-jacents ; ceci nous mettait sur la voie d'un scénario à trouver, à inventer, pour rendre sens à cet éprouvé. La seule drogue qu'Isaac continuait à utiliser à ce moment faste de l'analyse était le Valium, et cela juste avant les week-ends et les séparations de plus longue durée. Il lui suffisait bien souvent d'avoir avec lui du Valium pour pouvoir partir tranquille, sans se servir de cet objet « transitionnel », tel l'enfant quittant la maison avec son bout d'étoffe sécurisant qui l'assure de la possibilité de retrouver l'objet maternel interne avec sa fonction de réassurance contre les dangers de la vie. Or, cet objet ne faisait fonction que d'objet « transitoire » ; comme toute drogue, il témoignait d'un échec dans l'identification à une mère soignante.

L'exploration de ses souvenirs d'enfance a amené Isaac à découvrir, derrière l'agacement conscient ressenti à l'endroit de sa mère, une affection profonde pour elle et le sentiment que petit, il l'aimait ardemment. L'acte tendre de jeter son corps sur lui afin de le protéger contre les bombes a pris lentement un nouveau sens — celui, déjà soupçonné, d'une interdiction de prendre plaisir à ce contact ; mais maintenant s'y ajoutait le fantasme qu'il y avait là un crime impuni dont Isaac devait attendre à tout moment le châtiment : ce « quelqu'un », cet homme inconnu, qui menaçait à tout moment de surgir « dans son dos », c'était, bien entendu, son père cherchant à le punir pour sa participation à la relation érotique interdite avec sa mère. *Ainsi la piqûre a acquis sa première signification symbolique — celle d'une castration.*

Dans sa vie extérieure, Isaac se trouvait moins souvent en proie à la pensée obsédante de la mort imminente de son père et il commençait même à se poser des questions à propos de cette mort qu'il « donnait » si facilement et si fréquemment à son père. Envers sa mère, il témoignait d'une attitude tendre et prévoyante qui contrastait avec l'attitude de rejet et d'agressivité latente qu'il maintenait depuis quelques années. Quant à sa femme, il l'avait dégagée des projections œdipiennes dont son image était grevée depuis la piqûre de guêpe. Il ne se jetait plus dans des crises d'angoisse quand elle l'approchait par-derrière (« après tout, elle n'est pas mon *père* ! ») et il la redécouvrit attirante sexuellement (« après tout, elle n'est pas ma *mère* ! »).

Mais tous ces changements symptomatiques n'ont pas atteint les couches plus obscures de l'angoisse d'Isaac. Ses découvertes au niveau de l'Œdipe ne touchaient pas l'image terrifiante d'une mère archaïque, chatte qui guette et qui étouffe le fils désirant, pas plus qu'elles ne mettaient en relief le désir d'un appui homosexuel paternel. Aux moments de tension psychique, le fonctionnement mental d'Isaac suivait son cours habituel : resurgissement de l'angoisse et retour des symptômes psychosomatiques dès que ces problématiques inconscientes étaient effleurées.

S'il apparaît dans les fragments analytiques qui vont suivre que je parle beaucoup, cela ne traduit pas le rythme habituel de l'analyse d'Isaac, laquelle, la plupart du temps, ne demandait de ma part qu'un silence attentif. Dans les séances choisies, il s'agit de moments privilégiés (comme cela arrive dans beaucoup d'analyses) où il fut possible, pour la première fois, de toucher de plus près les angoisses et les fantasmes archaïques qui, jusqu'ici, ne s'exprimaient qu'à travers son corps.

J'en arrive enfin à la première séance que j'ai notée en entier. Celle-ci eut lieu au milieu de notre deuxième année de travail. Le fragment montre, de façon saisissante, la naissance et la construction des phobies prégénitales, ainsi que les mécanismes d'identification projective et introjective utilisés pour cette invention psychique.

Le supermarché

Isaac va subir une expérience traumatisante qui prend sa source dans un état de faim qu'il éprouve d'une manière excessive. Bien qu'inconscient de ce fait, Isaac a toujours vécu la sensation de faim comme une menace « actuelle » — pas question pour lui de contenir le désir, lequel doit être satisfait sur-le-champ. Le déroulement de la séance nous permet d'apercevoir que la sensation de faim induit, à l'insu d'Isaac, des impulsions sexuelles primitives de nature sadique orale. Or, Isaac va *projeter* le fantasme d'attaque sadique et dévorante — au fond une impulsion amoureuse infantile — sur la représentation d'un supermarché bondé de gens et dans le ventre duquel il lui faut pénétrer afin d'assouvir son désir de manger.

30.05.19..

Isaac arrive à la séance le teint pâle et la respiration saccadée ; il s'allonge sur le divan à contrecœur.

I.A. : Hier il m'est arrivé une expérience inouïe — jamais été de ma vie si proche de la mort. Depuis hier j'ai des tachychardies atroces et j'ai du mal à respirer.

J'avais faim. J'ai quitté mon bureau pour acheter des biscuits dans le sous-sol du supermarché à côté. J'ai même allumé une cigarette dans l'ascenseur, tellement j'étais angoissé. Je prends place dans la queue, mais tout d'un coup, j'ai eu envie de fuir. Dans ce magasin, il faut passer par un tourniquet en fer qui fait « clic-clac » *(Isaac mime avec ses mains un mouvement évocatif d'une gueule dentée de crocodile)* et, après, on est enfermé pour de bon. Plus moyen d'en sortir ! Beaucoup de monde entrait après moi et je ne pouvais plus reculer. J'ai étouffé des hurlements.

J.M. : Il ne s'agissait plus alors d'un magasin d'alimentation ?

I.A. : Ah ça, non ! Quand ça a claqué derrière moi, je me suis dit « C'est mon tombeau » ! *(Isaac devient silencieux et je l'invite à préciser ce qu'il ressent.)*

I.A. : C'est drôle, j'ai perçu une sensation érotique en vous racontant ça. L'idée d'être aspiré là-dedans pour mourir — qu'est-ce que c'est ce lien entre l'érotisme et la mort ? Comprends pas.

J.M. : Ce tombeau — il semble que vous l'associez au corps de la femme, dans une relation érotique.

I.A. : La dernière fois que nous avons fait l'amour, Anne et moi, je suis devenu subitement anxieux — c'est la première fois que ça m'arrive. *(Isaac fait cette constatation d'une voix accusatrice, qui sous-entend que l'analyse fait interférence dans sa vie sexuelle, jusqu'ici sans accroc.)*

J.M. : Anxieux à l'idée d'être « enfermé » ?

I.A. *(Isaac apporte un déni très rapide à cette question)* : Pas du tout ! Tout ce qui concerne la sexualité, les positions, tout ça, j'adore. Pas peur du tout d'être coincé là-dedans — enfin, quelquefois, récemment, au milieu *(sic)* se greffe quelque chose d'étrange, une idée que je ferais mieux d'en sortir rapidement.

J.M. : Comme dans le magasin d'alimentation ?

I.A. : Ça se peut, oui...

Notons que dans une organisation *névrotique,* un fantasme tel que la crainte d'être aspiré, coincé, étouffé dans le corps de la femme, fantasme issu de craintes sexuelles infantiles, aurait été représenté visuellement et verbalement pour être ensuite refoulé — formant un capital psychique potentiel pour la construction ultérieure de symptômes névrotiques : éjaculation précoce, perte de l'érection, manque de plaisir orgastique... Mais tel n'était pas le cas chez Isaac. Nous pouvons penser qu'Isaac a réussi la forclusion de semblables fantasmes, et qu'il est ainsi parvenu à ignorer totalement l'angoisse massive que pourraient susciter en lui les relations sexuelles. Au lieu de se représenter psychiquement le corps féminin en tant que contenant menaçant et mortifère (embryon d'un compromis névrotique futur), *Isaac nous paraît avoir régressivement somatisé cette angoisse étouffée à travers les sécrétions gastriques, la respiration et d'autres manifestations de la racine physiologique de l'affect.* La coupure apparente entre son soma et sa psyché a maintenu chez Isaac, durant quarante années, l'exclusion de toute représentation d'angoisse comme l'éjection de tout fantasme sexuel menaçant, sans qu'apparaisse aucune trace de compensation psychique pour ces pertes significatives.

À l'heure actuelle, grâce à sa capacité croissante de capter les affects d'angoisse, Isaac commence à construire des fantasmes aptes à accompagner et à « expliquer » ces émotions. De fait, il est en train de créer — ou recréer — des *théories sexuelles infantiles sur lesquelles s'appuie la formation des symptômes névrotiques.* (Il se peut qu'un tel refoulé soit aussi un facteur essentiel dans la formation de certains symptômes psychotiques.)

Ainsi Isaac commence-t-il à trouver dans le monde externe une scène qui se prête à la traduction de son théâtre interne, jusqu'ici inexprimé, inexprimable : la mère-magasin ; le ventre de la femme, grouillant de monde et étouffant pour celui qui s'engouffre dedans ; l'entrée dentée qui fait clic-clac ; la mort qui attend Isaac parce qu'il a faim — c'est-à-dire, ici, la possession du corps maternel et la nécessité, pour satisfaire son désir, d'y pénétrer. Toutes les représentations mentales avec leurs affects attenants qui se manifestent actuellement dans le discours d'Isaac auraient pu alimenter un délire ou une névrose de type hystérophobique.

Nous sommes au carrefour de l'explosion somatique, de la névrose d'angoisse et d'un véritable symptôme névrotique. Avec ce dernier surgit la première possibilité pour Isaac de reculer le moment de décharge, de réfléchir sur les rejetons de sa réalité psychique et de sa relation au monde sensible. Au grand dam d'Isaac, des phobies en chaîne allaient succéder à celle-ci, car Isaac n'allait plus pénétrer dans les sous-sols des magasins durant les mois suivants.

Dans son étude inaugurale « Pour introduire le narcissisme » [1914] Freud déclare que notre « appareil mental » sert d'abord *à maîtriser les exci-*

tations qui autrement risqueraient de plonger le sujet dans un état de détresse ou de produire des effets psychiques pathogènes...

Chez Isaac les pulsions infantiles qui le poussent à vouloir *dévorer* sa mère sont restées clivées, leur aspect libidinal est séparé de la composante sadique-orale et son appareil psychique n'est pas encore venu à bout de ce dilemme : il ne sait que faire de l'idée selon laquelle aimer, c'est détruire. Nous pourrions dire également que le fonctionnement psychique d'Isaac ne révélait aucune trace d'angoisse en tant que *signal d'alarme* ; dans l'incapacité totale de maîtriser la somme d'excitations jusqu'alors ignorées de lui, Isaac se trouve, depuis la piqûre de guêpe, dans un état quasi constant de débordement affectif

I.A. *(continue)* : Oui, le supermarché et la femme — faut en sortir vite ! Je commence à me demander si j'ai des problèmes avec ma sexualité — mais je n'ai jamais eu le moindre problème sexuel. Est-ce qu'il y a en moi quelque chose qui est hostile à mes désirs ? Mais qu'est-ce qui ne va pas ? Je n'ai plus l'impression que mon père me guette — et je ne pense plus qu'Anne est comme ma mère. Tout ça c'est fini. Nous faisons l'amour mieux que jamais, et Anne me désire beaucoup maintenant. Il n'y a rien contre ça, non ?

J.M. *(me référant au magasin d'alimentation dévorant)* : Quelque chose contre le désir sexuel de la femme ?

I.A. : Eh bé — voilà une pensée nouvelle ! Mais j'ai toujours voulu que les femmes me désirent. C'est l'*homme* qui m'a toujours fait peur. Euh... du moins je crois. Vous savez — je crains l'ogre, celui qui va bouffer le Petit Poucet.

(Nous voyons alors qu'Isaac a pris la place du Petit Poucet et qu'il a projeté sur l'homme son propre désir de dévoration — sorte d'Œdipe primitif qui sert sans doute à protéger son lien archaïque d'amour oral pour la mère-sein. Je décide, prématurément, d'interpréter cette manœuvre défensive.)

J.M. : Oui, mais en entrant dans le magasin *c'était vous qui aviez faim* — comme une sorte d'ogre réticent ?

(Entre les mécanismes introjectifs et projectifs, Isaac perd pied.)

I.A. : Merde ! c'est la confusion totale. C'était moi qui étais en danger et le magasin qui allait me dévorer dans ses entrailles. C'était ma mort. Voilà !

(Ces interjections surgissaient souvent dans les associations d'Isaac et avaient pour but de mettre fin à d'autres élaborations. Je considère ces exclamations comme un mécanisme de décharge dans lequel les mots sont utilisés comme un acte plutôt qu'une communication. Je laisse donc tomber les désirs primitifs d'Isaac et retourne à ses projections.)

J.M. : Comme si le magasin *vous* désirait ?

I.A. : Exact ! Et vous savez il n'y a rien pour vous empêcher d'être absorbé là-dedans, malgré vous !

La représentation du sexe de la femme est en grande partie dérivée de l'organisation œdipienne précoce, transmise à l'enfant à travers les problèmes conscients et inconscients des parents. Si cette représentation est défaillante en ce qu'elle n'est pas liée à celle du sexe complémentaire, on est ramené à celle d'un gouffre sans limites, abyssal. L'enfant court le risque de projeter dans ce sexe-corps imaginaire une série infinie d'idées terrifiantes et persécutantes. Cette problématique inquiétante pose la question du rôle et de la représentation du sexe paternel dans l'esprit de l'enfant ; son absence de la scène primitive archaïque laisse le corps maternel vide et indéfini. Un article intéressant de Noël Montgrain [1980] traite de ce manque et de ses effets : non-représentation du vagin et du fonctionnement sexuel féminin. Cette recherche corrobore mes propres observations, mais il faut noter que les illustrations cliniques apportées par Montgrain sont entièrement tirées des analyses et des fantasmes d'analysants femmes, cependant que les miennes sont en grande partie le fruit des analyses faites avec des patients masculins. Sans doute ces deux voies de recherche indiquent-elles, mise à part la problématique du contre-transfert, qu'il s'agit du fantasme « unisexe » quant à son fond.

Montgrain écrit : « [la représentation du vagin] risque de demeurer un “organe-trou”, insatiable, qui absorbe, avale et ainsi fonctionne, j'oserais dire, selon des modèles de pure économie pulsionnelle » (il aurait pu parler également d'*avidité* — l'avidité que l'enfant projette sur le corps maternel et dans les yeux désirants de sa mère)... Puis l'auteur avance : « Et je serais tenté de penser que c'est là une des principales raisons de cette crainte immanente de l'homme face au sexe de la femme. »

Ce que je veux ici souligner, c'est que mon patient Isaac *n'est jamais parvenu à attacher aux organes génitaux de la femme une telle angoisse,* ce qui a eu pour conséquence, parmi d'autres, que la différence entre les sexes n'a jamais reçu une signification symbolique authentique, donc structurante. Isaac ne fait que commencer à verbaliser son fantasme de la mère abyssale et à attacher celui-ci à une représentation du sexe de la mère. À la fin de la séance, il dit :

> I.A. : En entrant aujourd'hui, je vous trouvais attirante dans ce tailleur rose, mais j'avais très peur de vous regarder en face.
>
> J.M. : Peut-être qu'il s'agit du même drame : qui va dévorer qui ?
>
> En sortant il me regarde droit dans les yeux et il dit : « Eh bien je n'ai aucun problème à vous regarder au moment où je vais sortir. La terreur n'est là qu'*au moment où je rentre.* »

Je ne résiste pas à la tentation de lui dire : « Quel soulagement quand on s'échappe du supermarché », et nous avons ri tous les deux. Cette remarque irréfléchie mérite un bref commentaire qui concerne un de mes problèmes contretransférentiels. Je découvre, chez les analysants qui ont eu des mères séductrices, que j'ai tendance à répondre au discours qui contient l'empreinte de cette séduction, et, à mon tour, à faire des interventions qui font rire, ou qui entament le côté austère de la relation psychanalytique. Cette attitude séductrice me donne du fil à retordre par la suite. La nuit de la séance citée ici, Isaac rêva qu'il avait à se protéger d'une *ogresse dont les yeux étaient faits de miroirs !* C'est, en version onirique, le mythe de Narcisse et une mise en scène de sa relation intime avec sa mère Liriope, mère adorante et accaparante. Narcisse ne pouvait trouver d'autre identité, d'autre sens à son existence, que dans le reflet de ses yeux à elle ; désir de possession absolue de son fils à l'exclusion du père. Nymphe des eaux, elle devient le tombeau dont il ne détournera plus les yeux.

Au fur et à mesure que les semaines passaient, Isaac enrichit l'image fantasmatique de la mère interne en tant que « gouffre », « vide », « profondeur insondable ». Le fragment de séance qui va suivre se situe juste avant mes vacances d'été. De telles ruptures dans le travail analytique étaient susceptibles de déclencher chez Isaac des retours brutaux de ses symptômes cardiaques et asthmatiformes, qui souvent se manifestaient de façon paroxystique dans le cours même des séances. Tout se passait comme si l'angoisse de séparation faisait perdre à Isaac l'image transférentielle œdipienne — dotée de qualités maternelles et paternelles qui l'aidaient à s'exprimer autrement qu'à travers son soma — et favorisait une remobilisation d'un Œdipe primitif où la mère abyssale cache dans ses profondeurs un phallus paternel détaché ; ce pénis imaginaire est muni de caractéristiques sadiques et persécutantes, et risque à tout moment de surgir. Les associations au rêve cité ci-dessous en témoignent.

Il faut noter qu'Isaac se plaignait de ne plus rêver depuis quelques semaines. La disparition des rêves coïncidait avec l'annonce de mes vacances.

Je lui ai fait remarquer qu'il m'apportait son asthme, ses palpitations et même un lumbago, à la place. Voici le rêve :

> L'Abîme :
> 04.07.19..
> I.A. : Cette nuit j'ai rêvé que je devais plonger d'une grande hauteur, pour ramener le corps d'une femme couchée par terre — il semblait que je devais l'accrocher avec mon pénis et repartir dans l'air. Mais quand je me suis approché d'elle, je me suis aperçu que c'était une sorcière. J'étais terrifié et excité en même temps.

L'image du pénis comme instrument potentiellement sadique qui « accroche » la femme surnage dans cette scène de rêve, mais cet élément est projeté par la suite *dans le corps de la femme* qui, comme on verra, contient maintenant l'objet partiel dangereux. Isaac pense, en association à son rêve, à des moments inquiétants quand il nage dans la mer. S'il aperçoit nettement le fond de la mer, sans que rien ne trouble cette transparence, il est saisi de panique. Il craint de voir « quelque chose qui surgit du fond sans avertissement ». Il ajoute que ce problème ne se présente pas *quand il plonge dans l'eau.* Je l'invite à préciser la différence entre ces deux situations et il me répond :

> I.A. : Mais quand je plonge je ferme les yeux !
> (Cet abord ressemble étrangement à ce que j'ai compris de l'attitude inconsciente d'Isaac envers la relation sexuelle.)

J.M. : Comme si vous risquiez de perdre la maîtrise, d'être engouffré dans l'eau vide si vous ne fermiez pas les yeux ?

I.A. : Exact ! (*Longue pause.*) Cela me fait penser à la masturbation. Mon père m'a dit que j'allais perdre la mémoire et la capacité de penser si je me masturbais ; j'avais la trouille mais je me suis arrangé pour ne plus y penser sur le coup et pour le faire quand même.

J.M. : Il fallait faire un « vide » dans vos pensées ?

I.A. : Oui — fallait plonger sans y penser.

Il me semble qu'Isaac a fait exactement cela toute sa vie. Il y a une dimension contraphobique qui se dévoile par moments, derrière la façade « opératoire » de patients tels qu'Isaac. Certaines personnes, pas tous des somatisants, offrent au monde le visage d'un sujet extrêmement équilibré, « normal », mais elles ont créé dans la douleur une « normopathie » construite à partir de défenses massives contre les angoisses archaïques ne pouvant être élaborées au niveau fantasmatique et verbal. Quant à Isaac, les fantasmes qui allaient se développer par la suite nous montrent qu'il avait, en quelque sorte, « vidé » le corps maternel de tout contenu, afin de ne pas y rencontrer un pénis, non pas protecteur, mais dangereux et persécutant, ainsi que d'autres objets-sans-nom, sans représentation, ressentis comme habitant le corps de la femme. Ces « objets » étaient également investis des pulsions sadiques-orales d'Isaac-nourrisson, et s'exprimaient, par exemple, par une phobie nouvelle qui allait augmentant, celle des foules d'où pourraient se dégager « des choses menaçantes ».

« Fermer les yeux », comme faisait Isaac en plongeant dans la mer, à l'instar de l'autruche, dans le fol espoir d'éliminer ainsi la source du danger, est peut-être une « défense » typiquement et essentiellement « psychosomatique » contre des pensées et des affects menaçants. Cela fait penser à ces gens, effrayés mais courageux, qui aux fêtes foraines vont sur les « Montagnes russes » et qui, devant les précipices et la vitesse vertigineuse de l'engin, ne trouvent d'autre défense contre leur peur que de fermer les yeux. Penser, élaborer, réfléchir sur la chose menaçante est hors de question. C'est de cette façon qu'Isaac se protégeait dans la rue et au cinéma quand il percevait des couples. Bien que l'acte de fermer les yeux fasse disparaître momentanément le besoin d'aménager psychiquement la situation porteuse d'angoisse, il est évident que ce geste corporel ne saurait aucunement être considéré comme l'équivalent du *refoulement.* Il s'apparente bien plus à la forclusion, à l'éjection hors psyché, de l'idée et de l'affect insupportables. En ce sens, cette « défense » somatique ressemble aux défenses psychotiques qu'implique un désaveu de la réalité externe perçue. (Les mêmes mécanismes contraphobiques se révèlent dans l'analyse des patients souffrant d'addictions et d'autres formes d'« actes-symptômes ». En ce qui concerne les problèmes de caractère, en particulier ceux qui se produisent à la faveur de l'extériorisation du conflit interne sur la scène du monde, c'est bien la réalité psychique de l'Autre devant laquelle on ferme les yeux. Le cas de Blanche-Neige cité au chapitre III illustre cette façon de combattre la douleur mentale.)

Revenons au thème de la masturbation : Isaac en avait parlé longuement au cours de la première année de son analyse. Les fantasmes masturbatoires m'intéressent toujours en ce qu'ils recèlent, de façon condensée, toute l'histoire de la sexualité infantile de l'analysant et qu'ils nous indiquent en même temps où se trouve la plus grande concentration d'angoisse. [McDougall, 1978.] Voici le fantasme masturbatoire préféré d'Isaac, jeune homme :

« Je suis dragué par une jeune prostituée qui m'amène là où elle habite. Sa mère l'attend et m'ordonne de faire l'amour avec sa fille. Il est entendu que, quand je serai devenu suffisamment expert, je serai obligé de faire l'amour avec la mère. » Cet acte dernier était l'apothéose de son exploit érotique.

Au niveau de l'Œdipe classique le fantasme est transparent ; Isaac se trouve admis au rang des dieux. Mais nous notons aussi que la fuite du désir est attribuée (comme si souvent, depuis Adam et Ève) à la femme et en l'occurrence à la mère. Ainsi Isaac n'a pas le choix : on l'« oblige » à cette performance en fonction du désir de la femme. Comme dans la plupart des fantasmes et des rituels masturbatoires, le scénario est destiné à contenir et à surmonter les aspects les plus angoissants des fantasmes sexuels en les érotisant. Dans le cas présent, la peur qu'éprouve Isaac devant le désir dévorant attribué à la femme-mère est détournée en faisant de ce thème la partie la plus excitante du fantasme érotique.

> I.A. : Je me demande pourquoi j'ai toujours choisi des putains pour mes imaginations sexuelles ; je n'ai jamais connu de putain. Pourquoi est-ce érotique pour moi ?

Bien que le fantasme des prostituées comporte une excitation homosexuelle évidente, il me semble qu'Isaac cherche plus *à se rassurer sur le fait que la femme n'est pas un vide insondable,* avec un organe génital qui n'a jamais pu être imaginé comme défini et limité par un pénis [Montgrain, 1980]. *À ce moment, le rival œdipien potentiel se présente, au niveau narcissique primitif, avant tout comme un protecteur dont on a grand besoin ;* par là même, la différence des sexes acquiert le fondement de sa signification symbolique à venir, en garantissant à l'enfant une identité sexuelle propre ainsi que la promesse d'une vie sexuelle d'adulte. Sans cela, le risque de « se plonger dans l'abîme » du sexe féminin irreprésentable, calqué d'après le sexe sans limites de la Mère-univers, se perpétue.

> J.M. : Peut-être que la prostituée est rassurante ? On ne plonge pas dans le vide avec elle. D'autres ont déjà été là avant vous.
>
> I.A. : Mais oui, bien sûr ! Je vous ai dit que ce qui m'a toujours effrayé le plus c'est les jeunes vierges.

C'est comme si elles étaient inhabitées et que moi, j'étais appelé à faire quelque chose au-delà de mes forces.

J.M. : Vous avez décrit votre relation à votre mère dans les mêmes termes. Est-elle aussi *inhabitée ?* « Sans bite » ?

I.A. : Ma mère ? Elle est toujours vierge ! Aucune bite en elle ; l'idée même est impensable. *(Pause.)* Et de penser que mon père m'a toujours poussé vers les filles ! C'est ça le vide ! Je... j'ai du mal à respirer. *(Sa gêne respiratoire est parfaitement audible.)*

J.M. : Quand vous faites l'amour, vous plongez toujours dans ce gouffre sans limites ?

I.A. : Mais oui — les yeux fermés !

Ce matériel s'élabore pendant quelques mois... en voici un fragment de scène, tiré de la troisième année de travail. Isaac montre ici l'efflorescence de ses nouveaux symptômes phobiques, alors que ses affections psychosomatiques sont en nette diminution.

13.02.19..

I.A. : J'ai bien compris l'autre jour que c'est ma mère – son amour pour moi – qui m'a fait le plus peur. C'est elle, l'ogresse. Et c'est une découverte horrible – elle me regardait sexuellement. Ce regard dans ses yeux, cela me donne le vertige. Pourtant, j'ai toujours cherché cette lueur de désir chez les femmes – mais pas chez elle. C'est intolérable. N'importe comment – que je trouve ce désir dans les yeux ou que je ne le trouve pas – c'est ma mort *(un long silence)*. Est-ce que vous avez vu ce film de Woody Allen, *Intérieurs* ? Qu'en avez-vous pensé ? *(Isaac n'attend pas une réponse à sa question ; comme toujours, ce questionnement traduit un moment d'anxiété.)*

J.M. : Vous voudriez savoir comment moi je vois les choses – avec quels yeux moi, je regarde les gens ?

I.A. : J'ai peur tout d'un coup. Je voudrais que vous m'aimiez – que vous vous intéressiez à ce qui est en moi – mais c'est comme si cette idée m'engouffrait.

J.M. : Comme avec votre mère – vous disiez qu'elle vous dévorait avec amour.

I.A. : Vous savez elle disait souvent « Je vais te manger ». Elle courait après moi et faisait un petit bruit de gorge. J'adorais ça. C'était un de nos jeux favoris. *Ai-je peur d'être mangé ?* J'ai une telle panique – mais pourquoi ? *J'aimais* ce jeu, je n'avais jamais peur. Aurais-je eu peur de ma mère ?

J.M. : Peut-être vous êtes-vous demandé si vous étiez tout ce qu'elle avait à manger ? Et si elle avait réellement faim ?

I.A. : Mon Dieu ! C'est vrai. Elle m'a toujours appelé son petit soleil – et j'étais vraiment petit. Il n'y en avait pas d'autres à gober...

Je supporte l'idée maintenant qu'elle aurait pu désirer mon père sexuellement. Mais *moi* ? Merci ! J'aurais été mangé tout cru par elle ! Est-ce que je vous ai dit qu'elle tue tout le monde avec ses gentillesses ? Elle les dévore, tous.

J.M. : Donc, plus elle était aimante avec vous, plus vous aviez à la craindre ?

I.A. : Oui, j'en suis sûr. Et pourtant j'avais un tel besoin de sa présence. Je ne pouvais rien faire sans elle. Combien de fois je me suis précipité dans ses bras, pendant des années. Et elle – qui attendait pour me dévorer ! Mais comment je suis arrivé à penser à tout cela ?

Notons qu'Isaac révèle ici une certaine incapacité, étant enfant, d'utiliser l'image *interne* de sa mère pour pallier les problèmes affectifs. Il avait besoin de sa présence, de son corps réel, pour y faire face, besoin d'elle en tant que drogue calmante [Fain, 1971]. Dans un autre contexte, Isaac m'a donné des associations qui m'ont amenée à lui dire qu'il décrivait sa mère comme quelqu'un qui voudrait « respirer pour deux ». Cette intervention l'avait frappé et montre ses effets dans les métaphores qui surgissent dans cette séance.

I.A. : Comment suis-je arrivé à tout ceci ?

J.M. : Woody Allen et *Intérieurs*.

(Ce film traite d'une mère qui « étouffe » son mari et toute sa famille, avec ses propres souhaits et désirs. Isaac a un intérêt particulier pour Woody Allen, puisque lui aussi est cinéaste. Qui plus est, Isaac a récemment lu que Woody Allen a subi vingt ans d'analyse — et cela n'a pas détruit sa créativité.

Ces nouvelles le rassurent, car il a craint dès le début de notre travail que moi, mère-analyste, dévoratrice et castratrice, je n'aille le vampiriser, de sorte qu'il ne pourrait plus créer de films.)

I.A. : Eh oui — *Intérieurs* et l'intérieur. Vous savez, depuis quelque temps j'ai peur d'être coincé dans des petits espaces où on manque d'air. Je ne prends plus le métro et j'évite les ruelles et les corridors obscurs. Peur d'être enfermé — étouffé, quoi. Je n'ai jamais eu de problèmes comme ça avant l'analyse ! Je suis sûr que c'est la faute de l'analyse.

J.M. : C'est bien possible. Vous vous laissez imaginer des choses nouvelles — comme les lieux que vous pourriez tenir pour responsables des sensations d'angoisse, les endroits qui vous étouffent. Mais qu'est-ce que c'est, cette impression d'étouffement ? Cela semble se rapprocher de ce que vous décrivez quand vous avez des attaques asthmatiques.

I.A. : Mais je n'ai plus de problèmes avec ma respiration depuis quelque temps. Je ne vous ai rien dit ? Ah, ça fait des mois. Mais ces phobies alors — ça c'est quelque chose !

Désirant moins rassurer l'analyste que maintenir le désir transférentiel d'un couple, mère anxieuse-enfant malade, nos analysants « oublient », bien souvent, de nous rapporter des détails intéressant leur santé psychosomatique.

Mon hypothèse concernant cette phase de l'analyse serait qu'Isaac, en quête de représentations, commence à trouver, sous le masque des objets et des situations phobiques, des représentations mentales donnant forme aux terreurs archaïques, attachées à sa relation d'amour-haine à la mère : crainte d'être coincé, étouffé, mangé ou noyé s'il s'approche d'elle. Auparavant, dans maintes situations qui auraient pu susciter le désir-crainte de la mère dévoratrice, cannibale aimante, il aurait été totalement inconscient de sa panique et, à la place, il aurait risqué une somatisation de type asthmatique ou tachycardiaque. *Ses réponses psychosomatiques sont en passe de devenir verbales et métaphoriques et de lui fournir alors le matériau brut qui, travaillé par les processus primaires, se transforme secondairement en symptômes névrotiques protecteurs.* Il est plus facile pour Isaac d'éviter les ruelles et le métro que de faire face à tout moment à l'angoisse de castration archaïque et globale qui, non reconnue, non compensée, laisse au seul soma la responsabilité d'y répondre. Le gain économique obtenu par le symptôme névrotique est évident ; mais, de plus, de tels symptômes peuvent remplir des fonctions d'autoconservation biologique.

Isaac jette un coup d'œil autour de mon petit cabinet de consultation et remarque, pour la première fois, un grand pot de branches d'hiver sur lesquelles, dans la chaleur de la pièce, poussent des bourgeons d'un vert tendre.

I.A. : Ça alors ! regardez toutes ces petites feuilles ! Est-ce qu'elles se sont ouvertes ici, à l'intérieur de la pièce ?

J.M. : Dans mon « intérieur », on s'attend peut-être à ce qu'elles étouffent ?

I.A. : Ah, ce qui s'ouvre ici, ce sont mes phobies ! Mais en fin de compte, je préfère cette souffrance à l'horreur de ne pas pouvoir respirer. Tiens — je crois qu'il y a un peu plus d'espace pour moi maintenant dans votre intérieur.

À la séance suivante, Isaac développe l'idée que sa mère était tellement indulgente avec lui qu'il aurait pu faire n'importe quoi avec elle — que c'était elle la première prostituée dans sa vie — de sorte qu'il croit avoir été obligé de créer ses propres lois et de se serrer physiquement en lui-même, afin de se protéger de son « amour asphyxiant ». Il fallait se blinder contre sa « pénétration ». Il pense maintenant que le dégoût créé en lui par la vue des sous-vêtements de sa mère est lié à une peur d'« être dévoré par ses fortes cuisses ». Ce fantasme, qui s'appuyait également sur le souvenir-écran des jeux avec la baby-sitter, s'élabora pendant plusieurs séances, alors que l'analyste était vécue comme figure paternelle.

> I.A. : Mais j'ignorais tout de cette peur avant — jusqu'à la piqûre de guêpe, j'étais immortel. Maintenant je suis convaincu que, toute ma vie, j'ai eu peur d'être mangé par ma mère. Toujours là, à m'attendre, comme une araignée. J'attends incessamment ma mort.

Il ne s'agit pas de l'angoisse de castration phallique, mais de la peur de l'implosion ou de la dévoration. Les impulsions libidinales de la petite enfance sont ici projetées sur la mère — car c'est l'enfant qui désire dévorer sa mère — tout comme la projection du fantasme sur le magasin d'alimentation, fantasme qui, au travers de la guêpe, représentait dans un premier temps la vengeance du père castrateur.

Ainsi la piqûre de guêpe a acquis sa deuxième dimension symbolique : c'est la mère dévoratrice et envahissante de la petite enfance — la mère désirante. Isaac revient, dans cette séance, à ce souvenir tendre de sa mère, qui jeta son corps sur lui pour le protéger contre les bombes.

> I.A. : Mon Dieu, que le poids d'une mère est lourd à supporter !

CHAPITRE V

États psychosomatiques, névrose d'angoisse et hystérie

Les actes-symptômes ou le refoulement court-circuité

Avec une hypothèse de travail et en m'appuyant sur l'expérience clinique, j'espère mettre en lumière les liens éventuels entre les phénomènes psychosomatiques et les symptômes hystériques. Cela ne va pas sans difficultés dans la mesure où les manifestations psychosomatiques se dérobent à l'observation analytique. Les éclosions psychosomatiques — toute analyse le montre aisément —, qu'elles soient gravissimes ou minimes, se font en général sans crier gare ! Comme si la potentialité psychosomatique était favorisée par un manque de constructions protectrices, névrotiques ou psychotiques. Si défense il y a, elle n'est pas suffisamment *audible* pour être facilement saisie. D'où l'impossibilité d'y toucher par le travail analytique interprétatif, qui ne peut s'accomplir en l'absence apparente de signes de conflits inconscients. Pour ce qui est du « soi somatique » de tout un chacun, ce qu'on peut observer n'existe qu'en négatif : aucune représentation psychique d'idées potentiellement perturbantes, absence ou aplatissement des affects dans des circonstances où on s'attendrait à en trouver (tristesse au moment d'un deuil, d'une perte libidinale ou d'une atteinte narcissique ; angoisse dans des situations de menace ; hostilité quand le monde est injuste ou agressif ; enfin, manque d'inquiétude devant les cris du corps souffrant). Ces signes manquants ne signifient pas qu'il y ait nécessairement un manque de vie fantasmatique, mais que les conflits archaïques en cause sont entreposés différemment dans la structure psychique. Ces hémorragies psychiques, quand elles s'expriment uniquement à travers le soma, nous concernent en tant qu'analystes puisqu'elles constituent une entrave importante au processus analytique, et que, par leur fuite, elles préservent, en état de gel, un vécu archaïque fort important pour la vie psychique quotidienne du sujet, vécu pour lequel les mots restent encore à trouver. Ce capital psychique non représentable, indicible, laisse comme seule trace un espace mort, qui ne renvoie à aucun fantasme sous-jacent, ni à aucun signe pouvant témoigner d'un refoulé quelconque. Les effets de la tension psychique ainsi occultée sont dispersés dans des « agirs » hors analyse ou dans des manifestations psychosomatiques hors psyché : l'analyste est à l'écoute d'un silence. Or il se trouve que ce « blanc » dans ce que l'analysant communique de sa réalité psychique est souvent interrompu par ces phénomènes mi-somatiques, mi-psychiques que sont les états d'angoisse diffuse ou de dépression mal définie, où le patient lui-même ne sait pas s'il s'agit de maux physiques ou de problèmes psychologiques. Le fait qu'il en parle laisse soupçonner un conflit psychique qui cherche à se faire représenter.

On trouvera la première conceptualisation de ces états dans ce que Freud a nommé les « névroses actuelles ». Plusieurs analystes ont déjà étudié la relation entre ces dernières et les affections psychosomatiques. Partant d'observations et de réflexions semblables, je suis arrivée à l'hypothèse suivante : les névroses actuelles, à mi-chemin entre le silence psychique total, qui précède ou qui sous-tend les éclosions psychosomatiques, et la floraison de signes, affects et symptômes bruyants, qui caractérisent les organisations névrotiques, nous fournissent des liens dynamiques et économiques entre les expressions psychosomatiques et les névroses.

Le cas d'Isaac souffrant d'une névrose d'angoisse paralysante a permis d'éclairer cette notion. Son aventure analytique révèle que cette souffrance est une étape intermédiaire entre un passé libre de symptômes névrotiques (du moins pour le conscient du sujet) mais émaillé d'un cortège d'affections psychosomatiques en chaîne, et la naissance d'un état névrotique marqué par des symptômes hystérophobiques : nouvelle organisation psychique où il est devenu possible, pour la première fois, d'interpréter et de ramener à la vie tout un plan de la réalité psychique du patient — fantasmes, pensées, affects qui jusqu'alors n'avaient pas été soumis au refoulement mais au contraire totalement absents, comme répudiés du monde de ses représentations mentales.

En parlant du couple « mère abyssale » et « enfant bouchon », je tentais de traduire en métaphore une structure œdipienne particulière qui, à mon avis, est susceptible de favoriser cette forme de fonctionnement psychique dans laquelle des idées conflictuelles et des affects douloureux ne sont ni refoulés ni contre-investis, mais immédiatement éjectés hors de la psyché par des moyens divers. Cette façon de fonctionner émane d'une économie psychique bien structurée, où actions et réactions tendent à prendre le pas sur l'élaboration mentale. Pour surmonter les conflits et la douleur, l'activité psychique, qui aurait pu aboutir à une pensée constructive et à des expressions dites sublimatoires ou encore à la construction de symptômes névrotiques et psychotiques, est court-circuitée pour s'exprimer uniquement dans un agir immédiat et répétitif. De tels actes ne sont nullement une réponse à la situation conflictuelle, que celle-ci soit issue des tensions pulsionnelles internes ou du stress venant du monde extérieur. Tout au plus représentent-ils une fuite hors de la situation anxiogène ou un désinvestissement de son importance, par le truchement d'une répudiation (plutôt que d'un déni) des représentations troublantes et par une évacuation rapide des affects qui s'y rattachent.

Avant d'explorer plus à fond cette problématique en apparence assez insaisissable, il nous faut admettre qu'il s'agit d'un phénomène des plus banals chez l'homme. De tels actes-symptômes font occasionnellement partie de l'artillerie défensive de tout individu : l'homme qui boit dans l'espoir de noyer un chagrin passager, qui fume, qui mange à l'excès pour étouffer les frustrations de l'existence ; qui avale des médicaments par crainte d'être anxieux ou insomniaque ; qui se jette dans des actions compulsives, qui vole des objets insignifiants, et détruit des objets de valeur sous l'effet des tensions libidinales ou agressives, ou qui utilise les autres sur le mode addictif. Toutes ces « mises en acte » sont banales chez des individus qui ne se considèrent pas et qui, souvent, ne sont pas considérés comme psychiquement malades. C'est dire que tout un chacun décharge par moments la tension et la douleur psychiques par des actions inappropriées, dans des situations où la réflexion et la rétention affective pourraient aboutir à un dénouement plus adéquat et plus durable. C'est l'acte qui remplace le travail psychique, tout en paralysant le fonctionnement du préconscient.

Chez certains analysants, la décharge dans l'agir est le mode privilégié qui leur permet de maintenir l'homéostase psychique chaque fois que leur équilibre économique est menacé, soit sur le versant objectal soit sur le versant narcissique. Cette tentative d'évacuer la douleur mentale à travers l'acte constitue un élément important dans la sexualité perverse ; elle se manifeste également dans les addictions de toute sorte, ainsi que dans certaines névroses caractérielles, où les mêmes scènes avec l'entourage se répètent inlassablement ; elle se manifeste, enfin, chez les personnes qui, aux moments de tension psychique, répondent par des dérèglements somatiques ou par l'effritement des barrières immunologiques. Les manifestations psychosomatiques prendraient place tout à la fin de cette série que je propose de nommer *actes-symptômes*, dans le sens où, avec ce mode de réponse, l'élaboration mentale, faute d'informations psychiques concernant les conflits en cause, se révèle réduite au minimum, voire totalement absente.

Les origines d'un tel modèle de fonctionnement sont sans doute à chercher dans les débuts de la vie psychique. Étant donné leur incapacité à se représenter les idées conflictuelles et la détresse psychique, la réponse est, chez les petits enfants, inéluctablement psychosomatique.

Pour mieux cerner la spécificité des actes-symptômes, nous examinerons le concept freudien d'*Agieren.* À l'origine, ce terme s'appliquait à la situation analytique comportant des phases dans lesquelles les conflits suscités par la relation transférentielle, au lieu d'être éprouvés et parlés dans la séance, étaient dispersés dans des actes au-dehors. En dépit de cette connotation étroitement clinique, liée à la notion de résistance en analyse, l'*Agieren* est, dans son fond, un concept économique, qui consiste essentiellement en une traduction en acte immédiate d'impulsions, de fantasmes et de désirs, afin d'éviter les idées et les émotions conflictuelles ou pénibles qui, sous leur pression, risquent d'émerger chez l'analysant.

La traduction anglaise de *Agieren* par le mot *acting out* renvoie à deux notions d'ordre économique : quelque chose qui aurait dû être gardé *dedans*, pour être contenu et travaillé psychiquement, est à la place mis « out », *dehors* (hors de soi, hors de la situation analytique). En même temps, « out » contient un deuxième sens métaphorique (« drained out », « washed out ») qui suggère que la tension pulsionnelle pourrait s'écouler, être vidée, de telle sorte qu'il ne reste plus de trace des conflits internes — une notion fondamentale chez Freud. Ainsi des idées imprégnées d'affects dépressifs ou anxieux, potentiellement immaîtrisables et inélaborables pour le sujet, n'atteignent pas la représentation mentale, sont gardées hors du conscient. Ceci fait partie de ce que Freud a désigné sous le nom de *Verwerfung* pour le distinguer du refoulement, en signalant d'ailleurs qu'il s'agissait d'un mécanisme jouant un rôle spécifique dans la structure psychotique. Nous pourrions dire alors que la forclusion de l'affect, ou plus exactement la faillite de la *représentation des idées susceptibles de susciter des affects intolérables* pour le sujet, va de pair avec la tendance à l'agir et à la décharge de la tension.

En ce qui concerne les phénomènes psychosomatiques, cela implique que le désaveu et l'éjection hors psyché d'une partie de la réalité psychique laisse le sujet sans contact, sans connaissance par rapport aux affects dont la fonction est d'*avertir* la psyché d'une situation anxiogène à laquelle elle devrait se préparer pour y faire face. Si cette élision n'est pas compensée psychiquement, il se peut que le soma seul se trouve mis en demeure de répondre, de l'unique façon qui lui soit propre — une réponse somatique à un message ne pouvant être décodé que comme menace biologique.

Il est opportun ici de rappeler qu'au début de la vie psychique le corps est éprouvé par la psyché *comme un objet du monde extérieur.* Ce mode de perception et de représentation du corps persiste dans la vie onirique de tout individu et dans certains états psychotiques. Le corps ou certaines de ses zones et fonctions sont vécus comme entité indépendante, située hors de la maîtrise du sujet, voire sous la domination d'un Autre. Cette représentation du corps et de ses fonctions vitales comme aliénés, comme séparés du sujet qui habite ce corps, donne lieu à divers liens insolites entre psyché et soma : elle permet par exemple, à certains sujets saisis par l'angoisse psychotique, de pratiquer des automutilations sans éprouver de douleur dans l'immédiat. Un phénomène semblable se produit dans certaines perversions sexuelles. Cette aliénation du corps propre se retrouve dans la dépendance médicamenteuse : il s'agit d'un « blanc » similaire, au niveau de la *représentation des fonctions somatiques.* Un exemple des plus banals est celui du sujet qui se croit incapable de s'endormir, malgré sa fatigue et son désir de lâcher prise. Tout se passe comme si la « permission » de le faire ne pouvait être accordée qu'au travers d'un « tiers », le somnifère qui tient lieu d'objet transitionnel, objet doté, dans l'imaginaire du sujet, de qualités maternelles apaisantes. (Ce qui fait que bien souvent un placebo fera l'affaire !)

En deçà de l'appropriation : le risque d'inféodation

Pour en revenir à notre interrogation sur les phénomènes purement psychosomatiques, il m'est apparu que la solution ne pouvait être trouvée tant qu'on s'enfermait dans les limites de la psyché individuelle ; c'est dans ces limites que restent prisonniers les concepts de pensée opératoire d'alexithymie et même le concept dont je me sers, d'acte-symptôme. J'ai été ainsi amenée à élargir le champ envisagé et à découvrir que *chez certains, des parties et des fonctions du corps sont encore vécues dans l'inconscient comme n'appartenant pas au sujet lui-même, comme étant la propriété d'un Autre. Cet Autre, sans aucun doute, nous renvoie à la mère primaire de la petite enfance ; et, en même temps, à des défenses primitives telles que l'identification projective dont le postulat de base a sa source dans la croyance à l'indivision des corps et des esprits. Le mode de fonctionnement du psychosoma qui en découle apparaît alors en contraste frappant avec la structure psychique qui sous-tend les conversions hystériques.* Ces dernières, comme chacun sait, donnent aux zones et fonctions corporelles, grâce à l'action des processus primaires, une signification symbolique en rapport avec la vie pulsionnelle. À la place du « vide » dans la représentation du corps se trouve un riche réseau de liens refoulés, prêt à se métaphoriser, d'abord dans le symptôme, ensuite dans la parole. D'où un champ d'interprétation prometteur pour l'analyse. Les constructions névrotiques et psychotiques sont avant tout des tentatives d'autoguérison qui ont abouti à une solution de compromis ou à une récupération de sens, même délirant. Tel n'est pas le cas dans ces « névroses » d'agir que j'appelle actes-symptômes, et qui se rapprochent, me semble-t-il, de ce que Marty [1976] nomme les névroses de comportement. Tant qu'il s'agit de comportements ou de relations d'addiction, le sujet n'ignore pas qu'il souffre, ni qu'il tente d'alléger sa souffrance par des fuites diverses. Or, dans le cas des expressions psychosomatiques, la situation est bien plus complexe, plus impalpable, car l'individu ignore la plupart du temps sa souffrance psychique, comme il ignore les fuites par évitement ou par retrait d'investissement qui maintiennent son homéostase psychique. Les coupures d'avec des parties importantes de sa réalité psychique n'ont reçu aucune compensation psychique ; tout au plus les créations psychosomatiques recevront-elles une signification symbolique secondaire. Elles peuvent même revêtir, dans un premier temps, des significations multiples et semblables à celles qu'on retrouve dans le discours associatif des analysants chez lesquels le refoulement, les dénégations et le désaveu ont abouti à la construction du symptôme névrotique, grâce à quoi les sujets pourront retrouver le sens perdu de leur histoire à travers les mots clés et les souvenirs qui resurgiront dans leur analyse. Mais dans les cas dont nous parlons, l'analyste ne tarde pas à découvrir que ce travail analytique portant sur la castration et la problématique œdipienne, bien que familier et de bon aloi, ne débouche sur rien de nouveau. Quand la défense contre la douleur mentale ne repose plus que sur le rejet radical hors psyché des idées pénibles, des perceptions troublantes et des représentants pulsionnels, le discours, bien que toujours cohérent, devient insaisissable et son aplatissement affectif se fait perceptible. Cette nécessité de se préserver de tout ébranlement affectif, comme de toute idée risquant de réveiller des conflits archaïques difficilement représentables, nous semble jouer un rôle fondamental dans les observations qui ont suscité le concept de pensée ou de personnalité opératoire, et de défaut alexithymique. Cette forclusion continuelle, quand elle n'est pas compensée par des symptômes névrotiques ou par le déni d'un « réel » reconstruit grâce au sens délirant, aboutit à un surinvestissement de la réalité extérieure qui contribue sans doute à nous donner l'image illusoire d'un sujet en apparence super-stable, super-normal, capable de faire face à tous les imprévus de l'existence. Or, mon but ici est de démontrer également que cette pensée et cette personnalité dites opératoires et cette pathologie de l'affect nommée alexithymique ne nous renvoient pas à une structure caractérisée par le manque, mais au contraire à une défense massive, inébranlable contre des angoisses narcissiques et psychotiques. J'approfondirai dans le chapitre VII « Les mots manquants et l'économie de l'affect », ce que j'avance ici.

Quand la communication en analyse se réduit de manière durable à un pur récit de faits divers et surtout à un récit *désaffecté* (ce qui se produit par intermittence dans toute analyse, provoquant un sentiment d'ennui chez les deux partenaires), nous constatons que *le théâtre interne, loin de faire relâche, est en voie d'extériorisation et bien souvent de somatisation.* Je précise que j'utilise le terme « psychosomatique » du seul point de vue psychanalytique. Il désigne pour moi tout ce qui, au cours de l'aventure psychanalytique, touche au corps, aux communications du « soi somatique », et pas seulement le célèbre « Chicago Seven » de Franz Alexander (ulcères gastriques, asthme, neurodermatoses, hypertension essentielle, thyrotoxicose, rectocolites hémorragiques, arthroses rhumatoïdes). J'inclus aussi dans ce registre la tendance accrue aux accidents corporels et aux maladies infectieuses en réponse à des tensions psychiques ou à des stress inélaborables. À cette panoplie de drames somatiques qui ne peuvent pas se parler, s'ajoutent les états de « déprime » et d'angoisse qui se traduisent surtout par des signes physiques, tels que fatigue et apathie. (J'y reviendrai à propos des « névroses actuelles ».)

Au cours d'une analyse, le psychanalyste a bien souvent l'occasion de réfléchir sur le sens de tels événements. Ma propre observation (non seulement chez mes analysants mais aussi chez mes collègues et sur moi-même) me fait constater que le passage de la mentalisation à l'agir symptomatique ou à des manifestations psychosomatiques se produit plus facilement aux moments où l'on subit *des blessures narcissiques ou des pertes objectales inattendues.* Plus l'économie narcissique est fragile, et plus le sujet aura tendance à réagir aux conflits internes et aux événements externes inacceptables uniquement par des actes-symptômes, par des extériorisations (telles qu'on les a vues dans le cas de « Blanche-Neige » au chapitre III) ou par des somatisations : dans ce dernier cas, le sujet peut méconnaître totalement la source et même l'existence de sa souffrance psychique. Il est vrai aussi que les sujets capables de reconnaître que leurs malheurs physiques peuvent être en même temps des malheurs psychologiques sont plutôt rares.

Ainsi, en quarante ans de vie, mon patient Isaac n'avait pas soupçonné le moindre problème psychologique en lui-même. Souffrant d'ulcères gastriques, de difficultés respiratoires et cardiaques, il ne s'était jamais dit que cet ensemble de manifestations somatiques pouvait receler une signification psychologique. Ce n'est que tardivement, par le rappel des circonstances ayant accompagné la découverte de son ulcère gastrique (échec scolaire, début de vie sexuelle d'adulte), que nous avons pu repérer des éléments psychiques capables de contribuer à l'éclosion somatique. L'analyse a révélé que sa sexualité, en apparence si satisfaisante, était silencieusement *traumatique,* sans que s'en manifeste le moindre signe au niveau des représentations psychiques. J'avancerai l'hypothèse que la vie sexuelle d'Isaac au cours des vingt années qui ont suivi cette première expérience réussie a gardé à son insu et à tout moment le pouvoir de susciter des effets empreints d'angoisses psychotiques — menaces de morcellement et perte d'identité. Les affects immaîtrisables qu'elle véhiculait devaient être clivés et évacués et ne trouvaient plus, désormais, qu'une expression témoignant de leurs racines somatiques-biologiques.

Une telle fragilité de l'économie narcissique me paraît correspondre au modèle du narcissisme propre à ce temps de la prime enfance où le corps et l'être de l'infans sont à peine distincts de celui de la mère. La réponse somatique face à une tension instinctuelle et à un affect débordant (éveillés principalement par la perception de l'altérité) vise avant tout un fantasme primaire du corps maternel qu'on veut atteindre à travers cette partie ou cette fonction du corps propre, parties et fonctions qui sont alors vécues comme étant *elle* ou comme lui appartenant. Un corps pour deux.

Dans un article récent, Paul Lefebvre [1980], s'appuyant sur ses longues années de recherches psychiatriques et psychanalytiques dans un service de psychosomatique, a observé que la « vulnérabilité psychosomatique » était visiblement accrue chez les patients ayant été exposés à un vécu traumatique durant la phase de leur vie infantile définie par Margaret Mahler [1975] comme la phase d'individuation-séparation. D'où l'hypothèse qu'il propose : « Le patient qui somatise semble révéler au moment de la somatisation un mode de relation aux autres qui, s'il persistait de façon chronique, caractériserait la personnalité dite narcissique [...]. Toute confrontation à des différences moi-autrui provoque une impasse relationnelle et narcissique qui suscite des "giving-up affects" (des affects de renoncement, de désistement, tels que les a décrits George Engel en 1962[1]) [...] et une désorganisation régressive qui s'exprime somatiquement. »

Nombreux sont les individus qui, avant d'arriver à un tel dénouement, ont préservé une carapace psychique capable de les empêcher de trop penser, de trop ressentir, dans toutes les circonstances qui risquent d'ébranler leur équilibre psychique. La structure défensive est telle qu'ils ignorent leur fragilité narcissique comme ils méconnaissent l'angoisse qui sourd et circule invisiblement dans toute relation libidinale. Ils sont capables, comme Isaac, de plonger avec entrain dans la vie, de suivre leur

1. Les mots entre parenthèses sont ajoutés par moi.

chemin professionnel et amoureux, sans avoir le moindre soupçon de la pression psychique, continuelle et *actuelle,* qu'ils subissent.

J'aimerais reprendre ici le concept de « névroses actuelles » ; ces maux d'origine psychique ont été pourtant décrits presque entièrement en termes *somatiques.* L'affect, bien que présent, même en excès, apparaît peu nuancé et détaché de représentations bien définies. À vrai dire, ces textes freudiens peuvent être considérés comme les premiers écrits psychanalytiques dans le champ de la psychosomatique. Ce concept, quelque peu désuet de nos jours, se référait à deux catégories cliniques : la *neurasthénie* et la *névrose d'angoisse.* Par la suite, Freud allait leur adjoindre une troisième catégorie : *l'hypocondrie.* La neurasthénie, fatigue d'origine « nerveuse », se manifeste, toujours selon Freud, par des maux de tête, des troubles de la digestion et de l'élimination, une diminution de l'activité sexuelle, etc. Quant à la névrose d'angoisse (telle qu'on la retrouve chez Isaac), elle se traduit, parmi d'autres signes, par des palpitations, des sudations, des tremblements de tout le corps et des difficultés de respiration. Aujourd'hui, grand nombre de nos analysants éprouvent ces mêmes symptômes tout aussi intensément qu'à l'époque de Freud et nous en parlent dans les mêmes termes. Dans nos analyses, devenues si longues de nos jours, nous sommes souvent témoins de la disparition des problèmes névrotiques pour lesquels les analysants sont venus nous trouver, sans pour autant que les actes-symptômes et les névroses actuelles — que nous appelons plus souvent états dépressifs ou états anxieux — soient modifiés.

Freud, on s'en souvient, attribuait la cause originelle des névroses actuelles au blocage des affects libidinaux, conséquence d'un manque de satisfaction sexuelle ou séquelle de la masturbation. Cette explication risque de paraître assez inadéquate à la lumière de la pensée psychanalytique d'aujourd'hui. (Se pourrait-il que cette étiologie douteuse ait contribué à diminuer l'intérêt pour le concept ?) Cependant, Freud a conservé toute sa vie un intérêt pour ces phénomènes, et il en est même venu bien tardivement à proposer l'hypothèse selon laquelle derrière toute hystérie se dévoilerait un noyau de névrose actuelle. J'aimerais, pour ma part, réexaminer ces hypothèses causales, afin de voir si elles peuvent être modifiées ou enrichies.

Il me semble toujours exact d'avancer que les états dépressifs et apathiques, comme les éclosions d'angoisse brute, sont mobilisés et remis en scène par des tensions quotidiennes, « actuelles », et cela d'une façon fort différente des symptômes névrotiques avec leur enracinement dans un passé infantile qui permet leur réactualisation dans la relation analytique. Faudrait-il également ajouter au « blocage des affects libidinaux » celui des affects agressifs et sadiques, pour ne parler que d'eux, et à partir de là, considérer cette forme de réactivation qui se manifeste par des états pénibles comme le résultat d'un *mode spécifique du fonctionnement psychique* (déni, forclusion, clivage, identifications projective et introjective pathologiques...).

Si j'en crois mon expérience, cette forme d'économie psychique va de pair avec une organisation œdipienne archaïque qui relie la stase libidinale dont parle Freud à des fantasmes primitifs, à peine verbalisables ; cette conjonction favorise la tendance à agir et à fuir toute situation anxiogène plutôt que d'essayer de la contenir et d'y réfléchir. Une des racines de cette inaptitude à élaborer de vastes secteurs de la réalité psychique est à rechercher dans les premiers échanges physiques et affectifs entre la mère et le nourrisson — par exemple, la capacité ou l'incapacité maternelle de remplir sa fonction de pare-excitation. *Dans l'analyse de ces patients, nous avons affaire à une mère interne ressentie comme ayant un besoin vital de son enfant, en tant que complément sexuel ou extension narcissique d'elle-même, et à une mère instituant, de ce fait, un rapport particulier au corps de l'enfant.* L'image paternelle tient une place bien moindre. Le père est souvent perçu comme celui qui a accepté complaisamment son exclusion du cercle, gratifiant et fermé, entre mère et enfant.

Cette surstimulation risque de donner aux impulsions sexuelles archaïques propres à la toute petite enfance une dimension vertigineuse et terrifiante par son aspect inassouvissable. Du coup le soubassement de ce qui deviendra le fantasme de la scène primitive s'imprègne d'éléments sadiques et de craintes fusionnelles. Si nous pouvons accorder quelque créance à l'hypothèse freudienne qui veut que les névroses actuelles soient issues de tensions libidinales insatisfaites dans le vécu présent, c'est dans la mesure où de telles stases — lorsqu'elles sont réactivées — renvoient aux tensions et traumatismes dérivés des premiers échanges sensuels et émotionnels vécus dans l'enfance. Si la masturbation se révèle capable de déclencher de tels effets pathogènes, ce phénomène ne peut s'expliquer qu'en référence aux éléments spécifiant une structure psychosexuelle liée aux conflits et aux insatisfactions de la relation parentale et vécus de telle manière que le corps et l'être de l'enfant ont été le support d'un investissement abusif. Il s'ensuit que les conflits inhérents à la sexualité archaïque — les angoisses de morcellement et de perte d'identité — prennent le pas, dans l'inconscient du sujet, sur les conflits phalliques-œdipiens. Apparaissent également ici les éléments psychiques de ce qui deviendra, pour certains, la création des perversions sexuelles. Cette problématique est étudiée plus loin dans les chapitres XI et XII.

Le drame qui se rejoue en analyse chez les analysants-somatisants met en scène un personnage excessivement « maternel », qui n'est pas la mère « adéquate » dont parle Winnicott, mais plutôt une mère « trop bonne » qui aurait trop soigné, trop aimé, trop nourri, trop étouffé son bambin, et cela au-delà de l'âge où l'enfant a besoin de cette dépendance corporelle, au-delà de cette phase où l'utilisation de la parole prend progressivement la place de la communication corporelle directe. Malgré son appétence pour cet excès d'investissement maternel, l'enfant risque bien vite de le recevoir comme une négation de lui-même, comme un refus de ses souhaits personnels, de son élan vers l'indépendance, et une méconnaissance de ses états affectifs, bref, comme un abandon psychique. Face à cet abandon, il s'efforcera de déceler la place, le rôle, l'identité que lui impose sa mère. Il arrive souvent que les enfants ayant connu une telle constellation se souviennent d'une mère qui s'occupait intensivement des douleurs et symptômes physiques tout en se désintéressant de tout ce qui avait trait à la douleur mentale, ou même en le niant totalement. C'est là une des origines de ce fond de fragilité dans le tissu psychique, et qui suffit à compromettre la capacité présente et future de faire représenter et de maintenir le contact avec la vie affective. Ensuite, la reconstruction du discours familial nous renseigne sur les aspects de l'histoire personnelle du sujet qui ont influé sur son mode de fonctionnement psychique, et nous dévoile le genre de « double entrave » *(double bind)* qui risque de s'instaurer quant à l'éprouvé affectif. Non seulement la mère est la première à nommer pour son enfant ses états affectifs, mais c'est aussi elle qui leur donne un sens et qui doit aider l'enfant à les contenir et, enfin, à les métaboliser. Or, dans ces cas, on rencontre sur la scène analytique une mère qui condamne l'expérience émotive en tant que telle (« ça suffit ; on n'aime pas les enfants qui pleurent ! ») ou qui la nie (« il n'est pas vrai que tu détestes ton petit frère, tu l'adores ») ou qui la remplace par un discours qui soit en rapport avec les seuls problèmes inconscients des parents. Les affects, tout comme le corps et ses fonctions, courent le danger d'être fantasmés et vécus comme la propriété de la mère. Un écueil concomitant a trait à l'image narcissique ; en effet, l'enfant sera induit à croire qu'il est véritablement le complément narcissique et sexuel de sa mère, d'où le paradoxe insoluble sur lequel il bute : quoi qu'il fasse pour elle, quoi qu'il lui donne, ce ne sera jamais suffisant ; rien ne saurait ni la réparer, ni la satisfaire. Elle est la Mère-abîme, celle qui exigera toujours plus. En même temps, il ne pourra la quitter sous peine de lui enlever sa raison de vivre, car c'est lui, l'Enfant-bouchon, qui rend sens à sa vie et qui, du même coup, reçoit en miroir sa propre identité.

Comment l'Enfant-bouchon se sort-il de ce nœud en apparence inextricable ? On pourrait justement remarquer que des relations internes semblables se retrouvent en analyse dans la constitution des organisations psychotiques et perverses. Mes observations cliniques et mes réflexions sur cette question me font penser que le rôle que tient le père et les paroles qu'il dit à l'enfant grandissant sont différents de ce qui sera entendu ou retenu par ceux qui feront un choix pervers ou psychotique. Le père, tel que me le présentait mon patient Isaac, est assez typique du genre : ayant occupé, dans la petite enfance, une place ressentie comme fort lointaine, ce père a manifesté un vif intérêt pour son gamin parvenu à l'âge de latence et surtout durant l'adolescence. Plus particulièrement, il a pris un grand soin à informer son fils de l'importance de la vie sexuelle, à partager avec lui des secrets d'homme, insistant sur l'importance d'être « viril » et l'encourageant à entreprendre des aventures.

Bien entendu, ce genre d'échanges joue un rôle « normalisant » pour l'identité sexuelle et le droit à une vie sexuelle d'adulte. Mais dans le cas où ce discours vient se greffer sur un fantasme infantile sexuel *imprégné d'une terreur sans nom, irreprésentable pour la psyché, un clivage particulier risque de s'installer dans l'inconscient du sujet. Derrière la façade d'une organisation œdipienne et d'une vie sexuelle sans accroc, se profile une scène primitive morcelée : d'un côté le vide infini du sexe maternel, de l'autre le fantasme d'un phallus paternel détaché, vengeur et persécutant.* (Comme on a pu voir dans le tableau clinique du chapitre IV, une piqûre de guêpe à l'âge de quarante ans a suffi pour qu'Isaac refasse surgir sur sa scène psychique ce phallus furieux.) Cette scène primitive faite de « morceaux » inquiétants, quasi impossible à représenter psychiquement, ne peut manquer de susciter une angoisse diffuse et débordante, avec le complément somatique propre à de tels éprouvés, à moins que le sujet ne réussisse à la forclore en opérant une coupure radicale entre psyché et soma, ce qui interdira l'accès aux représentations. Le concept de « pictogramme » lié à celui du « processus originaire » [Aulagnier, 1975] nous offre, comme je l'ai déjà indiqué, un cadre conceptuel qui pourrait s'appliquer à la compréhension des manifestations psychosomatiques : c'est-à-dire que la faillite de la représentation psychique comme cause contribuant à certains phénomènes psychosomatiques serait due à une brèche, voire à une coupure, dans le fonctionnement normal du processus originaire.

Peut-on postuler qu'il existe une sexualité d'un niveau non névrotique, qui se maintient en quelque sorte clivée du reste de la personnalité interprétative ? Une sexualité « opératoire », capable d'accroître la potentialité psychosomatique ? Je ne prétends pas apporter une réponse à cette question, malgré les transformations notables dans la vie amoureuse de tels analysants. Il serait tentant d'avancer que ces enfants en symbiose somatique avec la mère interne reprennent à leur compte non seulement les fonctions dites autonomes mais aussi la pleine possession de leur fonctionnement sexuel. Il est, bien entendu, difficile de faire la part des choses dans cette transformation entre la délivrance des entraves archaïques du corps maternel et celle qu'apporte sur le plan phallique-génital la sortie du dédale des interdictions et craintes œdipiennes. Il importe de noter que l'enrichissement de la vie érotique et amoureuse, bénéfice advenant si fréquemment en marge de l'expérience psychanalytique, n'est pas l'apanage des seuls « somatisants ». Par contre, chez ces derniers, sous la couverture de la symptomatologie psychosomatique apparaît en filigrane le maintien d'une relation corporelle, archaïque et érotique avec le corps maternel, relation à la limite du fusionnel, que l'on retrouve plus difficilement dans les organisations à dominante névrotique. Pourtant, tout le monde a dû en passer par là. Or, chez les somatisants graves, tout se passe comme si l'acte psychique de prendre possession de sa sexualité, de ses zones érotiques, voire de ses fonctions vitales (car celles-ci ne sont pas si « autonomes » que l'on prétend) équivalait à les *arracher* à la mère et à exposer l'un ou l'autre à une destruction mortelle. Une haine primitive et une impulsion sadique indicible font en quelque sorte retour sur le corps propre à une époque fort précoce, corps dès lors laissé à la dérive. Étant donné sa précocité, cette haine, qui rencontre le silence du corps, sera difficilement retrouvée et éprouvée, si ce n'est par la voie de la reconstruction psychanalytique.

L'attention méticuleuse que porte si souvent le somatisant sur ses symptômes, *une fois qu'ils ont été reconnus et nommés pour lui,* comporte, à son insu, un souci de réparation de la mère. L'Enfant-bouchon remplit ainsi un de ses rôles fondamentaux. De même, la négligence également remarquable vis-à-vis du corps souffrant dans les maladies d'origine psychosomatique, avant que n'apparaisse ou ne soit nommé le symptôme, est une arme secrète qui vise inconsciemment à détruire les aspects haïs ou dangereux de l'image maternelle. En détruisant son propre corps, c'est le corps de l'autre, corps maternel, imaginairement confondu avec le sien propre, qui est visé et atteint.

On retrouve un fantasme similaire chez ces sujets qui utilisent à l'excès les drogues médicamenteuses, le tabac, la nourriture, les boissons et toutes les substances toxiques addictives. Manière de régler en sourdine ses comptes avec des objets « internes ». On découvre dans la réalité psychique de certains analysants un lien profond avec la Mère-corps-primaire, lien recouvert par le dysfonctionnement somatique et situé à la source d'une scène primitive qui ne se joue plus entre trois personnes, ni même entre deux, mais qui se déroule et se condense dans un seul corps, scène réduite à une lutte érotique-mortifère dont est absente toute trace d'identification à une « mère interne » protectrice. Cette coupure, aussi radicale que précoce, d'avec la Mère-univers contraste étrangement avec la relation de replâtrage vue, de l'extérieur, comme une relation entre une mère aimante, adorante, et un enfant qui la surinvestit, parfois dans un climat de dépendance extrême.

Dans le meilleur des cas, le patient en analyse découvrira les liens occultes qui le ligotent au corps et à la personne de la Mère-primaire, et par là même, la nature addictive du lien qui menace d'infiltrer toutes ses relations objectales actuelles ; mais cette menace est insoupçonnée, tant il est blindé contre la panique de se retrouver colonisé par un autre. Dans ce contexte de dépendance narcissique où l'objet investi est inconsciemment vécu comme une

« substance » nécessaire à la survie de l'individu, voire comme le contenant de certaines parties et fonctions vitales de lui-même, on comprend quel désastre économique la perte éventuelle d'un tel autre risque de provoquer chez un sujet non armé contre ce sevrage brutal. La perte d'un objet vital — ou d'une situation jouant le même rôle dans l'économie narcissique — précédera et déclenchera fort souvent l'apparition d'affections psychosomatiques graves. L'objet ainsi investi n'est pas facilement récupérable par un travail de deuil ; c'est une partie du sujet lui-même qui meurt, sans même qu'il se rende compte de la profondeur du gouffre dans lequel il bascule.

Il va sans dire que, sur la scène psychanalytique, ces sujets vont lutter farouchement contre la relation transférentielle pour peu qu'elle leur apparaisse comme apte à susciter une dépendance narcissique ou libidinale similaire. Nous revenons par ce biais à la question de la représentabilité psychique et de la captation affective. Si une angoisse, que je qualifierais de psychotique, n'a pu être contenue dans une construction symptomatique, et si, face à son irruption, l'enfant affolé n'a pu qu'interposer un espace stérile entre lui-même et le gouffre, entre psyché et soma, entre la vie affective et sa représentation mentale, il n'est pas étonnant que ce qui s'offre à notre écoute soit reçu comme une pensée opératoire et un discours alexithymique. J'ajouterai qu'un discours, même truffé de plaintes angoissantes, de revendications haineuses ou d'évocations joyeuses, ne traduit pas nécessairement la souffrance, l'angoisse ou le plaisir dans l'éprouvé du sujet qui l'énonce. Il n'existe d'idée « douloureuse », « effrayante » ou « enivrante » que dans la mesure où elle s'accompagne d'une coloration, d'une participation affective ressenties. Quand un sujet a pu instaurer dans sa relation à l'autre un espace qui donne lieu à des relations désaffectées, à un discours opératoire, il s'agit d'*une défense primitive et protectrice contre le danger de toute intrusion ou extrusion violentes et de tout risque d'inféodation* ; dès lors, le sujet n'a plus besoin de couper ses liens aux objets ni de rompre le contact avec la réalité extérieure ; mais ces liens et ce contact ne pourront être préservés qu'au prix d'une coupure, parfois profonde, avec une partie de sa réalité interne et d'une distorsion dans son fonctionnement préconscient. Portée à l'extrême, cette organisation défensive ne laisse plus voir qu'une armature impénétrable — qui protège de la souffrance psychique.

À la lumière de ces réflexions, nous pouvons mieux comprendre à présent le fragment d'analyse de mon patient Isaac A. Je ne peux pas savoir si Isaac, avant de me rencontrer, présentait à son entourage cette surface lisse et souriante qui ne dévoilait rien de la tempête affective qui sommeillait en lui, alors qu'elle éclatait ouvertement dans son espace corporel. Lui-même indique qu'il en était ainsi. Selon ses dires, il était, par excellence, l'homme « normal », l'homme « sans problèmes psychologiques ».

Isaac est venu me voir au moment où *s'effondrait* l'armature sans faille qui avait résisté, pendant quarante ans, à l'intrusion explosive des affects et au surgissement des fantasmes archaïques, et cet effondrement a réveillé un autre Isaac envahi par une angoisse incontrôlable et inélaborable. Ce qui a pu se présenter dans son passé comme un vécu opératoire et alexithymique se révélait une construction archaïque contre un abîme d'angoisse irreprésentable pour sa psyché — jusqu'au jour où une guêpe s'est fortuitement offerte comme support d'une représentation psychique à une terreur-sans-nom.

CHAPITRE VI

Élaborations et transformations du répertoire

Pour rendre compréhensible cet aspect du travail psychanalytique qu'on appelle *élaboration,* je reprendrai l'analyse d'Isaac A. Une illustration ne peut jamais rendre perceptible la lutte patiente de l'analysant et de l'analyste par laquelle on suit, souvent dans la plus grande obscurité, l'acheminement vers le Conscient des éléments qui structurent l'Inconscient et l'identité fondamentale du sujet. La disparition des symptômes, bénéfice secondaire de l'exploration psychanalytique, donne souvent l'impression qu'un certain travail a été accompli. Mais tout analyste, et a fortiori tout analysant, découvre tôt ou tard que le dédale de la structure inconsciente de l'être et la force dynamique qui émane de cette structure sont infinis. Ainsi les mêmes drames, les mêmes buts inavoués, les mêmes conflits, les mêmes solutions inadéquates resurgissent constamment et cherchent à entrer en scène dans d'autres secteurs de la personnalité. Le maintien inexorable de l'identité subjective donne à penser que cette continuité du sujet est dotée d'une force de survie égale à l'instinct de vie dans ses aspects biologiques. Et, comme dans ce dernier, l'acharnement de la pulsion vitale laisse deviner, en demi-teinte, sa contrepartie qu'est l'anéantissement du désir de vivre, et même de survivre. Ainsi, chaque être, dans son désir de vie, doit aussi affronter les pulsions d'anti-vie qui sourdent en lui, sa quête de ce nirvana de l'esprit où le désir primordial est le non-désir.

Freud a découvert la force d'anti-vie dans son travail clinique, et il a cherché dans son œuvre paradoxale, « Au-delà du principe de plaisir » (1920), à conceptualiser ce combat existentiel. Il n'est pas dans mon propos de rappeler ici la place de cette dernière théorie des pulsions dans l'œuvre et dans la vie de Freud — le célèbre « tournant » des années 20 ; je voudrais simplement montrer comment ce dualisme pulsionnel imprime sa trace dans le travail et dans le processus analytiques.

Ce va-et-vient dans les méandres d'une psychanalyse, cet éternel retour des vécus angoissants et douloureux étonnent et parfois déçoivent les analysants, comme cela a déçu Freud et déçoit tout analyste depuis Freud. Au-delà du souci thérapeutique, il y a le désir profond de *comprendre* ce phénomène. Comment pouvons-nous accepter que nous soyons nous-même le metteur en scène de nos angoisses renouvelées, de nos échecs répétés, de nos dépressions ? Le fait que le décor, les personnages et l'intrigue changent ne change rien à la duperie que le Je impose à ses rêves utopiques d'un bien-être sans faille, d'accomplissements amoureux et créateurs sans déception ou d'une vie dans laquelle les tragédies inévitables de l'existence n'enlèveront pas à tout jamais le désir de vivre.

Nul n'est mieux placé que l'analyste pour savoir que personne n'est à l'abri, soit des événements catastrophiques du monde extérieur, soit des effets ravageurs de son propre théâtre interne — lequel ne fait jamais relâche. Et les observations de l'analyste ne se limitent pas à ses analysants ; il trouve en lui-même un champ de fouilles privilégié et continu !

Cette constatation m'amène à un autre aspect de l'expérience psychanalytique : l'analysant va, bien entendu, constater le retour des symptômes et des états de mal-être avec un étonnement mêlé de chagrin, voire de colère. Exemple banal : le droit à la jouissance sexuelle, que ce soit chez la femme ou chez l'homme, s'avère bien souvent un acquis fragile. L'impuissance, une fois disparue de la vie amoureuse, est tout à fait capable de se déplacer dans le domaine du travail ; face aux pertes narcissiques ou libidinales, elle est tout aussi susceptible de revenir sur le plan érotique, le Je s'acharnant à barrer l'accès au plaisir, ou à favoriser l'accomplissement sans jouissance.

Ainsi, chaque analysant doit faire face à la quasi-permanence de ses scènes psychiques, et reconnaître qu'elles sont toujours capables de trouver des lieux d'exploitation pour maintenir l'économie psychique et identificatoire qui est la sienne. C'est dire qu'au moment de la décision de mettre fin à son aventure psychanalytique, chaque patient doit non seulement posséder un savoir sur lui-même et sur son théâtre interne, mais encore reconnaître que *l'analyse est un processus sans épilogue,* et que le répertoire de son Je risquera toujours, dans des circonstances propices, de faire retour. Ce qui est changé et qui rend ce savoir sur soi opérant, c'est que le patient possède désormais des armes pour combattre la compulsion à répéter, à rejouer les mêmes scènes psychiques, à tenter les mêmes solutions banales. Il acquiert aussi la possibilité d'éviter une souffrance excessive, mais à la condition de refuser le rôle du « pauvre personnage », jouet du destin, cible des problèmes des autres... et ainsi de suite. Si le Je ne peut rien contre les objets du monde extérieur, pas plus que contre les objets et événements de son propre passé, du moins doit-il assumer d'être seul responsable de son monde psychique et de ses objets internes. Il ne suffit plus au patient d'accabler sa mère malade, son père défaillant, les puînés envieux, pas plus qu'il ne peut tenir son sexe, sa race, sa religion pour responsables de son mal à vivre. Telle est la moisson d'une psychanalyse. Elle ne convient pas à tout le monde.

Revenons à Isaac, pour suivre, dans le théâtre psychique qui était le sien, quelques déplacements et transformations des scènes fondamentales de son Je.

Nous avons laissé Isaac au point de son aventure psychanalytique où il a acquis la conviction que ses états somatiques et ses crises d'angoisse étaient étroitement liés à ses souhaits incestueux envers sa mère, et à sa crainte infantile d'une castration venant du père furieux. Il tient toujours sa mère pour responsable de l'*excès* du désir infantile, désir qui, à son insu, l'a ligoté à son image à elle depuis tant d'années. Et il lutte, manifestement, contre toute apparition sur scène d'une relation au père autre que celle de « guêpe castratrice » ; le fait qu'il puisse y avoir un désir sexuel, visant aussi bien son père que sa mère, lui répugne.

Les bribes de séances qui suivent se situent un mois plus tard que la dernière séance citée au chapitre IV. À cette époque, j'avais noté que, du point de vue uniquement des symptômes, mon patient allait très bien : plus de peur d'être seul ; plus de médicaments ; disparition presque totale de ses diverses affections psychosomatiques. En outre, son travail ainsi que sa vie amoureuse lui procuraient une grande satisfaction.

Mais les symptômes asthmatiques et les attaques cardiaques, sous leur forme somatique ou sous leur équivalent qu'était la crise d'angoisse, devaient resurgir à la faveur de l'apparition des émois homosexuels conflictuels.

Ayant réduit l'image maternelle terrifiante et traumatisante à un objet interne, vécu comme ayant des limites corporelles propres, et désormais moins doté des pulsions archaïques sadiques-orales projetées sur son image par Isaac-*infans,* tout se passe comme si Isaac était maintenant capable de tourner son attention vers l'*objet paternel archaïque.*

Mes observations cliniques m'ont amenée à constater que cet objet primitif, difficile à décrire verbalement, vient à être représenté dans l'analyse comme un phallus idéalisé, cruel et persécuteur, mais fantasmatiquement détaché du corps et, à ce titre, capable de se loger n'importe où dans l'espace extérieur (la foule, le corps de la femme, les espaces géographiques) ou dans le corps propre. Isaac peut maintenant laisser la place à une représentation pénienne, attachée à un corps d'homme, *capable d'être crainte, mais, dès lors, capable aussi d'être désirée* ; enfin objet partiel en voie de devenir le phallus symbolique.

Comme dans le cas des angoisses hétérosexuelles d'Isaac, *ses craintes prégénitales homosexuelles n'ont trouvé aucune structure symptomatique protectrice* — et nul doute qu'à leur tour, ces angoisses ont aussi fourni à Isaac une source continuelle et actuelle de stress non reconnu comme tel — car, à en croire Isaac, il était toujours calme et détendu avec des amis homosexuels, et il ne comprenait pas les gens qui donnaient de l'importance à ce choix sexuel différent du leur.

Cette acceptation de l'homosexualité est, bien entendu, pleinement consentie à tous ceux qui reconnaissent en eux-mêmes leur propre potentialité homosexuelle, et qui, de ce fait, ont pu créer avec ceux de leur sexe des relations amicales, stimulantes ou affectueuses sans craindre une resexualisation des désirs œdipiens homosexuels. Mais telle n'était pas la situation interne chez Isaac. Le déni et la forclusion affective de cette problématique comportaient pour lui le risque que le soma s'organise pour faire face à un danger méconnu, mais ressenti comme menace physique, induisant des expressions somatiques de l'affect ainsi mobilisé. À cette étape de son voyage psychanalytique, Isaac se montrait capable de saisir sur le vif ses affects aigus et ses fantasmes fuyants. Ceux-ci étaient souvent captés par lui d'abord au travers de sensations somatiques, mais ces sensations se montraient de plus en plus susceptibles d'être transformées en éprouvé affectif et en représentations d'idées.

La séance que je vais raconter (je l'ai notée dans sa presque totalité) montre, sous un autre angle que celui des séances précédentes, le processus par lequel sont créés les symptômes névrotiques, et, plus spécifiquement, les défenses névrotiques mobilisées pour contenir l'anxiété associée aux conflits homosexuels. Dans la séance précédente, Isaac a apporté des associations qui nous ont permis de lier la fameuse piqûre de guêpe aux relations homosexuelles. À travers un fragment de rêve dans lequel Isaac associe, à son étonnement, le dard de la guêpe au sexe masculin, je lui ai interprété son fantasme de pénétration anale comme une crainte-et-désir d'être « piqué » par le pénis paternel. Il a accepté poliment, mais sans conviction, cette interprétation. La séance qui suit se situe après un week-end.

05.03.19..

Isaac arrive à la séance, l'air physiquement souffrant et le visage tendu.

I.A. : Mon Dieu, j'ai pas pu respirer depuis vendredi ! Pas vraiment de l'asthme, mais à chaque moment je l'appréhende. *C'est comme si mon œsophage était tordu* — presque comme s'il pouvait se fermer complètement. J'ai l'impression que mes poumons vont se retourner, comme un gant. À m'entendre, j'ai l'air tout à fait cinglé — mais si vous saviez combien j'ai souffert tout le week-end ! C'est seulement ici que je me sens suffisamment calme pour me demander pourquoi. *(Isaac raconte par le menu les différentes circonstances qui, comme on le verra, ont préparé le terrain pour cette attaque d'angoisse.)* Ma femme est partie pour trois jours — mais je n'avais pas la moindre panique ; au contraire, très content, parce que j'ai beaucoup de travail en chantier. Samedi soir j'ai été voir une pièce, seul. Le thème était plutôt homosexuel. À un certain moment, je me suis rendu compte que l'assistance était composée presque exclusivement d'hommes... de chaque côté, derrière moi... J'ai commencé à trembler — tout, à l'intérieur de moi, était en branle. Je ne pouvais plus rester — je suis rentré immédiatement, pour me jeter sur le Valium.

Le Valium, encore une fois, tient lieu du « bon sein », condition nécessaire à l'enfant en Isaac pour retrouver le calme et la protection. Encore une fois sa drogue, comme toute substance addictive, se révèle capable de jouer le rôle, transitoirement, d'un objet transitionnel, mais, dans le contexte spécifique d'une mère (de sa femme), comme protection contre des fantasmes homosexuels. Je lui fais part de ma réflexion.

I.A. : Ah mon Dieu, vous ne savez pas à quel point c'est vrai ! Je me suis permis une seule pensée — « où est l'homosexualité dans tout cela ? » Dites donc, pourquoi je ne peux même pas me permettre de *réfléchir* sur la question des relations homosexuelles ? Après tout, qu'est-ce que ça peut me faire ?

J.M. : Tordre votre œsophage ?

I.A. : Bon Dieu ! C'est clair, non ? Et dans la bouche ! Mais la pensée ne perçait même pas. Je m'enferme, je serre tout, mais tout — ma gorge, mes poumons, mes artères — contre des idées comme ça.

Voici encore une fois la défense du style « Montagnes russes » — tentative « psychosomatisante » de combattre des idées et des affects non acceptables. *Tout le corps, plutôt que l'esprit, se tend contre les fantasmes interdits et effrayants, dans un effort pour les éloigner, ou pour les évacuer — une manière somatique et non psychique de combattre les situations et les pensées considérées comme dangereuses.* Mais dans cette séance, au contraire, Isaac les élabore.

I.A. : Je fais tout mon possible pour empêcher cette pénétration. *(Isaac enchaîne avec le souvenir d'une histoire lue, qui raconte des événements en prison où un homme est sodomisé par un groupe d'autres hommes. En donnant ces détails, Isaac commence à respirer mal et à trembler.)*

I.A. : Mon cœur bat la chamade — j'ai du mal à respirer. Faut que j'y pense... que je trouve... mes poumons m'obligent !

Nous découvrons ici une scène archaïque et condensée d'un pénis paternel sodomique qui pénètre, et d'un « pénis-sein » qui étouffe. Les deux images primitives commencent à peine à se distinguer l'une de l'autre, en tant que représentations sexuées, et toujours dans une certaine indifférenciation entre le soi et l'objet. Ainsi décelons-nous l'ébauche d'une organisation œdipienne et d'un conflit inhérent à celle-ci.

I.A. : L'idée du viol homosexuel me remplit d'horreur et d'humiliation. C'est drôle, je n'ai pas du tout la même impression concernant le viol d'une fille. Cela me semble plutôt excitant — comme si la fille y prenait plaisir, elle aussi.

J.M. : Faut être une fille pour prendre plaisir au viol ?

I.A. : Eh bé, je me révèle de plus en plus ! Est-ce que je veux être une fille ? C'est vrai que Maman aime être « piquée » par Papa — et une petite fille attend que ça lui arrive, je suppose. *(Pause.)* Que peut faire un garçon ? Vous m'avez dit la semaine dernière que je risquais, petit garçon, de me sentir faible, puisque mon père me manquait. Il faut que j'obtienne ce pénis fort de quelque part. Le mien me semblait toujours trop petit.

J.M. : Trop petit par rapport à quoi ?

I.A. : C'était certainement plus petit que celui de mon père — mais j'aurais été incapable de le savoir. Ça a l'air stupide, mais vraiment, je ne savais pas qu'il en avait un ! C'est con — et je comprends pourquoi je me suis toujours trouvé trop petit pour faire face à ma mère. Son amour, son grand gouffre m'aurait avalé sur-le-champ.

J.M. : À présent il semble que vous voudriez manger le pénis, absorber la force de votre père, pour pouvoir devenir fort et grand à votre tour.

À noter que « l'œsophage tordu », dans sa construction et sa signification, se rapproche d'un symptôme hystérique.

I.A. : Vous vous rappelez, il y a quelques semaines, j'ai eu cette idée folle — si je vois de l'excrément de chien dans la rue, j'ai peur de vouloir, tout d'un coup, le manger ? Vous m'avez dit que je voudrais, sans doute, absorber quelque chose que l'on ne connaissait pas encore, et que j'ai dû mettre l'excrément du chien à la place d'autre chose. On ne savait pas encore pourquoi ça prenait cette forme interdite.

J.M. : Peut-être que cela a à voir avec l'idée des fèces puissants de votre père ?

En effet, Isaac s'est montré fort perturbé par l'apparition d'idées obsédantes de ce genre et il a retrouvé la crainte que la psychanalyse le rende fou. Mais la découverte des traces de symptômes névrotiques obsessionnels est plutôt encourageante — ainsi que l'élaboration continue des fantasmes sexuels de l'enfance qui sous-tend les symptômes.

I.A. : Et voilà une bonne raison pour fermer mon œsophage ! Ça me fait penser à ces époques où je ne pouvais m'arrêter de manger. J'ai une autre idée folle que je n'ai pas mentionnée. Sais pas si c'est la même chose. Avec certains hommes, j'ai peur d'avoir une impulsion de sauter sur eux, pour les embrasser sur la bouche. Ça n'a rien à voir avec le désir d'embrasser une femme — ça, c'est excitant et merveilleux, mais ceci est horrible. Comme si je voulais attaquer l'homme. Comme la boulimie ? Oui, exact. Écoutez, ces idées me donnent envie de vomir !

De telles confusions zonales fournissent, dans les comportements addictifs quotidiens, tels que les tendances à trop manger, trop fumer, trop boire, des moyens de décharge permettant d'éviter des affects douloureux et des idées troublantes. Le fantasme « boulimique » de dévorer l'homme, ou son pénis et ses produits corporels, donne à Isaac l'envie de les vomir.

I.A. : Dites donc, je ne suis pas homosexuel, non ?

J.M. : C'est comme si vous ne vouliez pas laisser la place au petit garçon en vous, celui qui admirait la force de son père, et se demandait comment il pourrait mettre cette force et cette virilité en lui. En mangeant ses matières ? En le mordant sur la bouche ? En l'avalant ? Un peu comme les primitifs qui mangent le cœur du lion pour avoir son courage ? Qu'en pensez-vous ?

I.A. : J'ai l'idée un peu folle que peut-être j'ai envie de *manger le sexe* d'un homme. Comme si, avec ça, j'aurais moins d'angoisse, moins peur de mourir à l'intérieur de la femme. Rappelez-vous l'année dernière, j'étais tout excité en pensant que je voudrais grimper à l'intérieur du sexe de ma mère pour voir ce qu'il y avait là ? Vous m'avez demandé ce que je m'attendais à y trouver *(j'ai cru qu'Isaac allait répondre qu'il cherchait d'autres enfants !)* et je vous ai dit que c'était dans l'espoir de trouver ses excréments. Mais je ne vois pas du tout comment ces deux idées vont ensemble.

Ici Isaac se sert de l'objet excrémentiel pour mettre en scène un fantasme régressif, prégénital de

un problème de métaphore, également. Comment apprend-on à nommer les sentiments ? Comment Maman les a-t-elle nommés ? De telles réflexions nous indiquent d'autres liens éventuels entre les phénomènes psychosomatiques et les formations hystériques.

> I.A. : Bien sûr ! L'excitation sexuelle ! Et même quand mon travail marche particulièrement bien, je me sens excité et mon cœur bat fort. C'est drôle que je n'y aie même pas pensé — et pourquoi des choses bonnes, comme le sexe et le travail, sont-elles si facilement liées pour moi à la mort ?

22.06.19..

Dans le calendrier religieux, ce jour était désigné le jour du « Sacré-Cœur ». Bien qu'Isaac ne montrât aucune conscience de ce fait, il me semble probable que sa psyché gardait, comme chez nous tous, un calendrier secret, et que l'enfant qui avait passé des mois à l'école catholique le savait. Quoi qu'il en soit, pour la première fois, Isaac nous révèle, à lui comme à moi, son interprétation des rites religieux, selon une optique du monde fantasmatique infantile.

Il commence la séance en remarquant que, depuis hier, ses symptômes cardiaques ont presque disparu. Il a toujours peur qu'ils resurgissent mais il nourrit sa réflexion là-dessus avec l'idée que le retour inopiné des symptômes pourrait incarner une signification inconsciente. De là, il passe tout à coup à un souvenir d'enfance : lui, avec d'autres enfants, à l'école catholique pendant le service de la messe. Au milieu de son récit, il crie soudain, comme sous le coup d'une douleur brutale, et il m'explique ensuite « qu['il] sen[t] une douleur lancinante dans [s]on cœur » ; puis il élabore cette description en ajoutant : « comme si quelqu'un m'avait tiré un coup de couteau dans le cœur ».

> I.A. : Vous voyez bien, je ne devrais pas penser à ces choses-là ; il faut oublier mon cœur. Cela me rend malade d'y penser. C'est comme si mon cœur avait été coupé en deux.
>
> J.M. : À quoi pensiez-vous quand le « coup » est venu ?
>
> I.A. : Je me voyais à la messe — et quelque chose était élevé en l'air ; je crois que c'était le cœur du Christ qui était offert. Et comme cela, vous serez sauvé ou ressuscité. C'est à ça que je pensais, précisément, quand le coup a poignardé mon cœur. *(Pause.)* Qu'est-ce que vous m'avez dit hier concernant le cœur ? J'ai totalement oublié.
>
> J.M. : Je vous ai dit que les « troubles du cœur » ne renvoyaient pas uniquement à la mort — et vous avez pensé qu'ils pourraient aussi concerner le plaisir, l'excitation sexuelle et le travail.
>
> I.A. : Eh bé ! Drôle que je l'aie oublié, hein ? Je n'étais pas censé savoir ces choses-là quand j'étais gosse. Mais qui est entré dans le cœur du Christ ?
>
> J.M. : Qui alors ?
>
> I.A. : Dieu, bien entendu !

À partir de là, Isaac reprend spontanément tout le matériel de ses craintes homosexuelles dont il était question juste avant son départ. Il se demande si le

« coup de couteau » peut être associé à la peur « de cette chose qui me guette toujours par-derrière ». « Votre cœur pourrait être poignardé par-derrière », explique-t-il, comme s'il n'avait pas le droit de faire des fantasmes en dehors d'une réalité éventuelle. En l'écoutant, je réalise que ce « coup » est lié aux autres versions de la piqûre de guêpe et à tout ce qu'elle en est venue à signifier. Isaac rappelle alors notre reconstruction de sa quête continuelle d'un pénis idéal comme représentant d'un père idéal.

I.A. : Mais pourquoi ai-je besoin de son couteau dans mon cœur ? Et pourquoi ça bat la chamade comme ça ? *(Long silence.)*... Je pense à une chanson que ma mère chantait souvent quand j'étais tout gosse. *(Je l'encourage à retrouver les paroles.)* Voilà, c'était ça : « Je te donne mon cœur. » C'est une chanson folklorique — bien connue ! Eh oui, elle m'a bien donné son cœur.

J.M. : Et votre cœur alors ?

I.A. : Bien sûr, je lui avais donné le mien. Totalement. Je lui ai promis que je serais pour toujours son « petit fiancé ». Même aujourd'hui cette chanson me donne envie de pleurer. Mais bon Dieu, pourquoi est-ce que ça coupe mon cœur en deux ?

J.M. : Comme si vous vouliez rester fidèle à votre mère et vous libérer en même temps ? Comme si votre cœur visait deux choses différentes ?

I.A. : Mais oui ! Et mon père, il ne m'a jamais donné ce coup vital, pour me libérer de son emprise !

Les métaphores qui jalonnent cette séance sont autant de signes précieux de la vie psychique d'Isaac en épanouissement, signes de l'interpénétration des processus primaires et secondaires dans un mouvement associatif qui contraste de façon frappante avec son discours « opératoire » du jour précédent.

Ainsi la séance nous fournit une autre version du désir œdipien homosexuel, face à l'amour-gouffre, tel qu'Isaac se représentait la demande maternelle. Le « Sacré-Cœur », c'était le cœur de sa mère, ainsi que le sien, à elle offert. Elle était pour lui l'image même de la Mère-Vierge, et lui, l'Enfant Jésus, au cœur sacré. Mais ce cœur semble vouloir s'offrir maintenant à Dieu-le-Père, qui est, enfin, invité à jouer un rôle dans le théâtre interne du petit Isaac.

Après un long silence, Isaac conclut :

> I.A. : Vous savez, je crois bien que je finirai par aimer le café !

Puisque je souhaite ici mettre en évidence les élaborations et les transformations continuelles des éléments psychiques conflictuels à travers les objets qui les représentent, je signale qu'Isaac en vint plus tard à lier sa tachycardie et ses crises asthmatiques à la mobilisation inconsciente d'affects de rage impuissante. Au cours de vacances passées chez sa mère, Isaac constata que, malgré sa grande tendresse et son affection pour sa mère, il trouvait ennuyeux qu'elle l'entoure de soins excessifs. (« Elle me disait vingt fois d'aller mettre mon pull, même quand je protestais que je n'avais pas froid. ») Ce n'est qu'en élaborant des associations sur ce thème qu'il est arrivé à dire « Mais c'est comme si je n'existais pas ! Elle me rentre dedans avec ses désirs à elle » et à comprendre que cela le tracassait. Il nous a fallu également les « communications » de son soma, des attaques survenant pendant les séances (que je considère comme faisant partie des associations libres), pour rendre exprimables les fantasmes et les affects forclos. D'abord, des fantasmes d'impulsion, « J'ai brusquement envie de casser un carreau... », « Je casserai tout avec mon pied ; c'est une envie très forte... » Ensuite, l'évocation d'incidents du passé où Isaac avait effectivement commis des actes violents et irréfléchis qui étonnaient tout le monde : il manqua de justesse de tuer un camarade de lycée en lui lançant à la tête un objet contondant, parce que le camarade en question avait envahi l'espace et le temps qu'Isaac réservait à ses études. Ces actes sont devenus, après coup, significatifs. Avec l'âge, Isaac maîtrisa ses passages à l'acte violents et incompréhensibles pour lui, mais tout semble indiquer qu'à la place venaient les « actes » somatiques violents.

Dans un premier temps, Isaac avait donc mis en scène une violence réelle dans les circonstances susceptibles d'évoquer, à son insu, la relation à sa mère implosive et colonisante. Puisqu'il y avait une autre mère, aimante et aimée, à côté de celle qu'il craignait, Isaac a opéré un clivage assez radical entre les deux images pour protéger la relation affectueuse à sa mère. À travers l'impulsion de casser les carreaux chez moi, et le souvenir d'avoir agi ainsi pendant l'enfance, Isaac a retrouvé et profondément ressenti au cours de l'analyse combien était grand son désir de « faire de l'espace », de « faire de l'air » dans la relation étroite et passionnelle qui existait entre lui et sa mère dans son théâtre psychique. (« Le fait d'en parler, d'y penser, a fait disparaître ma tachycardie du début de cette séance. »)

J'avancerai l'hypothèse que, chez les grands somatisants, la tendance, qu'a observée en premier Engel [1962], à baisser les bras devant des circonstances menaçantes ou débordantes, l'attitude de « désistement » et de « repli » (« giving up and dropping out ») qui précède les éclosions psychosomatiques graves est, du point de vue dynamique, une réponse de l'enfant de jadis envers la mère débordante et envahissante. Par amour pour elle, ou dans certains cas par épuisement, l'enfant ne lutte plus ; il étouffe sa rage et sa violence, et se conforme à ce qui est exigé de lui ; il est à *elle* — et la porte s'ouvre vers des transformations somatiques.

Si l'élaboration s'applique en premier lieu aux représentations, aux idées, il faut cependant noter que le corps aussi est soumis à une compulsion à répéter ; ces répétitions font partie de la communication analytique, et il est nécessaire que les messages du soi somatique deviennent parole, parole affective, afin d'être perlaborés par le processus psychanalytique.

Deux ans plus tard

Isaac ne vient que deux fois par semaine, ce qui rend plus visible que dans les premières années de son analyse l'effet de l'angoisse de séparation, et son lien avec le désir mortifère de ne faire qu'un avec l'objet sécurisant. Bien que ses absences ne mobilisent plus les affres des séparations d'avec sa mère, telles qu'il les a retrouvées dans la reconstruction analytique, il se déclare « nostalgique » de l'analyse à cause des séances manquées, et il note lui-même le retour de certains de ses symptômes durant ses absences. Les séances suivantes montrent clairement le fantasme d'atteindre un état de non-vie, de non-désir, qui l'attire autant qu'il l'effraie. Mais l'élaboration des scènes psychiques continue.

De retour après une absence de trois semaines pour les prises de vues d'un nouveau film, Isaac insiste sur le fait qu'il est toujours souffrant et que l'analyse est loin d'être terminée. La crainte de terminer son analyse ajoute, sans doute, une dimension supplémentaire à son malaise.

I.A. : Ces absences, c'est dur ! Et pourtant rien n'est difficile comme avant. Mais la maladie de l'esprit, c'est comme un cancer. On enlève le noyau, et les métastases apparaissent... là où on les attend le moins. Plus de grand malaise, mais un tas de petits, à la place. Cette analyse n'est pas finie ! Par exemple, l'autre soir, après mon retour, j'ai fait l'amour avec ma femme. Merveilleux. Mais quelques minutes après, j'ai cru que j'allais étouffer ! C'est incroyable, non ? Pendant dix minutes j'ai été saisi de panique — comme avant. Une angoisse comme si quelque chose d'horrible allait m'arriver. J'avais l'impression d'avoir la tête sous l'eau. Et puis, je me suis dit : qu'est-ce que c'est que cette comédie ! Et je me suis endormi. Mais je me suis réveillé toutes les trois heures... obsédé par la lecture d'un article qui racontait une maladie d'homme. Paraît qu'il y a des hommes qui souffrent d'orgasmes spontanés, plusieurs fois de suite, sans acte sexuel, et sans désir. J'ai eu peur, dans la nuit, que cela m'arrive, et d'avoir, pour finir, un infarctus !...

La peur des couples est revenue ! Dans mon film il y a plusieurs petites scènes d'amour — c'est nouveau, ça. Mais j'étais horriblement anxieux. Le seul problème qui n'est pas revenu, c'est le truc homosexuel. Ça ne me trouble plus du tout ; et je suis plus à l'aise que jamais avec mon équipe. Mais cette peur d'être tué par l'orgasme, c'est fou. Comment puis-je me dégoûter de la sexualité ?

(Je lui montre l'ambiguïté de cette phrase.)

I.A. : Évidemment ! M'y revoilà, comme si l'amour et la mort étaient liés pour toujours dans mon esprit. L'analyse ne change rien, vous voyez. Après tout, je suis venu en analyse à cause de mes angoisses sexuelles (!).

Devant cette constatation erronée je ne résiste pas à la tentation de lui dire qu'au contraire, me semblait-il, il croyait au début qu'il n'était pas candidat à l'analyse parce qu'il n'éprouvait pas d'inquiétude concernant la sexualité.

I.A. : Zut ! Comment ai-je oublié ? Bien sûr, j'avais une tapée de maladies physiques, mais tout le reste marchait comme un charme. Je croyais que je n'avais pas de problèmes — mais qu'en pensez-vous ? Est-ce que je suis en train de devenir un névrosé ? Problèmes sexuels et tout ? *(Longue pause.)* Dans le film, les amants sont au premier plan, leurs bouches unies. En les regardant j'ai eu un instant d'angoisse comme si c'était interdit de les regarder. J'ai jamais vu ça... mes parents, vous comprenez...

J.M. : Vos parents quoi ?

I.A. : Ils s'embrassaient souvent, mais j'ai toujours fermé les yeux ! Pourquoi est-ce que cela me donne un coup au cœur ?

Je résume les scénarios, maintes fois repérés, maintes fois perdus de vue, de lui, petit garçon, ne trouvant aucune solution au dilemme : Mon père désire ma mère ; ils font l'amour ensemble. Mais c'est impossible. Je refuse. Il faut que je le tue — et voilà l'infarctus du myocarde. Et maintenant je n'ai plus le droit de faire l'amour — sauf si je le paie avec un infarctus.

I.A. : C'est vrai, et j'ai bien choisi cette solution-là. Mais ma mère ne m'a pas aidé, tout de même. Elle me disait souvent, avec un tel amour : « J'ai envie de te manger, mon petit soleil. » Ça me touche d'y penser... vous savez, je pense que ce serait bon d'être mangé. Je lui en veux *parce qu'elle ne l'a pas fait !*

J.M. : Là-dedans, vous seriez à l'abri ?

I.A : Exact ! Rien ne pourrait m'atteindre. Dans son ventre, je n'aurais pas de problèmes sexuels, pas de problèmes de sommeil... mais mon Dieu ! Est-ce possible de désirer cela ? Ça équivaut à la mort, non ? Dites quelque chose, je vous en prie.

J.M. : Cela a l'air d'un désir de mort, en effet.

I.A. : Mais moi — je veux vivre !

Après un très long silence, Isaac reprend en disant que la pensée obsédante qu'il pourrait céder à une impulsion de manger des excréments était également revenue. Je l'invite à explorer davantage cette idée et il précise qu'il s'agit des excréments humains — ceux de ses parents.

I.A. : Je suis cinglé ou quoi ? Qui, en moi, a eu une idée pareille ?

J.M. : Un gosse, peut-être ? Qui croyait que c'était comme ça qu'ils faisaient l'amour ?

I.A. : Mais j'ai toujours cru, quand j'étais gosse, que ça avait à voir avec la merde et l'anus... et... sais pas pourquoi... ça me fait penser à mon travail. Toujours en retard. Quelquefois, quand ça va très bien, j'arrête, comme si je voulais absolument faire l'amour. Ou chier.

J.M. : Chier... travailler... faire l'amour. Il y a un lien ?

I.A. : C'est évident... comme si c'était le même désir. Bon sang ! Je commence à voir pourquoi j'ai un mal de chien à me faire travailler ! C'est interdit ! Si je n'avais plus de sexe, tout serait en ordre, non ?

J.M. : Une fois castré, plus de problèmes ?

I.A. : Merde ! C'est encore la mort ! J'en ai marre de vivre en castré ! L'autre jour une femme m'a dit que je « rayonnais » — et j'ai été saisi de panique et du désir d'être à l'intérieur d'elle. Pas sexuel, dans son ventre. Alors, c'est vrai, c'est *ça* que je veux. Maman, mange-moi, mange-moi, je t'en prie !

CHAPITRE VII

Les mots manquants et l'économie de l'affect

Je quitte, encore une fois, les scènes du théâtre psychique, avec leurs drames, leurs personnages et leurs lieux de représentation, pour jeter un coup d'œil dans les coulisses et, au-delà, pour observer le travail des machinistes et des électriciens, sans l'apport desquels aucun spectacle ne sortira sur la scène. Cela nous permettra d'examiner ces décors en trompe-l'œil et les projecteurs braqués sur eux qui attirent l'attention sur certaines scènes et certains acteurs tandis que d'autres sont maintenus dans l'ombre. Le Je, bien entendu, a l'air d'ignorer totalement l'existence de cet arrière-fond de son théâtre ; tout au plus déclare-t-il que les machinistes sont incompréhensibles et que les électriciens sont fous.

C'est dire que derrière le discours du Je et les scènes de la vie psychique se tiennent les éléments fondateurs de sa structure psychique que sont les mots et les affects. L'économie psychique et dynamique qui les ordonne aura pour destin de conférer à la dimension symbolique de la structure du sujet celle de la force.

Il n'est pas dans mon propos de reprendre ici les concepts fondamentaux de Freud concernant les mots, leur soumission aux lois du fonctionnement de l'inconscient, et la nature de leur structuration qui rend sens aux symptômes névrotiques. C'est de l'affect, et des mots « affectés » et « dés-affectés », que je veux parler ici. L'économie spécifique de l'affect s'infiltre dans la langue à tout moment. Remarquons que sans cette imprégnation puissante, aucun enfant n'aurait appris à parler ! Le fait d'être obligé de *parler* ses désirs et besoins est une des suprêmes blessures narcissiques de l'être humain. Or, il arrive que certains utilisent la parole pour des raisons plus obscures que celles que nous croyons universelles. Un sujet peut se servir du langage, et insister pour qu'un autre l'écoute, sans qu'il s'agisse de sa part d'un désir de communiquer quelque chose à quelqu'un, sans même que les pensées et les émotions qu'il éprouve s'accordent le moins du monde à ce qu'il est en train de relater. Pour certaines personnes, parler est une nécessité différente : le sujet veut se convaincre de quelque chose, par exemple, qu'il existe. D'autres parlent parce qu'il est entendu que l'homme parle, ils s'acharnent donc à offrir ce qu'ils pensent que le monde attend d'eux. C'est ce que Winnicott a appelé le « faux self », concept qui renvoie toujours à une tentative désespérée pour survivre dans le monde des autres, sans même pouvoir déchiffrer les signes et signaux qui rendraient cette tâche compréhensible. Nous pourrions nous demander où se cache le « vrai » self dans ces moments-là et pour quelle raison il s'est emmuré de la sorte : questions en suspens pour le moment.

En analyse, les patients qui, à leur insu, utilisent le langage comme un écran entre eux-mêmes et les autres plutôt que comme un moyen privilégié de donner des informations, d'échanger des idées ou de communiquer des vécus affectifs présentent un défi particulier à l'analyste. Les thèmes psychiques qui vont se déployer sur la scène analytique auront l'air plat, à la limite ennuyeux à écouter. L'analyste risque de se surprendre en train de se dire : Mais où est l'intrigue ? Qu'est-ce qui est donné à voir ? Pourquoi avoir monté cette pièce ?

En dépit du fait que la psychanalyse est une science centrée sur la signification, et que sa logique est la logique du langage, il faut reconnaître que celui-ci n'a de signification pour le travail psychanalytique que dans la mesure où le discours est dynamisé par des affects. Même si le langage est central pour le savoir psychanalytique et essentiel à sa pratique, les mots seuls ne sont pas les éléments fondamentaux du déroulement de son processus.

La fonction interprétative de l'analyste dépend de sa capacité d'entendre non seulement ce qui se dit, mais aussi, peut-être surtout, ce qui n'est pas dit. Sa captation du message latent du discours du patient est rendue possible par la verbalisation, certes, mais aussi par ce que l'analysant communique affectivement, voire corporellement. Dans son écoute de lui-même, il est également essentiel que l'analyste soit bien à l'affût de ses propres messages affectifs et corporels. Ce n'est que dans un deuxième temps que la somme de cette écoute, pour partielle et partiale qu'elle soit, peut être mise en paroles. La plupart du temps, ce travail psychique, cette élaboration-perlaboration de la part de l'analyste ne fournissent que des hypothèses flottantes concernant le théâtre et les scènes psychiques qui s'y déploient. L'analyste est capable de capter et de comprendre des courants importants de la réalité psychique de ses analysants bien avant de pouvoir traduire sa compréhension en interprétations. Et quand bien même il trouverait l'élan nécessaire pour interpréter, cet exploit est de toute façon rendu délicat par le fait qu'il faut discerner *qui* est dans le cabinet de consultation ce jour-là. Monsieur X... est bien là, mais *qui parle en lui* dans cette séance ? Quelle partie de son théâtre interne, quels personnages, quels aspects de ses diverses façons de fonctionner sont présents à ce moment ? C'est à travers cette écoute complexe que l'analyste, après des semaines de silence avec tel analysant, se sent tout à coup motivé pour glisser un mot, une phrase, ou une interprétation qui viennent il ne sait d'où et qui, parfois, le surprennent lui-même.

Je veux parler ici des patients avec lesquels le plaisir d'analyser et d'interpréter est rare, parce qu'ils donnent à l'analyste l'impression qu'il n'y a jamais personne là ; ou s'il y a quelqu'un, il se cache totalement derrière des mots dont il se sert pour meubler le silence de la séance. Cette façon d'être — ou de ne pas être — en relation avec un autre, c'est assurément son « transfert », c'est bien comme cela qu'il est dans le monde du dehors, et comme cela qu'il a appris à être dès son enfance. L'affect transférentiel — positif ou négatif, peu importe — se présente en manque. Notons qu'un autre analysant, quoique totalement silencieux pendant des semaines, peut au contraire être présent d'une manière authentique et percutante. Bref, le « chevauchement du représentatif et de l'affectif » [Schneider, 1973] est nécessaire pour qu'un processus psychanalytique ait lieu.

Si certains écrits de Freud donnent substance à l'idée que l'expérience fondamentale d'une psychanalyse est la redécouverte des représentations grâce à l'effet libérateur de la parole, il est intéressant de remarquer que Freud cherchait constamment à déceler et à établir un pont entre l'expression verbale et l'expression émotionnelle. André Green [1973] souligne, en outre, que pour Freud « la verbalisation n'est pas une opération purement intellectuelle [...]. Le langage ne fait pas que permettre à la charge de se débloquer et d'être vécue ; il est lui-même acte et décharge par les mots. Le procédé utilisé permet à l'affect de se déverser verbalement ».

En voulant conceptualiser plus précisément l'économie de l'affect, j'ai conscience de m'avancer sur un terrain miné — qui s'est d'ailleurs présenté comme tel dès la naissance de la psychanalyse. Je n'ai pas besoin de rappeler le dilemme de Freud qui l'amena très tôt à faire une nette distinction entre la représentation d'idée (de mot, de chose) et ce qu'il a pu appeler dans un premier temps la « représentation de l'affect », c'est-à-dire son enregistrement psychique. Sans doute cette « représentation » s'est-elle intégrée désormais aux concepts de « représentant psychique » et de « représentant de la pulsion », selon la traduction de Laplanche et Pontalis [1967]. Cependant, l'affect est, par la *nomination* de ses manifestations infinies, capable d'être représenté en tant qu'idée pure, d'où le décalage possible, au niveau de l'expression verbale, entre l'affect en tant que représentant psychique et en tant que représentation d'idée. Cette complexité est issue du fait que le concept d'affect, comme celui de pulsion, est un concept limite, à mi-chemin entre le somatique et le psychique. Ainsi pourrait-on déceler une sorte de topique de l'affect quant à sa captation mentale :

— Je peux, par exemple, préciser avec des nuances ce que j'éprouve, en me représentant la nature de mon état affectif aussi bien que le mélange des affects qui m'assaillent.

— Je peux éprouver un état psychique dominé par une forte impression émotionnelle sans être capable de nommer les affects en cause, sans pouvoir dire, par exemple, s'il s'agit d'angoisse, de dépression, de colère ou d'une excitation agréable.

— Enfin, je peux être fortement émue par des événements internes ou externes, mais je ne prête point attention à ce que je ressens ; au contraire, j'évacue sur-le-champ toute trace d'enregistrement psychique. Les affects ainsi suscités risquent alors d'être séparés de leur pôle psychique et réduits à leur pure expression somatique.

Je touche là à la question épineuse, dans les textes freudiens, de l'« affect inconscient », terme qui peut apparaître comme présentant une contradiction en soi. N'importe quel individu pourvu de sens commun récuserait l'idée, qu'un autre lui prête, qu'il éprouve une émotion qu'il n'éprouve pas. Néanmoins il est incontestable que l'affect, tout comme la représentation, est susceptible d'être maintenu hors-conscience. (« Sur le moment, je ne me suis pas aperçu que j'avais peur, que j'étais excité ; jusqu'à quel point j'étais en colère, etc. ») L'important est de préciser de quelle manière l'affect peut être gardé hors psyché, et en quoi cela se différencie de la manière dont la représentation est maintenue hors conscience. Tentant de venir à bout de ce qui se présentait comme une aporie, Freud a décidé que la représentation serait « refoulée » et l'affect, lui, « réprimé ». Ces métaphores peuvent susciter des images dans lesquelles la représentation d'idée est aplatie ou repoussée en arrière, et celle de l'affect arrêtée, étouffée ou mise au-dehors.

Par où passe l'affect qui est rejeté du conscient de celui qui l'éprouve ? Freud apporte une réponse partielle à cette question du destin — ou plutôt des destins — de l'affect devenu inaccessible à la psyché. Dans les *Études sur l'hystérie* (1895), ainsi que dans les articles « Le Refoulement » (1915) et « L'Inconscient » (1915), il traite de l'autonomie de l'affect et de ses péripéties, ce qu'il appelle ses « transformations ». Il en découvre trois :

— la conversion des affects en symptômes hystériques ;

— le déplacement de l'affect de sorte qu'il se lie à une autre représentation que la représentation d'origine, phénomène qu'on observe dans la névrose obsessionnelle ;

— la troisième transformation déclenche ce que Freud a appelé les névroses actuelles (névrose d'angoisse et neurasthénie).

En ce qui concerne cette dernière catégorie, il faut noter que les états décrits possèdent une forte imprégnation affective mais il s'agit d'affects massifs, sans représentation précise, et qui se présentent bien plus sous leur aspect somatique que psychique.

L'affect réprimé de la psyché se décharge donc dans les symptômes névrotiques ainsi que dans les névroses dites actuelles. Nous sommes en droit, me semble-t-il, de parler également de l'affect *forclos,* c'est-à-dire radicalement éjecté de la psyché et, de ce fait, exigeant une récupération, par exemple par la création d'un délire ou par l'extériorisation de situations affectives que le sujet ne peut assumer comme siennes et qu'il essaie de manipuler, inconsciemment, à travers les autres — c'est-à-dire : l'identification projective. Dans les « scènes de la vie psychique » des chapitres II et III, nous avons donné quelques aperçus de ces différentes issues.

Mais il reste l'éventualité, à laquelle j'ai fait référence sur le plan phénoménologique, que l'affect soit « étranglé » et ne reçoive pas en conséquence d'aménagement névrotique tel que Freud l'a décrit, ni de récupération de sens par la pensée psychotique, ni même d'expulsion caractérielle par laquelle le sujet s'occupe uniquement des affects prêtés aux autres. L'affect auquel il manque toute compensation à sa perte risque d'être scindé au sein de sa propre structure, de sorte que le pôle psychique reste blanc, ne donnant naissance à aucun symptôme psychologique cependant que son expression somatique, décodée de façon erronée par le soma comme menace biologique, devient susceptible de favoriser l'éclosion d'affections psychosomatiques.

Depuis bien des années, je m'intéresse à l'économie mentale dans laquelle les actes tendent à prendre le pas sur l'élaboration psychique. Un tel fonctionnement se présente comme une énorme entrave au déroulement du processus analytique : l'hémorragie psychique ainsi entretenue risque de créer des analyses interminables. Ma réflexion a débuté par une tentative de comprendre la sexualité compulsive telle qu'elle se manifeste dans les perversions sexuelles. Dans un premier temps, ce fut une satisfaction pour moi que de découvrir le sens symbolique de ces mises en scène et en acte que constitue la néo-sexualité et de repérer, à travers les chaînons de signifiants révélés dans les fantasmes et les souvenirs, la reconstruction de l'histoire infantile qui avait rendu nécessaire cette invention.

(Voir chapitres XI et XII.) Mais la mise en sens, tant chez l'analysant que chez l'analyste, ne suffisait pas pour comprendre à la fois la force de ces agir et leur côté destructeur pour le sujet. Je ne suis parvenue que dans un deuxième temps à concevoir, du point de vue économique, que ces agir étaient également une tentative pour échapper à des états affectifs intolérables pour le sujet par leur intensité ou par leur potentialité de débordement.

C'est ainsi que j'en suis venue à parler de l'aspect « addictif » de cette néo-sexualité, à voir là un lien entre la sexualité perverse et l'addiction aux drogues, et à m'intéresser à la façon dont le potentiel affectif pouvait être, en quelque sorte, drainé dans l'agir. (Voir chapitre V.)

Par la suite, pour des raisons du même ordre, mon intérêt s'est porté sur le genre de patients que j'ai mentionnés au début de ce chapitre. À cause de leur côté insaisissable en analyse, ceux-ci donnent l'impression que tout est drainé hors de la situation et de la relation psychanalytique, et agi sur une autre scène. Mais, contrairement aux patients de structure « addictive », ils faisaient souvent vibrer en moi, puisqu'ils me paralysaient dans ma fonction d'analyste, des affects contretransférentiels négatifs. J'ai appelé ces patients les « anti-analysants en analyse » [McDougall, 1972]. Aujourd'hui, je crois mieux comprendre ce qui, à l'époque, m'échappait de leur mystère. Ils démontraient, mais d'une façon extrême, ce qui amenait d'autres individus, également fragiles face aux pertes libidinales ou narcissiques, à se précipiter, pour noyer leur détresse, dans l'alcool, dans les paradis chimiques, dans des exploits pervers et frénétiques, ou dans des drames fracassants. À l'inverse de ceux qui reconnaissaient leur souffrance psychique, mes anti-analysants — que j'en suis venue à appeler *normopathes,* tant leur manquaient les symptômes névrotiques ou autres — n'avaient aucune intuition d'une quelconque douleur psychique ; qui plus est, ils ne trouvaient que très peu de satisfaction ou de plaisir dans le travail analytique ; ceci n'avait rien d'étonnant car leur analyste, se trouvant devant un mur du son qui l'empêchait d'entendre, ne pouvait les aider à aller plus loin en eux-mêmes. Par surcroît de malheur, je constatais que ces analysants ne voulaient pas quitter l'analyse ; ils semblaient au contraire être « addictés » à leurs séances, en dépit de leur déception et de leur agacement.

Au cours de mes premières tentatives pour conceptualiser ce genre d'échec dans le processus psychanalytique, j'ai repéré une ressemblance notable avec ce que mes collègues psychosomaticiens décrivaient comme paradigmatique de la « personnalité psychosomatique », organisation marquée, quant à son fonctionnement mental, par la « pensée opératoire » [Marty et de M'Uzan, 1963] et par la « névrose de comportement » [Marty, 1976]. Manifestement, ce mode de fonctionnement et d'organisation de caractère n'est pas l'apanage des somatisants, bien que les recherches en ce domaine montrent que la vulnérabilité psychosomatique du sujet est grandement accrue si cette façon de penser — au fond, une manière spécifique de vivre la relation à soi-même et au monde — est la seule dont il dispose.

Pour ma part, je suis devenue plus sensible à la présence, chez tous les analysants dont il est question dans ce chapitre, d'une anomalie dans l'économie de l'affect. Ultérieurement, la recherche de collègues américains dans le champ de la psychosomatique apporta à ma connaissance le concept d'« alexithymie » [Sifneos, 1973, 1974, 1975 ; Nemiah et Sifneos, 1970a, 1970b]. Ce concept clinique est directement inspiré des publications des analystes-psychosomaticiens de l'École de la Société Psychanalytique de Paris, mais la suite des travaux apportée par les auteurs américains les a amenés sur d'autres terrains, notamment celui de la neurobiologie.

Je propose d'examiner le concept d'alexithymie du point de vue psychanalytique.

Alexithymie : du grec a = sans ; lexis = mot ; thumos = cœur ou affectivité veut donc dire « pas de mots pour les émotions ». Le concept, lui, renvoie à une série de phénomènes cliniques qui ont été décelés et longuement étudiés dans des services psychosomatiques à Boston, et qui incluent non seulement la difficulté que peut éprouver un patient à décrire ses états affectifs, mais aussi une incapacité de distinguer un affect d'un autre. Bien que les auteurs ne le mentionnent pas spécifiquement (sauf par le biais du contre-transfert ; j'y reviendrai), il est évident que cette entrave dans la captation affective va s'accompagner d'une incapacité parallèle d'entendre ou de comprendre les états affectifs et les désirs d'autrui. Dans une telle impasse, le sujet aura du mal à repérer quelle place les autres, et même ceux qui jouent un rôle important dans sa vie, occupent dans son monde interne et dans son équilibre psychique personnel. C'est la relation « opératoire » par excellence. À ce syndrome s'ajoute un autre signe qui me semble aussi important : le déni apparent de l'affectivité ne se limite pas aux affects douloureux, il existe une difficulté égale à reconnaître ou à éprouver des sentiments de satisfaction ou de plaisir. Henry Krystal [1978, 1980] a donné le nom d'« Anhedonia » à ce phénomène.

Comme la pensée opératoire, le défaut alexithymique, bien qu'il se manifeste dans la négativité, est relativement facile à repérer dans le travail psychanalytique, mais le premier repérage de ce défaut s'effectue presque toujours, d'après mon expérience, au travers des sentiments contre-transférentiels [McDougall, 1972, 1975]. Faut-il ajouter, encore une fois, que tout le monde passe par des moments « alexithymiques » et « opératoires » ? En raison de débordements divers, nous pouvons tous nous trouver déconnectés de notre réalité psychique dans ses aspects émotionnels, et de ce fait incapables d'élaborer ou de contenir les forces affectives mobilisées, faute d'avoir pu retenir et reconnaître leurs effets.

À la place nous risquons de les agir — ou peut-être de tomber malade !

Le pôle d'attraction qui conduit un individu à choisir un champ de recherche plutôt qu'un autre est double : les options scientifiques sont déterminées par des fantasmes inconscients et aussi par des circonstances professionnelles. Ainsi, les chercheurs en neurobiologie s'intéressent de façon privilégiée aux phénomènes intracérébraux, aux mystères du système limbique et à la question des dominances hémisphériques. L'intérêt du psychanalyste se tournera toujours vers la découverte du passé historique et de la sexualité infantile oubliés, et vers la compréhension des vécus psychiques précoces aux effets traumatisants afin de progresser dans la compréhension des *mêmes phénomènes* que ceux sur lesquels s'interrogent les neurobiologistes. En lisant leurs textes, je me trouve, tel un terrien transporté sur la planète Mars, fascinée mais perdue. La question du rapport des théories de la causalité psychique et de celles de la causalité neurobiologique s'impose. Maurice Dayan [1981] s'est également penché sur ce problème et a formulé une question fondamentale, à savoir : quels liens peut-on espérer trouver, chez un patient donné, entre l'hyperactivité ou manque d'activité de certains médiateurs dans la transmission synaptique de son système cérébral et le système psychologique développé par ce même sujet pour emmagasiner et élaborer ses pensées, ses affects, ses fantasmes et ses désirs ?

À croire qu'il nous faut une « synapse » scientifique pour unir nos recherches hétérogènes !

Quoi qu'il en soit de nos approches disparates, ma propre expérience avec les analysants alexithymiques ou psychosomatiques (bien souvent les deux à la fois) m'a amenée à découvrir des formes de relation traumatisante dans la petite enfance, une sorte d'Œdipe primitif qui, m'a-t-il semblé, contribue au genre de fonctionnement mental apte à favoriser un courant alexithymique, et éventuellement des éclosions psychosomatiques. Le cas d'Isaac, déjà cité, illustre bien cette organisation œdipienne archaïque (mais il convient de noter qu'Isaac n'était pas — ou plus — alexithymique quand il est venu en analyse). De tels analysants semblent être de « mauvais parents » pour eux-mêmes, paraissant peu capables de se soigner ou de se protéger contre les heurts de l'existence. Les parents, figures idéalisées dans le sens où toute sécurité est, pour toujours, entre leurs mains, sont néanmoins présentés comme étant déconnectés de la réalité psychique de l'enfant, intéressés parfois à ses douleurs physiques mais sourds à toute douleur mentale. Il se peut que ce climat familial transmette à l'enfant la notion qu'il est illicite d'éprouver des états émotionnels et d'en parler, car c'est bien le discours familial qui, en premier lieu, dicte à l'enfant quels sentiments sont licites et lesquels sont à proscrire, voire à dénier complètement. Un analysant gravement alexithymique, qui déclarait souvent qu'il ne comprenait pas ce que voulait dire « sentir » ou « ressentir », m'a récemment confié : « Chez nous il était interdit d'être triste ou en colère, ou excité, ou d'espérer quoi que ce soit... même aujourd'hui, je me sens confus si j'essaie de voir ou de dire ce que je ressens. » Un discours familial qui proclame que c'est une faiblesse, une folie, et même qu'il est dangereux d'éprouver et de verbaliser ses états affectifs est peut-être en train de construire pour les enfants un idéal du moi pathologique sur le plan de l'expérience affective.

Mais il y a des facteurs plus précoces que le discours proposé à l'enfant qui parle. L'*infans,* non verbal, est par définition alexithymique ; incapable de se représenter psychiquement ce qu'il éprouve, il est prêt à réagir comme si ses états affectifs lui venaient d'ailleurs. On peut dire que la partie alexithymique d'une personnalité adulte est en effet une dimension extrêmement infantile de sa réalité psychique. Et pourtant l'adulte a un complet accès à la parole. Peut-on supposer alors que nous voyons là les effets d'un processus puissant qui *attaque* les perceptions du sujet, de sorte que la représentation de mots est complètement scindée de la représentation de choses pour ce qui est des messages du soma et des idées potentiellement chargées d'affect ? À une large échelle, un tel fonctionnement qualifierait la pensée psychotique ; or, je suppose pour l'instant que nous avons affaire à des adultes non psychotiques mais qui, dans certains aspects, se comportent comme des enfants non verbaux, à la merci des autres pour interpréter leurs propres états psychiques. Ceci ressemble à un arrêt du développement, ou à une défense massive contre toute vie affective.

L'inconscient maternel, première réalité extérieure de l'infans, inclut non seulement le monde interne de la mère, avec ses inhibitions et fixations propres, mais aussi l'investissement sexuel et narcissique du père de son enfant. Tout son théâtre psychique ainsi constitué détermine en grande partie la nature des demandes narcissiques et libidinales qu'elle adressera à son bébé. Dans cette perspective, chaque mère aura sa façon d'être avec son nourrisson, envers son corps, ses fonctions et sa vitalité affective. Une mère qui craint la spontanéité et les élans de son bébé lui fera bien vite comprendre lesquels de ses gestes et cris sont reçus et lesquels restent sans réponse. J'ai déjà évoqué ces patients qui parlent de leur corps et de ses zones et fonctions comme s'ils appartenaient à un autre, ou tout au moins, comme s'ils ne relevaient pas de leur responsabilité personnelle.

Ce manque d'investissement libidinal dans le soi somatique, auquel s'ajoutent des tendances alexithymiques induites par l'environnement familial, peut aboutir à un fonctionnement psychique dans lequel la douleur physique aussi bien que la douleur psychique sont forcloses du conscient : encore un mécanisme de défense qui rappelle certains états psychotiques. La vitalité affective, qu'elle soit de source pulsionnelle ou qu'elle soit sollicitée par des événements extérieurs, est aussitôt paralysée ; toute perception apte à évoquer des réactions affectives risque aussi d'être rapidement évacuée de la psyché. Dans l'analyse des patients somatisants et alexithymiques, il se produit parfois le même mouvement mais inversé : un débordement affectif, à la place de la forclusion de l'affect, au cours de l'analyse peut ouvrir la porte à des symptômes de dépersonnalisation ou de pseudo-perception. Le fragment d'analyse de Paul Z, l'analysant dont il sera question au chapitre suivant, est démonstratif à cet égard. Il est évident que de tels passages dans le voyage psychanalytique créent des orages à l'intérieur de la relation transférentielle ; il faut attendre une tolérance plus grande de l'éprouvé affectif, ainsi que la création de représentations capables de lier la circulation libre de l'affectivité dans ses aspects primitifs. Tant que la brèche entre psyché et soma est maintenue, le sujet est vulnérable aux désorganisations psychosomatiques éventuelles.

Ce genre d'organisation mérite le nom de *psychosomatose,* terme qui, pour moi, est voisin de ce que Marty [1976] appelle la névrose de comportement, mais qui, me semble-t-il, se rapproche, par certains côtés, de la psychose. Quand un individu ne dispose d'aucune défense psychique, ni du refoulement, ni du déni, face aux conflits internes et aux « stress » externes, il ne lui reste qu'à attaquer ses propres perceptions affectives, avec, pour conséquence, la destruction de leur signification ; le monde et ses habitants deviennent dévitalisés. Dès lors, les affects et les sentiments ne sont pas déniés ; ils n'existent plus.

Dans un de ses articles majeurs consacrés au thème de l'alexithymie, Sifneos [1974] note que de nombreux patients psychosomatiques présentent « ... ce qui apparaît comme un déni des émotions, mais qui est en fait une absence d'affect », et il enchaîne en disant qu'« il est probable que cette absence est due à un certain défaut biologique du cerveau ». (Dans d'autres écrits, Sifneos et Nemiah attribuent ce défaut à une dysfonction au niveau des voies dopaminergiques.) Il n'est pas exclu, bien entendu, qu'un tel défaut existe — lequel pourrait être fonctionnel ou même héréditaire ; de telles fragilités pourraient également concourir au choix du symptôme face aux traumatismes psychiques précoces et aux demandes parentales inconscientes. Le modèle économique et dynamique que je propose n'invalide pas le modèle neurobiologique. La capacité du sujet d'attaquer les pôles somatique et psychique de la douleur mentale s'accompagne d'une lutte aussi violente contre l'éprouvé des affects de plaisir. Ainsi, il y a un effort continuel pour couper les liens entre le sujet et ses propres affects, que ceux-ci soient attachés aux élans pulsionnels, aux idées chargées de sentiments ou aux relations sociales. Cette capacité d'attaquer et d'éjecter rapidement et l'affect et la représentation nous fournit une explication au fait que les patients alexithymiques et psychosomatiques révèlent une remarquable pauvreté de rêverie et de vie onirique. Chez le normal-névrosé, les restes diurnes qui se lient aux impulsions instinctuelles et aux objets signifiants pour son monde psychique sont, d'ordinaire, refoulés pour être employés ultérieurement à la fourniture des rêves. Mais chez les patients qui expulsent avec force toute captation affective, ces éléments potentiels du rêve ne sont pas entreposés dans la psyché ; ils restent forclos. Il ne reste plus rien avec quoi fabriquer des rêves.

Ce mode de fonctionnement psychique imprègne également la forme de relation aux autres que l'on observe chez un grand nombre de patients alexithymiques et psychosomatiques. M. E..., qui parlait « diabétique » (chapitre II), illustre remarquablement ce genre d'échange. Chez plusieurs de mes patients qui révélaient cette coupure avec leur réalité interne, les liens affectifs qui risquaient de naître entre eux et autrui étaient aussitôt paralysés et détruits. Ayant maintenu depuis tant d'années cette forme de relation, ils n'arrivaient plus à comprendre ce qu'attendaient ou demandaient les autres. Les victimes de cette catatonie affective semblent s'être efforcées, dès l'enfance, de répondre « dans la norme », interprétant de leur mieux ce qui était attendu, guettant les autres pour tomber juste. Bien souvent, cette quête les a conduits à suivre à la lettre le discours de l'autre, et à répondre aussi concrètement que possible. Surtout, il ne fallait pas, si peu qu'on en eût la tentation, laisser voir des impressions émotives comme si l'on était encore un enfant !

Tout symptôme psychologique est une tentative d'autoguérison et l'alexithymie ne fait pas exception. Nous pourrions bien nous demander alors contre quoi le sujet alexithymique se protège pour qu'il soit ainsi contraint à entretenir avec tout le monde des échanges dévitalisés. Les craintes inconscientes capables de donner naissance à de telles constructions me semblent être voisines des angoisses psychotiques plutôt que névrotiques. L'incertitude quant à son altérité inaliénable et inattaquable pourrait susciter une telle peur : l'angoisse d'implosion, c'est-à-dire la peur d'être envahi et possédé, détruit par l'autre ; le sujet a peur de perdre le contrôle de ses limites corporelles, de ses actes ou de son sentiment d'identité.

L'édifice psychique qui se dévoile dans la psychosomatose a quelque fondement en commun avec ce qui s'est construit dans la psychose, et cette communauté d'origine ne se limite pas à la force dynamique des fantasmes que je viens de citer ; il s'y ajoute les moyens économiques mobilisés pour se défendre contre les terreurs archaïques.

Une comparaison entre la psychose et la psychosomatose peut paraître incongrue ou même paradoxale : personne ne se présente davantage comme aliéné des autres que celui qui est dominé par la pensée psychotique, alors que peu de sujets ont l'air aussi bien adaptés à la réalité extérieure, aussi « normaux », que les victimes de la psychosomatose. Dans les états psychotiques, la pensée est délirante ; dans les états psychosomatiques, seul le soma « délire » — les symptômes psychosomatiques possédant aussi peu de sens biologique que de sens symbolique. Le schizophrène attaque les fonctions mentales destinées à attribuer de la signification et à créer des pensées. Dans ce but il efface ses perceptions, ses affects et la signification qui devrait en découler. Face aux pensées, aux fantasmes et aux relations qui se présentent à lui comme une source infinie de douleur, il crée un autre sens, une nouvelle réalité, comme une tentative de guérison de son mal à vivre.

J'ai observé quelque chose de similaire chez le psychosomatique-alexithymique. Comme dans la psychose, on décèle une confusion inconsciente autour du corps en tant que contenant : craintes pour ses limites et son étanchéité ; à partir des fantasmes de fusion corporelle se crée la terreur de perdre le droit suprême à une existence psychique séparée et soumise à sa propre maîtrise. Le droit à l'identité subjective comporte toujours le droit à une vie intime où il est permis d'avoir des pensées et des émotions à soi sans obligation de partage. Pour certains enfants, ce droit est ressenti comme contesté, voire comme une attaque contre les liens vitaux à la mère.

Bref, le psychotique, débordé de douleur affective, se protège par la destruction de sens, suivie de la création d'une néo-réalité ; l'alexithymique grave, en utilisant les mêmes moyens de destruction, attaque sa capacité de penser, mais, à la place d'une néo-réalité, il se contente de drainer la réalité et les relations extérieures de leur signification. Deux exemples cliniques qui illustrent cette problématique me viennent à l'esprit. Un patient psychotique en psychothérapie écrivit la note suivante à son analyste : « Docteur, il faut que vous soyez au courant ; ils sont en train de mettre des hormones sexuelles dans ma bouillie du soir. » Un patient alexithymique (qui souffrait également d'une maladie psychosomatique menaçant sa vie) disait au cours d'une séance : « Comment puis-je savoir si je désire cette fille ou non ? Tout ce que je sais —, c'est que j'ai des érections en sa présence. » Les érections de cet analysant lui étaient tout aussi mystérieuses qu'elles l'étaient pour le patient psychotique. L'ombre de la « machine à influencer » se profile chez les deux malades.

Dans d'autres situations, la désaffection du patient alexithymique se rapproche de l'apathie du schizoïde, mais là où ce dernier se distancie prudemment des autres et des demandes de la réalité externe, l'autre opère une pseudo-adaptation, carapace en « faux-self » qui le précipite bien souvent dans le monde extérieur d'une façon hyperactive. La catatonie de l'esprit qui sous-tend ces deux systèmes de protection peut être comprise comme une technique de survie.

Que se passe-t-il dans la relation thérapeutique ou analytique quand il s'agit d'alexithymie sévère ? Ce gouffre qui sépare le patient de lui-même aussi bien que d'autrui pose des problèmes particuliers dès les premiers entretiens. Dans les centres de psychosomatique, les difficultés qu'éprouve le consultant à établir une relation avec le patient ont été finement observées par les chercheurs parisiens ; ils parlent de « pauvreté » de dialogue et de manque d'intérêt pour la relation avec l'analyste ; l'impression reçue est décrite comme une forme d'« inertie » qui menace à tout moment de mettre fin à la poursuite de l'investigation. Des observations similaires ont été faites ensuite par les chercheurs de Boston. John Nemiah [1978], dans un article sur l'alexithymie et la maladie psychosomatique, esquisse un portrait : « Le patient est sans expression, raide, pierreux et étriqué. » Il ajoute que cette rigidité de corps, alliée au discours, sans couleur affective, centré sur les menus détails de la vie quotidienne, rend le sujet lourd à suivre et déclenche chez le consultant un sentiment profond d'ennui. « Une telle réaction, dit Nemiah, ne comporte pas une critique, mais demande plutôt à être considérée comme un critère diagnostique de l'existence du symptôme d'alexithymie. »

Dans la situation psychanalytique, on découvre également des analysants opératoires et alexithymiques (pas nécessairement psychosomatisants) et ceux-ci sont aptes à produire chez l'analyste les mêmes sensations d'entrave, de paralysie de sa fonction d'analyste, enfin, de désespérance quant à la valeur de l'expérience analytique pour le sujet ; ce sont les patients que j'ai appelés, il y a quelques années, les « anti-analysants ».

Qu'est-ce qui se passe dans ce genre d'échange ? Pourquoi la communication verbale et gestuelle du patient exerce-t-elle un tel effet sur l'interlocuteur ?

Le concept d'identification projective peut nous éclairer dans une certaine mesure. Ce processus, lié à celui de clivage, est un phénomène à la fois intrapersonnel et interpersonnel. Le patient utilise ses fantasmes et problèmes propres pour induire chez les autres des réactions affectives. En analyse, nous avons souvent l'occasion d'observer cette façon d'être, et de comprendre comment un individu arrive à cliver du conscient une grande partie de ce qu'il ressent et de ce qu'il pense, pour ensuite s'efforcer de contrôler ce qui est éjecté de sa psyché en le vivant comme un attribut de l'autre. Celui qui est choisi pour incarner cette partie du sujet est souvent sélectionné en fonction de sa ressemblance avec un personnage du théâtre interne du metteur en scène. Or, le sujet qui arrive à disperser ainsi une somme considérable d'affect reste totalement inconscient du fait qu'il a préféré cliver et éjecter de sa psyché des secteurs entiers de son vécu mental plutôt que de l'éprouver et d'en reconnaître la signification. À la place, ce sont les autres qui deviennent « affectés ». Ainsi est maintenu entre lui et autrui un espace stérile où le risque de l'implosion ou de l'expression des émois violents de tous ordres se voit atténué ou anéanti. Ce besoin urgent d'un écart protecteur induit une réponse appropriée dans laquelle l'interlocuteur se joint au sujet pour maintenir la distance affective. Ainsi les autres (médecin, analyste, époux, amis) *risquent de devenir, à leur tour, alexithymiques envers lui,* mais à cette différence près : l'« affecté », dans cette transaction, en souffre.

Les symptômes alexithymiques équivalent au retrait schizoïde dans le sens où dans les deux cas, ce qui est visé, c'est le maintien d'un état de mort intérieure de telle sorte que l'expérience émotive, ressentie comme menaçante pour l'intégrité du sujet, soit définitivement écartée. Certains sujets frappés d'alexithymie gardent, comme le psychotique, une distance effective entre eux-mêmes et autrui, et diront qu'ils sont mal à l'aise avec les autres ; d'autres par contre, se jettent en « faux-self » dans le monde extérieur. Ces derniers tentent d'utiliser l'identification projective à plus large échelle, faisant des autres le contenant de ce qui est trop pesant à assumer par eux seuls.

Dans la situation d'entretien ou de cure, ne pouvons-nous pas penser que le patient, ayant évacué du conscient une dimension douloureuse de sa propre réalité psychique, *évoque en nous et par nous ses sentiments déniés de détresse, de désespoir et de paralysie interne ?* C'est à nous maintenant d'éprouver ce que l'enfant d'antan a péniblement appris — que la survie psychique dépendait de sa capacité d'éteindre les élans affectifs. La mère qui se découvre menacée par la vivacité de son bébé, ou débordée par ses tempêtes de rage ou de détresse, ne peut éviter de lui communiquer le fait que ces états émotifs ne rencontrent pas de réponse adéquate. L'enfant tendra à freiner ses élans envers elle ; ou bien, au lieu d'assouvir des états de rage ou de peur, il tombera dans un sommeil d'épuisement, sans fantasmes, ne cherchant que le néant. Si cet échange de la petite enfance est suivi plus tard par un discours familial qui condamne expressément l'affectivité, l'enfant aura peu de choix : l'état interne de vide et de mort psychique devra s'installer pour prévenir le danger d'abandon ou le risque de revivre une expérience traumatique, marquée de désespoir et de détresse — état dans lequel l'existence psychique et peut-être la vie même sont ressenties comme menacées.

Dans la relation thérapeutique, certains patients nous montrent clairement le résultat éventuel d'un tel dilemme — avec la perception qui leur parvient de la réaction des autres, sans qu'ils la comprennent pour autant. À propos de l'absence de pensées et d'affects, et parallèlement de la dépendance aux stimuli externes, chez les patients alexithymiques, Nemiah [1978] donne l'exemple suivant :

L'analyste cherche à préciser, avec un patient souffrant d'une recto-colite hémorragique, ce qu'il ressent quand il se dit en colère.

Patient : J'ai des pensées horribles.

Docteur : Ah bon ? De quelle nature ?

Patient : Eh ben, je suis... très en colère, quoi. J'ai du ressentiment.

Docteur : Mais quelle sorte de pensées vous viennent à l'esprit pour vous mettre en colère ?

Patient : Pensées ? Je suis... euh... en colère quoi... j'essaie de penser... à ce que vous voulez dire par « pensées ».

Docteur · Comment est-ce que vous savez alors que vous êtes en colère ?

Patient : Oh ça, c'est facile. Je sais parce que... enfin les gens avec qui je suis en relation, je vois bien combien ils sont agacés avec moi.

Il importe de souligner que le patient lui-même est le metteur en scène de ces échanges avec les autres ; à son insu, il a écrit tout le scénario. Il détache ce qu'il pense et ce qu'il ressent quand il est « en colère », de telle manière que ce sont les autres qui produisent ses réactions affectives étouffées — et qui deviennent alors son miroir. En réponse à une question de l'analyste qui risque d'éveiller les fantasmes et le feu affectif qui couvent en lui, le patient nous montre avec netteté sa façon de se défendre par intellectualisation : « j'essaie de penser... à ce que vous voulez dire par "pensées" », manière non seulement de gagner du temps en assourdissant sa propre capacité de penser, mais aussi de paralyser l'esprit de l'autre. Sans doute le patient manifeste-t-il une forme de relation d'objet apprise dès la prime enfance, mais au prix d'une perte de contact avec une partie essentielle de sa réalité psychique, ainsi qu'une dévitalisation du langage. Que veut dire « en colère » pour ce patient ? Le mot est vidé de son sens. Le corps, meurtri par les hémorragies de la recto-colite, est-il « en colère » ?

Nous constatons alors que l'alexithymie est une structure défensive hors série contre la vitalité interne. Les affects, ces liens privilégiés entre psyché et soma, ont été arrachés de leur fonction de liaison de sorte que la communication interne d'un être avec lui-même est constamment interrompue : quel triomphe de l'esprit sur le corps pulsionnel et affectif, mais quelle porte ouverte au dénouement mortifère avant l'heure !

Le fait d'avoir retiré des mots leur coloration affective est un désastre à plus grande échelle encore. C'est le destin des mots de joindre l'affect aux représentations mentales et de lester le surgissement pulsionnel et émotionnel pour rendre les affects et fantasmes attenants accessibles à la pensée verbale — la pensée véridique et non la pensée opératoire. Si le sentiment d'identité de tout individu est fabriqué et maintenu par les mots, l'image psychique du corps en dépend également. Qui plus est, cette désaffectation retire aux relations entre les êtres toute leur signification. Les mots restent, bien entendu, à la disposition du sujet (à l'inverse de ce qui se produit dans la fabrication de la pensée psychotique) et ce sujet est en mesure de les manier adroitement, voire avec brio intellectuel. Mais de tels mots demeurent des objets sans impact, exsangues, pour celui qui les prononce. Quant à ceux qui les entendent, la résonance du vide les étourdit parfois.

Une question se pose : est-il possible à ces malades de l'affect d'accéder à la psychanalyse ou à la psychothérapie psychanalytique ? Plus un sujet est fragile dans son équilibre interne, et plus il luttera contre l'effritement de ses murs défensifs. De surcroît, les barrages alexithymiques offrent peu de prise et ce ne sont pas des constructions intérieures ayant du relief. Elles n'en sont pas moins comme des forteresses réputées imprenables. L'armature de la psychosomatose se rapproche de celle de la psychose en ce qu'elle représente un travail psychique ardu et poursuivi depuis des années ; en comparaison, les défenses névrotiques paraissent bien frêles ! En dépit du fait que cette prison défensive coûte cher à son créateur en désorganisation physique et psychique, elle doit être traitée avec respect. Nous aurions tort de vouloir à tout prix l'ébrécher pour libérer le prisonnier. Serait-il capable de ramasser ses mots éclatés, ses affects débridés, sa relation aux autres et à lui-même, sans une souffrance intolérable ou inélaborable pour son économie psychique ?

Une poésie enfantine connue de tout enfant anglo-saxon dit ceci :

« *Sticks and stones will break my bones,*
But words will never hurt me ! »

(« Bâtons et pierres peuvent me casser les os
Mais personne ne me blesse avec des mots ! »)

Quel défi monumental à la vérité ! Les enfants craignent précocement le pouvoir émotionnel des mots ; encore plus que les adultes, ils tremblent devant l'éventualité des mots humiliants, ou des mots qui annoncent la perte d'amour, la menace d'abandon ou la crainte d'une attaque faite à leur sens de la réalité ou à leur sentiment d'identité. En conséquence, ils apprennent très tôt à utiliser la parole comme une arme et à se protéger contre les mots blessants de leurs semblables. Un poète humoriste américain, Ogden Nash, avec cette connaissance intuitive de la faiblesse humaine que possèdent les grands artistes de l'humour, a paraphrasé cette poésie d'enfant, exprimant ce que tout alexithymique sait dans le tréfonds de son inconscient. Nash dit :

> « *Sticks and stones may break your bones,*
> *But words can damn near kill you !* »

> (« Bâtons et pierres peuvent te casser les os,
> Mais tu risques de crever à cause des mots ! »)

CHAPITRE VIII

Corps et métaphore

Je me propose de suivre à travers les méandres d'une psychanalyse les traces de l'émergence, dans le langage, du « corps ». Celui-ci emprunte, de façon particulière, le sentier charnière de l'*affect* pour se constituer en tant qu'objet pour la psyché ; ces effets se révèlent non seulement dans les métaphores du langage, mais aussi bien dans le symptôme névrotique en tant que métaphore. En revanche, les symptômes non métaphoriques, dits « psychosomatiques », obscurs reflets du corps muet, biologique, nous renvoient à une impasse psychique dans laquelle l'économie de l'affect ainsi que l'activité de représentation se trouvent bloquées. Comment le corps biologique devient-il un corps psychologique ? La voie qui part du corps primaire, fragmentaire, sans image, irreprésentable pour la psyché, pour aboutir au corps unifié, érogène, sujet de fantasmes et objet de symbolisation, est marquée d'entrecroisements, de coupures brusques, de traces embrouillées. Pour qui s'acharne à suivre les traces de cette voie dans le dédale tortueux d'une analyse, le courant affectif, en tant que lien privilégié entre soma et psyché, s'offre à travers ses mille déguisements comme guide. Mais que se passe-t-il quand ce torrent vif, en quête de scènes, de fantasmes, de mots pour endiguer et lester son flux, ne trouve aucun accès à la représentation psychique ? Que les courants affectifs soient déclenchés par la pulsation instinctuelle ou mobilisés par l'impact continu du monde externe, ils sourdent inlassablement au tréfonds de tout être. Par où passent-ils ?

Je vais tenter de rendre audible, à l'intérieur d'une analyse, un moment de surgissement affectif qui se situe à mi-chemin entre l'activité du processus primaire et son émergence dans l'articulation du mot et de la chose. Mon patient, Paul Z., subissait, depuis des années, des bouleversements psychosomatiques : poussées d'ulcères gastriques et allergies cutanées. Il n'était pas venu en analyse à cause de ces attaques brutales qui atteignaient l'équilibre du psychosoma ; il cherchait à comprendre un sentiment dépressif et continu d'échec dans tous les secteurs vitaux de sa vie. Or, le parcours de son analyse nous a permis de le suivre d'un « état psychosomatique » jusqu'à la création de symptômes névrotiques protecteurs, qui ont fait *parler* le corps au lieu de le laisser agir en automate. En parlant d'un mode de fonctionnement mental où tout ce qui l'angoissait, l'agressait, l'excitait, au jour le jour, était aussitôt balayé de son esprit, forclos de la psyché, il est arrivé, grâce à l'encadrement analytique, à pouvoir subir l'envahissement des images et des émois provoqués par des événements quotidiens, mais dont il ignorait jusqu'alors le pouvoir traumatisant. Devant sa difficulté à retenir, voire à reconnaître et, enfin, à nommer ses états affectifs, Paul Z. se trouvait, à l'intérieur de la relation analytique, dans une impasse narcissique. Reconnaître son éprouvé affectif, sans pour autant pouvoir l'agir, a fait surgir chez Paul une phase de vécu hallucinatoire — tentative d'une mise en scène et d'une mise en sens de l'état affectif intolérable. L'analyse de ses pseudo-perceptions lui a permis d'élaborer ses émois transférentiels, de sorte qu'il a pu transformer ces créations, produits de mécanismes psychotiques, en fantasmes dicibles et affects verbalisables. Ceci a donné naissance à un symptôme hystérique, autre émergence créative.

Entre la construction délirante et la création névrotique s'est située l'élaboration psychique, que Melanie Klein a conceptualisée comme « le travail de la position dépressive ». Dans la première phase, le patient « massacrait » avec ses yeux tous ceux qu'il tenait pour responsables du surgissement à l'intérieur de lui d'affects pénibles ou conflictuels ; dans la seconde, l'attaque des objets externes et internes a cédé le pas à « l'auto-attaque ». De mystérieux « scotomes » se créaient dans les yeux de Paul Z. Au lieu de massacrer, les yeux s'aveuglaient. Ces événements ont eu lieu dans la sixième année du travail. Le passage de la somatisation à la névrotisation des conflits a occupé, en tout, sept années d'analyse.

Les yeux et le massacre

Depuis quelques séances, Paul se concentre sur deux thèmes principaux qui sont tous deux marqués par une grande liberté d'association contrastant avec le temps où il réagissait à tout ce qui lui arrivait dans la vie sans pouvoir y réfléchir et surtout sans pouvoir rencontrer ou retenir les états affectifs mobilisés par ces événements. Bien souvent une perception, une rencontre, un incident imprévu suscitaient en lui ces moments d'angoisse, de colère, d'excitation, dont il gardait à peine la trace, et pour cause, comme nous le verrons. À cette époque de l'analyse, il « attaquait » avec ses yeux chaque objet apte à provoquer en lui des émotions intenses. Depuis une semaine il voit tous les jours dans la rue le poster d'une femme aux « superbes » seins nus. Il a pu capter le fantasme qu'il aimerait creuser des cratères dans ces beaux seins. Ce fantasme s'est élaboré pendant plusieurs séances. Les cratères sont devenus des cratères noirs et l'idée d'attaquer les mamelons avec ses dents le remplit d'horreur.

Un deuxième thème s'insérait dans la relation transférentielle, mais là encore Paul était happé par une vision troublante de mon visage. Il me voyait la face « disloquée », « déphasée », « démantibulée », « détruite ». Dans les premiers temps de notre travail il entrait toujours très vite, les yeux baissés. Maintenant il me dévisage un bref instant avant de se jeter sur le divan pour décrire ce qu'il a vu. Depuis quelque temps je cherche le lien entre les deux « visions » destructrices.

P.Z. *(en s'allongeant)* : Vous êtes fatiguée ? Ah, cela m'angoisse ! J'ai toujours horriblement peur de vous trouver fatiguée... sais pas pourquoi.

(Me demandant si c'est lui qui m'a « fatiguée », m'a « abîmée » fantasmatiquement, je lui rappelle les rêveries des « cratères noirs » dans les seins et je lui demande si de tels fantasmes ne risqueraient pas de « fatiguer » une femme ?)

P.Z. : Ça m'agace — parce que tout cela ce n'est pas réel ; moi, je n'ai aucun intérêt pour les fantasmes !

D'être obligé de contenir les conflits, les frustrations, les angoisses sans passer à l'acte, pour les rendre en rêveries sur la scène de son imaginaire, est pour lui une blessure narcissique intolérable.

J.M. : Vous me voyez « fatiguée »... comme l'autre jour vous m'avez vue le visage démantibulé. Est-ce à la place de pouvoir *imaginer ou ressentir* quelque chose me concernant ?

P.Z. : Je « vois » des choses bizarres avant de m'endormir... ça me fait horriblement peur, ça.

J.M. : Comme si vous refusiez, là aussi, de vous laisser imaginer n'importe quoi comme dans un rêve... à la place « ça » se réalise, devient réel, comme un rêve éveillé, n'est-ce pas ?

L'analyse de Paul a laissé émerger, à maintes reprises, sa profonde ambivalence à l'endroit des femmes, mais de tels sentiments étaient en désaccord avec son idéal du moi ; il tolérait mal cette faille de l'image narcissique. Hormis ce conflit dans lequel Paul essayait de se protéger lui-même, et de protéger ses objets, de sa violence primitive, j'ai constaté qu'il refusait de reconnaître des sentiments d'hostilité et de destructivité envers les femmes parce qu'il ne pouvait pas les *agir*. Rester dans l'imaginaire lui est insupportable : « Si je ne peux pas réaliser un désir, je préfère ignorer son existence... », exigence de décharge face à toute mobilisation pulsionnelle. Paul préfère me voir « fatiguée » plutôt que de reconnaître son agressivité envers moi, d'y penser et de rencontrer l'interdiction de m'attaquer pour de bon (... autrement, cette « rencontre » ne lui ferait pas si peur).

P.Z. : Mais j'ai de bonnes raisons pour étouffer mes idées fantasques ; elles me font plus peur que mes « visions ». Mes idées sont *horribles...* Quelque chose a changé quand même. Depuis quelque temps je peux regarder les gens en face. Je n'ai plus peur de leur regard... je me sens angoissé, car je les vois tous détruits la plupart du temps mais cela ne me menace plus. Bon — ils sont comme ça. *(Pause.)* Ou est-ce moi qui les rends comme ça ?

J.M. : Comme avec moi tout à l'heure ?

P.Z. *(longue pause)* : Oui, alors, c'est pareil. Oui, c'est ça ! J'ai un regard destructeur. Je m'en rends compte à présent — *je massacre avec mes yeux.* Mon Dieu, pourquoi ? Qu'est-ce que je vous reproche ? *(Pause.)* Eh bien voilà — je sais. Je ne peux pas supporter que vous me disiez des choses nouvelles. Vos interprétations — aïe ! Je les déteste, surtout quand j'ai l'impression que c'est important, que ce sont des idées utiles pour moi. Suis mal à l'aise, vous ne pouvez pas savoir. Ça, je ne peux pas l'accepter.

J.M. : D'être dépendant de moi ? Que je puisse avoir quelque chose à vous donner dont vous pourriez avoir besoin ?

P.Z. : Exact ! Surtout si c'est quelque chose que je n'ai jamais pensé, moi, avant. À ces moments-là, j'ai envie de vous saccager.

J.M. : Comme l'enfant qui a soif ne supporte pas d'avoir besoin de sa mère ? D'être dépendant de ses seins pour se nourrir ? Peut-être a-t-il envie de les saccager ? (Ceci en référence au fantasme des « cratères noirs » dans les seins.)

P.Z. : Mais je crois que c'est vrai. Je vous déteste pour cela. Merde alors, pourquoi dois-je passer par vous ?

Il s'agit de la fragilité narcissique et de la problématique de l'*envie* au sens kleinien. L'altérité... les attributs de l'Autre... la dépendance archaïque de la différence... différence originelle entre deux corps avant d'aboutir à la problématique de la différence entre deux sexes. L'absence a failli à son devenir symbolique. Bion a une fois remarqué que *tout objet de besoin est un objet de haine.* Le Sein, dans ce sens, est un *mauvais* objet dès le départ, d'où la crainte de détruire l'objet de besoin.

Le petit enfant, poussé par la faim, la solitude, ne supporte pas la moindre attente ; la satisfaction hallucinatoire dure peu de temps. Rempli de peur et de rage immaîtrisable et inélaborable, l'enfant va essayer de se débarrasser le plus vite possible de cette image torturante du Sein-Mère. Freud a eu, très tôt, cette intuition du drame infantile [1915]. Le sein attendu devient un objet d'horreur dont il tentera d'éjecter la représentation ainsi que l'affect qui accompagne cette image psychique. (L'observation des nourrissons montre que l'enfant qui attend « longtemps » la venue de sa mère, débordé par son état de détresse, et quoique affamé, a tendance par la suite à refuser le sein.) Ainsi dans sa communication primitive avec son enfant, la mère a une double tâche : non seulement elle doit être celle qui donne le sein, la nourriture, la tendresse, la chaleur, mais aussi celle qui aide son bébé à se débarrasser du sein de l'horreur, du sein « mauvais » qui l'habite, voire le persécute. Le Sein devient dès lors un objet d'idéalisation ainsi que de persécution.

P. Z. dévoile dans cette séquence quelques-uns des facteurs qui l'obligent à se détourner de sa vie fantasmatique — et qui sont peut-être ceux-là même qui alimentent ce qu'on appelle la « personnalité psychosomatique » ou la « pensée opératoire » et qui motivent la carence apparente dans la vie onirique de tels patients. Les restes diurnes ne sont pas emmagasinés. En effet, de tels sujets « rêvent » éveillés ; les perceptions du monde sensible sont altérées, mais ne sont pas récupérées par l'attribution d'un sens nouveau, *i.e.* ne sont pas remodelées par une *pensée psychotique* qui « expliquerait » cette projection de la réalité interne à l'extérieur. Au lieu de cela, il y a des aménagements

« alexithymiques », forclusion de la représentation de l'affect comme de la représentation de l'idée insupportable, et donc un manque de compensation psychique. Ces multiples manœuvres d'évitement contribuent, sans nul doute, au phénomène dit « opératoire », défense plutôt que structure, mais pas dans le sens du « déni » comme dans les organisations névrotiques : il s'agit des défenses contre des angoisses *psychotiques*. C'est la problématique prénévrotique : craintes narcissiques pour l'intégrité du moi, peur des fantasmes liés à la sexualité archaïque, du corps-à-corps avec la mère et des dangers qui s'ensuivent.

Ayant saisi la projection sur les autres de son propre sadisme par le truchement de son regard, P. Z. passe d'un seul coup à l'évocation des souvenirs de son père, touchant surtout sa maîtrise sur le plan instinctuel. C'était « un homme calme et fort »... il faisait « très attention à la propreté ». Ce tournant dans le discours prend un sens particulier en ce que Paul, après avoir évoqué le saccage des seins, fait valoir un père « calme et fort » et, qui plus est, fait montre avant tout d'une maîtrise des pulsions sadiques-anales. On est tenté de supposer que Paul cherche, inconsciemment, l'appui paternel pour protéger la mère contre ses attaques destructives orales. Il décrit, en effet, divers rituels et obsessions du père quand il était à table, autour de la propreté, de la nourriture, et, encore plus impressionnants pour le jeune garçon, des rituels de défécation qui, tous, traduisent l'angoisse attachée au signifiant anal. Paul interroge, pour la première fois, les investissements libidinaux de son père.

> P.Z. : Je me suis toujours demandé comment mes parents ont pu faire l'amour. Mon père prodiguait souvent des menaces liées à la masturbation. Mais malgré ça, il m'a fortement inculqué un idéal de virilité. Fallait que je me sache « homme » ; fallait m'intéresser aux filles ; fallait baiser, quoi !

Ce portrait évoque celui d'un père qui souhaite que son fils vive, à sa place, sa sexualité ; les incitations à la « virilité » ne s'accordent pas avec les signes apparents de la névrose du père ; quant à Paul, cet idéal de faux viril est greffé sur des craintes prégénitales, voire archaïques, d'une mère sans limites, c'est-à-dire non limitée par la représentation du pénis du père ; d'où la difficulté pour Paul de s'identifier avec un père sexuellement actif, avec un pénis capable de compléter la mère. Quant à l'accès au Père-phallus-symbolique, il devient quasi impossible.

Il est à supposer que la vie sexuelle de Paul, apparemment « normale », est accompagnée d'affects ignorés, d'une dimension psychotique, imprégnée de fantasmes d'effraction du corps, d'engloutissement, de morcellement, ensemble totalement non compensé, non élaboré psychiquement... traumatisme continuel auquel le soma de Paul risque d'être seul à pouvoir répondre.

Après son détour par les symptômes névrotiques du père et l'impossibilité d'imaginer une relation sexuelle entre ses parents, Paul garde le silence. De mon côté, je repense aux descriptions qu'il m'a données de sa mère, « fragile », en mauvaise santé, pleurant fréquemment, et à son désarroi à lui, enfant, devant ces sanglots qu'il ne comprenait pas. Puisque c'est la première fois que Paul évoque des fantasmes de scène primitive en rapport avec ses propres parents, je m'attends, en quelque sorte, au dévoilement d'un fantasme particulièrement sadique de ladite scène. Au moment où je m'apprête à lui rappeler ses jeux sadiques d'enfant avec les insectes et leur lien à la scène primitive, il crie :

P.Z. : Mais qu'est-ce qu'il y a mon Dieu ! Qu'est-ce que vous avez ? Vous avez bougé !

J.M. : Qu'est-ce que j'ai ?

P.Z. : Ma première pensée — comme ça — c'est que vous avez eu une *hémorragie cérébrale.* Je vous voyais, nettement, devant mes yeux, le visage déphasé, disloqué. Paralysée définitivement, quoi. C'était horrible !

J.M. : Si vous vous comportez en homme « viril », comme souhaitait votre père... je risque d'être détruite ?

P.Z. : Ah, si vous saviez... mon Dieu, le plus terrible, c'est que je le *crois* ; j'en suis convaincu ; j'ai réellement peur de vous esquinter ! Vous êtes fragile, et je dois faire attention à ce que je pense à votre sujet. *(Pause.)* Est-ce que vous vous rendez compte de ma panique ?

Paul croit à la toute-puissance de sa pensée comme à celle de ses désirs. Il ne peut pas encore s'accorder librement cet espace de jeu qui permet qu'on *joue* avec les idées et les fantasmes et qu'on éprouve les affects attenants. Il craint toujours de ne pas pouvoir (pas vouloir) contenir, retenir et élaborer tout cela sans passage à l'acte ou sans éprouver une confusion entre sa réalité psychique et la réalité extérieure.

> J.M. : Qu'est-ce qui peut m'arriver ?
>
> P.Z. : J'ai peur de vous le dire... parce que le poster de la femme avec les beaux seins qui m'ont fait peur — les seins dans lesquels, moi, j'ai mis des cratères noirs — eh bien, c'est devenu vrai ! Hier j'ai revu le poster, et j'ai *vu* les cratères. Sur ces seins magnifiques, quand je me suis approché, j'ai vu qu'il y avait des *mouches*. Ça faisait des cratères dans les bouts des seins. Je ne tenais plus. Toutes mes anciennes visions me sont revenues ; impossible de les arrêter. (Nous voyons ici sa difficulté à refouler ce qui aurait pu devenir des *restes diurnes*. En conséquence il y a collusion entre la réalité interne et celle du monde extérieur.) Je les mords, ces seins, je les vois vidés, ensanglantés, déchiquetés, avec des cratères noirs au milieu.

P. Z. s'agite beaucoup et bascule sa tête comme pour se débarrasser de ces images. Cette coïncidence perceptive, en redoublant un fantasme préexistant dans la réalité psychique, amène P. Z. tout près d'un vécu délirant. Il murmure « Je l'ai vu ; je l'ai vu » et il tombe dans un silence inquiet. Comme je pense souhaitable qu'il arrive à mettre tout cela en paroles, dans l'espoir de lester ce flux d'images en processus primaire et de l'aider à désensibiliser ses « visions », je cherche à saisir le sens des fantasmes qu'il m'a fournis.

Son fantasme fondamental, c'est bien une scène œdipienne condensée, réduite à l'enfant-au-sein et dans lequel tout ce qui se passe entre les deux partenaires est dangereux et morcelant : rencontre des objets partiels ; duel entre le mamelon et la bouche du nourrisson avide. Au lieu de pouvoir se jeter sur la Mère-Sein avec amour et plaisir, il se vit rempli de sadisme face aux seins maternels. Aucun don ; impossible de faire jouir la mère-nourricière (mère qui pleure, qui crie dans la nuit) ; peu d'écran entre cette Mère abyssale et l'enfant-complément — sinon l'ébauche récente du père, personnage contradictoire et quelque peu « merdique ».

Je repense à ces visions d'« ombres brunâtres » qui tombaient sur le corps féminin, mais qui n'ont jamais donné prise à des interprétations structurantes ; cette fois-ci, il y a les mouches. Souvent, avec des patients comme Paul, de tels fantasmes ou perceptions brutes fonctionnent comme des éléments de rêve. Je crois que ce genre d'activité prend la place de la vie onirique : j'y reviendrai. Je lui demande donc :

J.M. : Et les mouches ?

P.Z. : Bah ! Ce sont des mouches à merde. Tiens, les cratères, ce sont des cratères de merde ?

J.M. : Vous mettez toute votre merde en moi — et hop ! — j'ai une hémorragie cérébrale ?

Scène primitive prégénitale en version transférentielle. Il me semblait que la réduction au transfert, plutôt qu'une réduction à l'œdipe primitif, serait plus sécurisante, à condition bien sûr qu'il puisse l'utiliser sans être débordé par l'angoisse suscitée par la crainte que ça ne se réalise. Je pensais aussi rejoindre le thème de l'Envie... son désarroi et sa haine, issus de la peur que je possède un savoir sur lui, ignoré de lui-même. Or, il me surprend :

> P.Z. : Mais oui, mais oui ! Je sais ce que c'est... mon Dieu, l'hémorragie cérébrale, c'est l'orgasme ! L'orgasme de la femme me fait horreur. J'ai toujours l'image de la liquéfaction de son intérieur.

Dans une séance antérieure [McDougall, 1978, chap. IX] ; P. Z. cherchait à « mettre du désordre » dans ma tête, à la suite d'un épisode de dépersonnalisation dans la rue où une foule menaçante lui « fendillait la tête en deux ». Il n'y avait aucune possibilité pour lui, à ce moment-là, de lier cette angoisse sans nom à des images ou à des représentations sexuelles autres que fusionnelles, floues, non liées, psychotisantes. Maintenant il y a un progrès notable : Paul a à sa disposition, pour la première fois, une série d'images prégénitales pour étayer ses impulsions instinctuelles et le flux d'émotions qui l'assaillent. Ces images « fécalisantes » recèlent en plus l'ébauche d'une représentation paternelle. Tout cela constitue un capital psychique capable d'investissement dans des symptômes névrotiques protecteurs. La verbalisation non seulement sert à limiter ce flux, mais en même temps ouvre une brèche dans l'impasse économique. Ce qui ne peut en aucun cas être agi peut être élaboré fantasmatiquement. Ainsi l'image de la scène primitive calquée sur celle de l'enfant au sein — la mère abîmée par l'amour dévorant et les attaques fécales, haineuses et amoureuses, du fils — peut être restructurée ; à son tour l'affect débordant qui accompagne ces impulsions incohérentes peut être lesté par cette nouvelle représentation. Celle-ci implique l'introduction structurante du père, ne fût-ce que sous la forme d'un phallus régressif, anal, issu de l'imaginaire infantile.

P. Z. est passé en effet d'une non-représentation du sexe de la femme à celle d'une rencontre où son « intérieur », quoique toujours peu délimité, peut être enfin pénétré sadiquement par un phallus-paternel-fécal... donc liquéfié et détruit. L'orgasme-cataclysme, empreint d'imagerie sadique-anale, qui de ce fait lui fait « horreur », s'offre enfin à une interprétation dans les termes de l'œdipe primitif. Autrement dit, *Paul commence à pouvoir verbaliser et à élaborer sa théorie sexuelle infantile... à partir de quoi il devient possible de construire des défenses névrotiques, de créer une névrose.* Il s'agit en l'occurrence de se protéger du fantasme de la femme attaquée et détruite par la relation sexuelle, relation qui, jusqu'ici, a pris pour scène le sein maternel. Paul est donc en train de quitter l'aire du fantasme archaïque dans lequel la scène sexuelle se réalise entre la bouche et le mamelon, où la relation d'amour est la fusion, et où l'on possède l'objet au prix de sa destruction. Si, dans un premier temps, l'*infans* crée une identité primordiale dans laquelle il est une partie essentielle d'un grand « tout », il subit dans un deuxième temps la perte de ce « tout ». Paul sort péniblement de cette problématique, faute d'avoir pu posséder des objets d'échange, ne serait-ce que des objets fragmentaires liés au regard, aux matières fécales, mais nantis toutefois d'une signification phallique.

Face à ces fantasmes primitifs infiltrés de sadisme non intégré, de craintes de rétorsion, de rage envieuse... (et j'en passe !), Paul s'est créé une carapace, un espace stérile, vide, entre lui et les autres, afin de ne pas savoir ce qu'il éprouve, afin de ne pas perdre ses limites propres. La part psychotique de sa personnalité ne s'est dévoilée qu'à travers son expérience analytique. L'organisation œdipienne primaire — Mère scindée en deux par la projection de la haine et de l'amour — n'était ni maîtrisable ni pensable pour Paul. Ce vécu affectif, inatteignable par la parole, ne pouvait que se transmettre en « visions » : vision de l'amour-haine, projetée tour à tour sur le visage de la femme et sur le sein de la mère — sein et visage que tout enfant dévore, à la fois avec sa bouche et avec ses yeux. Ce condensé d'expérience, primordiale chez tout être, fait des seins et du visage, des yeux et du mamelon, un fantasme de surimposition dans lequel les mamelons et les yeux s'entrecroisent — échange amoureux ou destructeur, entre les deux partenaires. Ce « collage » primordial ne manque pas de faire penser aux peintres surréalistes (et, plus exactement, à la célèbre œuvre de Magritte dans laquelle les mamelons deviennent les yeux, le nombril, un nez, le sexe, une bouche).

Chez Paul, cette dimension de sa réalité psychique, imprégnée de haine et de meurtre réciproques, et clivée de sa signification amoureuse, enclavée, est restée silencieuse depuis des années, inaccessible à la pensée verbale comme à la vie imaginaire. C'est tout récemment qu'il supporte ses « visions », les effets produits en processus primaires dans lesquels sont mis en scène des fantasmes de rencontre cataclysmique entre deux corps, accompagnés d'états affectifs les plus douloureux : « visions » du nourrisson, peut-être ?

La perception de mon visage « démantibulé », « déphasé », portrait-vision halluciné par lui et qui lui faisait tant horreur, portait néanmoins en germe une potentialité créative pour communiquer une expérience indicible. Cela me fit aussitôt penser au portrait de Picasso, *La Femme qui pleure* : l'« attaque » où se mélangent l'amour et la haine. Sans doute l'artiste a-t-il pour fonction, parmi d'autres, de rendre communicable et tolérable ce qui, d'emblée, ne l'est pas : la violence immanente du vécu infantile, qui perdure dans le tréfonds de tout être humain. Cette violence, Paul n'a jamais appris ni à la retenir ni à la connaître, afin de la reconnaître comme sienne — faute d'être aidé, peut-être, dans cette tâche. *Cette fonction appartient d'emblée à la mère. C'est elle, l'artiste, qui doit rendre sensé, tolérable et, enfin, désirable pour la psyché de son enfant ce qui, de prime abord, ne l'est point.* (Sa capacité d'y aboutir dépendra, bien entendu, non seulement de son monde interne propre, mais de la force ou de la fragilité de son bébé pour l'accepter ou se défendre d'elle.)

Cet œdipe primitif, structuré autour de la présence-et-absence de la Mère-Sein, est mal élaboré chez Paul et lui donne une vision persécutive du monde que son vécu infantile lui a permis tout de même de garder à distance par des forclusions en chaîne. Sa sexualité « normale » est greffée sur l'œdipe archaïque et fracturé, sexualité complémentaire en « faux-self », car le père, manquant dans le monde symbolique, a offert un discours d'incitation à la « virilité », de dépassement de l'œdipe phallique-génital, d'où « pseudo-génitalité » et « pseudo-normalité ». Le « père de la double entrave », peut-on dire. Un discours paternel identique, lié au fantasme d'une mère « illimitée », se retrouvait aussi chez Isaac, dont j'ai parlé au chapitre IV. Coïncidence ? Peut-être, mais qui pousse à l'interrogation : y a-t-il lieu de concevoir une forme de sexualité « opératoire » qui sert, par ailleurs, à masquer un fond d'angoisse irreprésentable pour la psyché ?

Nous pourrions résumer le dilemme de Paul (et d'autres comme lui) ainsi : « Il est dangereux, sinon mortel, pour moi d'aimer une femme et de lui faire l'amour ; non seulement je risque de la détruire, mais je risque d'être détruit à mon tour. Cependant, mon père me pousse à être “homme”, me pousse alors à tuer ma mère, me pousse, enfin, à ma propre mort (mort que lui-même ne veut pas affronter, que je dois assumer à sa place...) » ; et nous pourrions nous demander si l’enfant n’a pas été « offert » à la mère en tant que complément phallique, voire otage, pour garantir l’intégrité du père lui-même.

Quoi qu’il en soit, Paul n’a construit aucun symptôme névrotique contre l’angoisse de castration, mais à travers sa vie sexuelle il vit, à son insu, des drames inénarrables, traumatismes à répétition — « actuels », pour reprendre le terme de Freud.

C’est l’angoisse de castration dans son versant le plus primitif et le plus global. Je reprends ici le discours de Paul, interrompu au moment où il était en train d’évoquer les rapports sexuels sous l’angle du cataclysme et à travers l’image de la « liquéfaction » interne de la femme, résumant ainsi les effets qu’il craignait de déclencher chez sa partenaire. Tout cela, évidemment, aiguise ses peurs pour son propre corps, toujours vécues en instantanés prégénitaux : envahissement, morcellement et déliquescence corporels. Depuis quelques semaines Paul a été le siège de craintes à coloration hypocondriaque, une mobilisation significative en ce qu’elle implique non seulement l’« hypocondrie de castration » du névrosé, mais aussi un renouveau d’intérêt pour son corps et son fonctionnement somatique. Je lui rappelle alors que, la semaine précédente, il a craint d’être atteint successivement d’une grippe virale, d’un cancer de la peau et de troubles oculaires.

Comme on le verra, ces derniers l'ont occupé au plus haut point, et vont continuer à le faire pendant quelques mois, jusqu'à produire des symptômes oculaires hystériques. Dans ce riche matériel j'ai choisi de privilégier l'histoire de ses yeux « malades » pour mettre en lumière la trajectoire qui va lier les pseudo-perceptions à des symptômes hystériques.

Lors d'une séance, Paul parle d'une rencontre avec un couple dont la femme avait l'air « esquintée ». « La vue même de ce couple m'a donné une migraine féroce », dit-il, puis il est de nouveau troublé de me voir « fatiguée ». Pensant qu'il est prêt à explorer ses craintes hypocondriaques comme contrepartie de son envie d'attaquer le corps de la femme, je lui demande ce jour-là ce qui pourrait être *pensé* à la place de toutes les « maladies » dont il a été lui-même la cible depuis quelque temps. Peut-être lui aussi se voit-il « fatigué » ?

P.Z. : Holà, c'est maintenant *vous* qui trinquez. Mais rendez-vous compte, j'ai horriblement peur des pensées comme ça. (Et voilà que la croyance à la toute-puissance de ses pensées revient encore une fois.) Je ne veux pas y penser. (Sans liberté de fantasmer sans danger, Paul *ne peut pas* penser.)

J.M. : Crainte que vos pensées soient magiques ? (J'aurais pu dire « crainte-et-désir ».)

P.Z. : Voilà que ça recommence ! Oui ! Bon ! Alors pourquoi est-il si horrible de vous imaginer avec des cratères noirs au bout des seins ? (Il bascule encore la tête comme pour vider ces images de son pensoir.) Mais c'est pas difficile, la réponse. C'est parce que, pour moi, les seins sont associés avec tout ce qu'il y a de plus doux, de plus beau, de plus sensuel chez la femme. Je ne me supporte pas comme ça. (Il semble pleurer et sa voix tremble, c'est l'amorce de ce qui est inclus dans le concept de la position dépressive.) Je détruis tout, d'abord Nadine... mais aussi ma mère. Je la regarde, je la vois toute défaite, grotesque, vieillie — mais vous, je vous donne tout ce qui est le plus horrible, jusqu'à vous donner la mort. C'est intolérable... (À noter que toutes ces pensées étaient là en embryon, dès son arrivée, quand il m'a trouvée « fatiguée », c'est-à-dire vieillie, mourante. Mais il ne pouvait pas savoir que cette destructivité venait de lui et, qui plus est, de ses élans libidinaux archaïques.)

P.Z. *(continue)* : Je ne comprends plus rien. Pourquoi tout ce qui est érotique est-il, pour moi, entaché d'horreur ? Je veux faire l'amour et j'imagine des scènes de torture. Aïe ! Je commence à avoir mal à l'estomac.

C'est la rétorsion : *son corps à lui, c'est aussi, c'est toujours, le corps de l'Autre. Que lui ait un cancer, et moi, une hémorragie cérébrale — c'est la même chose.* Ainsi il a bouclé la boucle ; il s'attaque encore une fois à son propre corps, à son fonctionnement somatique ; l'affect se resomatise. Mais ce détour nous a permis une certaine exploration, une élaboration, qui donne un tout autre sens à ses douleurs gastriques. Paul est capable maintenant de *saisir sur le vif ses affects douloureux et de trouver des fantasmes, jadis inaccessibles, susceptibles de les contenir et d'être verbalisés.* D'ailleurs c'est Paul lui-même qui fournit l'« interprétation », pour ainsi dire, de ce spasme gastrique :

P.Z. : Je durcis mon corps, tout mon intérieur, contre des pensées horribles comme ça — comme si je voulais les empêcher de se former...

En parlant, il constate que les douleurs ont cessé ! Il s'émerveille devant ce « miracle », pour ensuite me faire part d'autres phénomènes somatiques du même ordre, dans lesquels une partie de son corps se comporte comme un organe de pensée. Avec certaines femmes qui, dit-il, le « pénètrent » de leur regard, comme pour l'envahir et le posséder, il est transi par des *explosions diarrhéiques.* « Elle m'étripe », m'avait-il dit en parlant d'une collègue de travail, « et en plus c'est excitant pour moi de me débarrasser d'elle comme ça ! »

C'est dire que Paul a toujours tenté d'*expulser à travers son corps* ses pensées inacceptables et ses affects débordants, plutôt que de se laisser pénétrer psychiquement par ses propres émois et leurs représentations pulsionnelles. C'est l'autre qui lui « fait » cela et il en a toujours peur. En essayant d'observer de plus près tout ce théâtre interne, il est pris de panique.

P.Z. : Mais c'est le désordre de me laisser aller à penser comme ça, à n'importe quoi. *Le désordre.* Je ne peux pas me le permettre, vous comprenez. Je deviendrais fou !

Remarquons que ce « désordre » *est un moment créateur.* Paul peut, à présent, faire parler son « désordre », rendre métaphorique le corps agissant et dire sa peur de la folie. Paul a voulu, il y a un an et demi, me transmettre sa « tête en désordre » : moment de dépersonnalisation qui confinait au délire et dans lequel sa tête « se fendillait en deux » ; nous étions au seuil de la captation affective, en train de traverser la frontière entre la sensation corporelle et sa traduction en représentation psychique capable de symbolisation et de verbalisation. C'est maintenant la situation analytique et l'analyste-écran qui doivent remplir la fonction de « pare-excitation », apparemment défaillante dans la relation primordiale. Il fallait que cela passe par un autre, tout comme, chez l'enfant qui ne peut ni nommer ni penser ses états affectifs, cela doit passer à travers les mots — et la reconnaissance des émois — qu'en donnera la mère [Aulagnier, 1975].

Maintenant, dans ce contexte bien plus élaboré, nous sommes témoins chez Paul *du passage du réel à l'imaginaire ; de l'acte à l'élaboration psychique.* Paul est, enfin, au seuil de la capacité de rendre symbolisable ce qu'il éprouve à la frontière somato-psychique de l'affect et de la représentation, où le corps, en même temps que son monde interne, est en voie de devenir symbolique.

Les yeux et l'aveuglement

Dans les mois qui ont suivi, Paul a transformé ses associations et ses fantasmes en même temps que ses symptômes visuels. Ses yeux, qui, dans un premier temps, « massacraient » la perception des autres, maintenant « s'aveuglent ». Le massacre se retourne contre son auteur. Ce mouvement représente une élaboration capitale dans l'analyse. Entre les deux histoires d'yeux — l'une créée par des défenses psychotiques, l'autre par des aménagements névrotiques — se situe le travail ardu que Melanie Klein a nommé l'analyse de la *position dépressive.* Tout en continuant à avoir des « visions », Paul s'efforce néanmoins d'en parler dans les séances, à l'instar d'un sujet qui raconterait des rêves, et cela malgré le fait que ses pseudo-perceptions soulèvent chez lui un sentiment de honte. Cela lui arrive, dit-il, fréquemment, l'angoissant au plus haut point. En dépit de ses tentatives pour observer cette défaillance de son fonctionnement mental, il ne peut s'empêcher d'« expliquer » ces mini-hallucinations par une pensée de récupération à nuance psychotique : sa montre s'arrête souvent ; il me confie comme une certitude que son arrêt est en rapport avec des affects intenses qui surgissent en lui. Ce constat de la toute-puissance de sa pensée et de son éprouvé affectif l'angoisse profondément. Ainsi un « réel » manipulé continue-t-il à prendre le pas sur l'imaginaire malgré des tentatives pour se laisser imaginer, sans trop de crainte, quelque chose qui n'existe pas dans « la réalité ». La blessure narcissique continue du fait que cela ne peut se réaliser, qu'il faut contenir la tendance à la décharge. L'espace transitionnel manque gravement. P. Z. ne peut pas se permettre de *jouer* avec ses pensées ni de jouer, avec plaisir, à explorer et à laisser fleurir sa vie imaginaire. Il est envahi également par la crainte de ne plus retrouver la « réalité ». Cela me donne l'impression que Paul est aux prises avec une *interdiction* de fonctionner psychiquement dans ce sens ; liée à cette inhibition de fonctionnement, sa relative incapacité d'explorer la relation transférentielle d'« *utiliser l'objet* » [Winnicott, 1971]. D'où cette inhibition, dans sa capacité à *penser clairement* et à *affronter l'éprouvé affectif* dans des situations anxiogènes. Paul commence à comprendre que sa demande de toute-puissance va de pair avec la crainte d'être le jouet du destin et la victime de la toute-puissance de l'autre, de sorte que chaque infortune, chaque manquement, chaque erreur ou maladie physique devient une catastrophe mettant en péril son homéostase narcissique. L'angoisse de séparation comporte, à elle seule, l'idée de déchéance. Un idéal du moi pathologique accompagne cette inhibition psychique, le « soi grandiose » de Kohut [1970], caractérisé par l'exigence que l'on atteigne cet état et qu'on récolte la souffrance devant l'impossibilité d'y arriver, ainsi que par l'incapacité de dépendre d'un autre sans peur et sans douleur excessives. La couche fantasmatique est banale : peur de dévorer l'autre ; d'être dévoré par lui ; de posséder cet autre jusqu'à sa destruction, ou d'être possédé par lui selon sa volonté ; de désirer avec lui une fusion mortifère : la mort psychique.

Autour de ce mouvement, je constate pour la première fois que Paul commence à développer des symptômes hystériques. Dans un premier temps, ceux-ci ont l'air de se confondre avec ses pseudo-perceptions et pensées délirantes. Il parle de « points noirs » qui apparaissent souvent devant ses yeux et aussi d'un effet de « scotome » qui l'afflige de plus en plus fréquemment. Cela me donne à penser qu'il tente de « s'aveugler » devant certains fantasmes. L'angoisse autour de son « scotome » le précipite bientôt chez un ophtalmologiste pour avoir un avis professionnel sur cette maladie des yeux. Il est devenu possible, à partir de ce phénomène, d'explorer avec Paul les facteurs déclenchants de ses pseudo-perceptions, tout comme auparavant il nous a été possible de reconstruire les circonstances propices à ses somatisations : comme toujours, pertes libidinales et effritement de l'image narcissique. Chaque événement immaîtrisable, chaque effet douloureux deviennent aussitôt une blessure narcissique inélaborable. Pour des sujets comme Paul, il se peut que la douleur narcissique soit ressentie comme un traumatisme qui ne peut qu'être désavoué, faute de pouvoir être contenue, avouée et nommée en tant que vécu valable et compréhensible.

L'analyse se poursuit à cette époque sur deux fronts : la couche narcissique, donc prénévrotique, et la couche névrotique, en fonction des symptômes nouveaux qui témoignent de la présence de *fantasmes refoulés,* ainsi que l'élaboration des *théories sexuelles infantiles* autour de la scène primitive dans ses aspects archaïques et prégénitaux.

P.Z. : J'ai eu un bref moment de folie où j'ai encore vu votre visage sur des plans superposés, comme en trois morceaux. Pourtant je sais que ce n'est pas vrai, et cela ne me fait pas la même terreur qu'avant. J'ai des *yeux malades,* c'est tout ! Ça me fait penser à mon scotome. J'ai été voir un ophtalmo hier. Il a dit que tout est normal : aucun spasme, rétine en bon état. Bon ! Mais je ne vois pas comme il faut, quoi ! Par exemple, cette fille dans mon bureau, celle qui me flatte. C'est fou ce qu'elle répare mon estime de moi ; elle prend un tel intérêt pour tout ce que je dis. Mais quelquefois je l'invite à prendre le café avec moi, et subitement *son visage change.* Normalement elle est plutôt mignonne mais d'un coup je la vois en sale gosse, ingrate, mal faite. Même ses gestes changent à mes yeux... je la trouve excessive et bizarre... terrifiante, je ne peux plus rester avec elle, je dois la quitter à toute vitesse, autrement je suis débordé par l'angoisse.

Paul se met à parler d'autres femmes qui travaillent avec lui et en particulier de l'une d'elles qu'il trouve jolie et qui a un enfant. Il l'appelle toujours « la jeune mère » comme si sa maternité jouait un rôle privilégié dans le désir qu'il déclare éprouver à son endroit.

P.Z. : ... la jeune mère, celle que je désire, je suis obnubilé par ses seins et sa fragilité... mais... j'ai perdu ma pensée... il y a comme un vide. Vraiment, je suis devant un mur. Holà ! *Le scotome est revenu !* Merde alors, cette plage aveugle, et toujours à l'œil droit !

J.M. : À quoi pensiez-vous juste avant d'être « devant le mur » ? Avant la réapparition du scotome ?

P.Z. : Totalement oublié. Je ne sais même plus de quoi je parlais.

J.M. : La jeune mère fragile...

P.Z. : Oh là là ! Si je me laisse aller à penser à n'importe quoi avec elle — eh bien, voilà, je suis en train de la déshabiller, de lui mordre les seins, de la baiser comme un dingue, de l'enculer, de manger sa merde... enfin, vous voyez bien, avec votre système de dire ce qui vient à l'esprit, je deviendrai fou. Tiens ! *Le scotome a disparu !*

Il est à noter que le « scotome » a disparu au moment même où Paul s'est permis de mettre en paroles et, en s'écoutant, de prendre connaissance de ses fantasmes rejetés, fantasmes prégénitaux, interdits. Il est en quête, néanmoins, des représentations de la sexualité archaïque de la petite enfance. Derrière son désir supposé génital pour la « jeune mère », Paul découvre l'envie de manger ses seins et ses matières. La difficulté pour lui de maintenir hors psyché ces souhaits primitifs se dévoile dans le surgissement de son symptôme hystérique. Il perçoit des points aveugles devant ses yeux. Autrement dit, Paul *ne veut pas « se voir » comme cela.* Il y a peut-être lieu de parler ici d'une forme d'*« hystérie archaïque »,* c'est-à-dire d'une défense contre des fantasmes libidinaux primitifs qui sont restés clivés, enkystés, plutôt que refoulés. Il n'y a pas de vrai refoulement en ce que Paul ne semble pas disposer d'un « capital psychique » suffisant pour élaborer ces impulsions primitives : pulsions partielles qui n'ont pas pu se fondre dans la pulsion génitale, et ainsi se soumettre à des refoulements successifs. Nous ne pouvons pas dire non plus que ces fantasmes ont été repris dans le réseau des signifiants phalliques, symboliques, c'est-à-dire qu'il ne s'agit pas d'une construction hystérique « classique » ; toutefois il nous est possible de supposer que Paul ne veut pas « voir » une partie de sa réalité psychique, et que son symptôme recèle un sens refoulé ayant trait à la castration narcissique. Ce mécanisme par lequel il arrive à changer sa perception du monde visible se situe entre névrose et psychose. Le fantasme, forclos de la psyché et projeté au-dehors, revient, pour ainsi dire, de l'extérieur, tout comme la pensée délirante dans le schéma freudien (S. Freud 1911), mais dévoile déjà sa potentialité hystérique.

Cette capacité qu'a le moi d'attaquer ses propres fonctions de perception intéresse notre réflexion sur les phénomènes psychosomatiques — ainsi que sur la pensée ou personnalité dite opératoire et le défaut alexithymique. Face à ce que Bion a nommé la « terreur-sans-nom », le vide se produit. Devant le vécu affectif dont Paul se sent prisonnier dans sa relation à lui-même, c'est son image narcissique qui est endommagée ainsi que sa relation à autrui, dans laquelle il craint d'être incapable de protéger l'objet contre ses fantasmes sadiques. Dans cette impasse, qui ne risquerait pas de devenir « alexithymique » quant à ses affects, et « opératoire » dans sa pensée ? Ou bien ne s'agit-il pas de mécanismes de défense contre des angoisses psychotiques ? Nous voyons chez Paul des craintes pour son Je — la peur de devenir fou, de perdre non seulement son estime de lui, non seulement le sentiment de son identité subjective, mais aussi la capacité même d'aimer et de protéger son monde objectal plutôt que de le haïr et de le détruire.

Cependant, dans la séance citée ci-dessus, Paul nous montre, à travers le jeu d'associations libres, qu'il est déjà sorti de l'angoisse-sans-nom pour pouvoir enfin attacher à des représentations psychiques les pulsions érotiques liées à la sexualité infantile dans ses strates primitives, ainsi que les impulsions sadiques mobilisées par toute atteinte narcissique.

À la séance suivante, le resurgissement du « scotome » confirme à son tour cette hypothèse.

> P.Z. : Nadine se montre très hostile envers moi ces derniers temps. Elle me reproche sans cesse tous mes manquements. C'est pénible. Il faut dire que la plupart de mes projets tombent à l'eau, je promets toujours un tas de choses que je ne réalise jamais. Mais quand elle me le montre sans relâche, je sens un effondrement intérieur qui m'est insupportable. Hier elle m'accablait... (Il raconte en détail l'histoire de ses derniers méfaits.) Je faisais semblant de l'écouter, de ne pas broncher, mais tout de suite *le scotome est apparu !* Je me suis rendu compte pour la première fois que cela m'arrive souvent avec elle. Mais cette fois-ci j'ai bien réfléchi à ce truc — et voilà que je l'ai compris tout seul. Je sais bien ce que j'imaginais à ce moment — que j'avais envie de la saccager, de la déchirer en mille morceaux.

> Tout à coup je l'ai vue, devant moi, complètement détruite, mais cette fois-ci, je n'avais pas peur. Je me suis dit « Voilà ce que j'aimerais lui faire » — et le scotome a disparu !

Nous sommes ici sur un terrain limite entre les pseudo-perceptions à nuance psychotique et un processus névrotique d'« hystérisation », mais soumis toutefois à une instance surmoïque qui se révèle cruelle et archaïque. Paul se permet d'être plus en contact avec sa réalité psychique et son monde interne, même si ceux-ci lui révèlent des fantasmes qui non seulement attaquent son image narcissique, mais aussi mettent en péril ses objets ; la révélation des impulsions libidinales dévoratrices de la séance d'hier et aujourd'hui le dévoilement des pulsions sadiques-orales et sadiques-anales qui doublent ses élans objectaux lui font peur. Les « plages aveugles » dans son champ de vision sont comme une défense limite et ultime contre l'affrontement de ces affects douloureux et les représentations qui y sont associées. Plutôt que de reconnaître ce qu'il ressent et de voir en face les fantasmes dans lesquels s'incarnent ses émois, tout se passe comme si Paul avait choisi, à la place, de désavouer ses perceptions internes et de changer son appréhension du réel, du monde perceptuel.

Le lien entre les « cratères » creusés dans les seins et le « scotome » qui se produit dans les yeux du sujet témoigne de la lutte contre les pulsions primitives de saccager l'objet aimé et de la violence des désirs infantiles clivés. Pendant des semaines encore, Paul va avoir recours à l'hallucination dans son effort pour éviter toute connaissance de cette violence.

> P.Z. : Quand ma femme me persécute avec ses critiques, son visage change — je la regarde et je vois qu'elle n'est *réellement* plus la même.

Je rappelle à Paul la séance récente — déjà oubliée — où il a compris que c'était *lui qui changeait* sous le coup d'émois intenses ; son Je conscient refuse d'assumer la rage, la haine, l'envie destructrice déclenchées par des blessures trop lourdes pour son économie narcissique fragile ; n'ayant aucune pitié pour cet enfant blessé en lui, Paul choisit à la place de changer sa perception visuelle de l'autre. (« Ce n'est pas moi qui suis capable de tels changements, d'une telle colère, d'une telle envie de détruire : c'est *elle* qui est devenue une autre... »)

La fragilité de Paul, et de beaucoup d'autres comme lui, face à la vie imaginaire et aux affects bruts dans leurs aspects les plus archaïques nous pose plusieurs questions théoriques. Par quelle économie psychique la psyché régit-elle cette manipulation du réel qu'implique le vécu hallucinatoire ? Pour quelle raison le refoulement n'a-t-il pas pu s'exercer sur de tels fantasmes (somme toute, universels dans l'éprouvé de la petite enfance, face à la frustration et au débordement affectif) ?

Autrement dit, pour quelle raison le Moi du sujet refuse-t-il une de ses tâches primordiales qui est de *proscrire la solution hallucinatoire* comme réponse aux douleurs psychiques ? Qu'est-ce qui permet le maintien de cette indistinction entre réalité interne et réalité externe ?

Ceci nous ramène à ce que la recherche psychanalytique nous a permis de conceptualiser du vécu du nourrisson : à savoir que la personne qui suscite en lui de la frustration, de la déception, de la rage, n'est pas la même que celle qui lui procure gratification, plaisir et apaisement. C'est le « clivage » normal opéré par le bébé pour pouvoir retenir l'image « bonne », « métabolisable », de la Mère-Sein et pour rejeter hors de lui celle qui est « mauvaise » et « indigeste » (clivage noté, en premier lieu, par Freud dans « Pulsions et destins des pulsions »). Nous avons déjà souligné, suivant en cela Bion, la double tâche de la mère du nourrisson, qui consisterait à être pour lui source de chaleur et de vie tout en l'aidant à évacuer les images persécutrices, teintées d'angoisses de mort, qui se sont soudées aux images bénéfiques. Quand cette représentation parcellaire, clivée, devient, avec l'aide maternelle, une image unifiée de la mère, cela implique que le petit enfant peut se vivre lui-même comme unité, capable dès lors de contenir ses émois contradictoires, d'éprouver les affects d'amour et de haine dirigés vers la mère-nourricière, sans se fragmenter dans son image narcissique.

Par ce long détour, je reviens à la question de la « personnalité psychosomatique » et à l'apparente incapacité de rêver et de fantasmer qui a été imputée aux patients dits « psychosomatiques ». Malgré le fait que cette « carence » dans la vie imaginaire et onirique n'est nullement réservée aux seuls « psychosomatiques », le manque de rêves et de rêveries si souvent constaté chez de grands somatisants nous invite à la réflexion. Les rêves, selon Freud, débutent dans la journée, à partir des « restes diurnes » — c'est-à-dire des perceptions aptes à représenter les objets des pulsions — lesquels sont triés et refoulés pour devenir ensuite le matériau des rêves nocturnes. Ainsi peut-on supposer que le sujet, *déficient dans sa capacité de refouler* les images et idées en chaîne que peuvent déclencher des incidents propices à la figuration ou à la mobilisation d'un conflit inconscient, risque, s'il ne parvient pas à forclore de la psyché tout affect ou toute représentation de ce genre, d'*halluciner.* Nous pourrions même nous demander si des événements de la sorte, dans la vie quotidienne de chacun, ne recèlent pas en eux-mêmes un pouvoir éventuel d'hallucination, celui-ci étant, d'ordinaire, bloqué par le Moi et refoulé, pour être ensuite utilisable hallucinatoirement dans la vie onirique (Braunschweig et Fain, 1975).

Or la question de savoir pourquoi telle personne ne peut endiguer le flux d'idées pulsionnelles et d'affects déclenché par des perceptions internes et externes, ne peut en faire des représentations psychiques pour ensuite les refouler, reste entière. Parmi les divers éléments qui contribuent à cet état de choses, le maintien d'une indistinction entre réalité interne et réalité externe joue un rôle évident. Si un sujet croit à la toute-puissance mégalomane de la pensée et du désir, les deux réalités se confondent déjà. Devant un tel dilemme, l'individu doit éviter de penser et de ressentir, afin de se protéger et de sauvegarder ses objets internes et externes.

Nous pourrions spéculer aussi sur les facteurs qui favorisent une telle impasse dans le fonctionnement psychique, facteurs qui ont à voir avec la fonction maternelle de « pare-excitation », et avec tout ce qui contribue par la suite *à la construction de la réalité externe,* car celle-ci ne se construit pas seule. Elle est constamment modulée par l'économie de l'affect et par le rôle du langage. Les organes des sens et les représentations auxquelles ils donnent suite ne laissent passer que les idées et les affects décrétés licites par le discours familial. Tout ce qui est perceptible, comme tout ce qui est compréhensible, désormais, passera inéluctablement par ce filtrage. (Un exemple des plus banals est révélé dans les dessins d'enfants. Le petit dessinateur peint, dans un élan d'excitation ou de colère, un soleil rouge dans un ciel vert ou noir. Mais pour combien de temps ? On lui énonce que le soleil est jaune, le ciel bleu et l'herbe verte ; bien vite, non seulement il les peint, mais il les *voit* comme cela !)

Quoi qu'il en soit de sa vision de la réalité externe et des infiltrations de celle-ci par sa réalité psychique propre, Paul a fait un immense pas en avant en réalisant que c'était, en fait, lui qui « changeait » ; que sa compagne, en ravivant des blessures narcissiques touchant ses atermoiements, le remplissait de rage destructrice envers elle, et que sa perception d'elle risquait à ce moment d'être saccagée par ses yeux à lui. Il a été possible de découvrir avec lui que sa rage, ainsi que ses pulsions libidinales archaïques à l'endroit de sa femme concernent des attaques envieuses ou terrifiées et défensives envers toutes les femmes, et s'infiltrent dans ses relations sexuelles. La « tache aveugle » va se poser bientôt sur l'image de la femme en tant qu'être sexué.

À force d'examiner de plus près ses brèves hallucinations, et de les décrire en tant que fantasmes afin de les traduire en métaphore et de capter les états affectifs attenants, Paul va être constamment envahi par des images morcelées du corps féminin — de sa mère, de sa femme, de moi —, ce qui lui vaut de retrouver, maintes fois encore, les sensations de flou, de panique, d'incompréhensible. Les images sadiques-anales priment : métaphores de l'attaque fécale, des corps explosés, de la peau meurtrie, des seins brûlés... Mais ces images s'imprègnent, petit à petit, d'impulsions *érotico-anales* : fantasmes de vider une femme de ses matières en lui faisant l'amour, d'ingérer amoureusement les fluides de son corps... Ces fantasmes lui donnent l'impression de devenir fou (l'enfant « fou », fasciné par les matières du corps... des corps, le sien, ceux de ses parents), mais en même temps il reprend possession de son corps et de ses zones érogènes propres. Son Je s'enrichit ainsi.

> P.Z. : *Je commence à déféquer* pour la première fois de ma vie. Où donc étais-je avant ?

Au fur et à mesure qu'il se permet de bâtir des scénarios corporels de ce genre, nous pouvons reconstruire ensemble sa sexualité infantile perdue. Finalement il devient possible de joindre le produit-anal-précieux-cadeau d'amour-activité sadique qui a dû servir de paroi de protection contre la mère envahissante, ainsi qu'à la mère anale qui demande, punit, vide, fait honte... à l'enfant. Notons que, chez Paul, cette dimension de l'analité sadique-et-érotique trouve un écho dans le discours du *père*.

La sexualité infantile, sa domination fantasmatique avec ses interdictions propres se mélangent avec la problématique du narcissisme infantile et de l'estime de soi fragilisée : la relation au corps propre, et la relation entre deux corps. Le corps séparé, ainsi que le corps sexué, vont tous deux se constituer comme objets psychiques, à travers l'objet fécal.

Comme pour beaucoup d'analysants, ce matériel, où le signifiant anal vient constamment se poser en tant qu'objet de la pulsion, a été mal toléré par Paul ; mais il était saisissable, comme toujours, à travers ses déguisements infinis : vagin-anus, sperme-fèces, sein-mamelon, œil-pupille, et, par ailleurs, dans des inhibitions au travail, des inhibitions intellectuelles et des productions créatives. Mais au moins, à travers le travail psychanalytique, cet objet d'échange a droit de cité dans l'espace entre deux êtres. L'émergence des thèmes libidinaux, prégénitaux, ira de pair avec la nouvelle prise de conscience, et de possession, de son propre corps et de son fonctionnement, telle celle qui lui a permis de « déféquer pour la première fois ». En « s'incarnant », Paul s'octroie, en même temps, le droit à un espace imaginaire plus étendu.

Quelques séances plus tard, Paul arrive même à attacher, imaginairement, son exploration érotique-anale à sa mère.

> P.Z. : Je pense à elle, et à ma curiosité intense — qui me rendait malade quand j'étais petit — de voir ma mère aux cabinets. Je la vois maintenant en train de déféquer, mais c'est une image tendre. Elle a l'air très — ah, d'une femme — j'ai envie de dire « très féminine ». Tout à coup son corps *n'est plus dégoûtant pour moi.*

Il est à noter que Paul accepte le sexe féminin sans pénis mais à condition d'y ajouter l'objet fécal. Or l'important, c'est qu'il commence à trier ces images et à pouvoir y réfléchir.

> P.Z. : Je me suis souvenu d'une photo d'elle... et j'ai passé un temps fou à la retrouver l'autre jour. Mon

Dieu, qu'elle était jolie ! Jeune, rieuse ; j'avais oublié cette mère-là. Holà, je la vois ! Cette photo est devant moi, mais il s'est posé *une moustache sur son visage.*

Retour à ses « visions » en processus primaire, activité onirique qui se met en scène mais ne se représente pas en tant que pensée verbale. Condensation et déplacement, transposition vers le haut de la représentation anale-phallique, ce qui laisse dévoiler sa signification : compléter le sexe féminin avec le produit anal à la place du phallus paternel, mais tout de même dans le but de lui rendre son identité « féminine » et, du même coup, de lui donner accès à sa propre dimension féminine, ce qui l'amènera, on le verra plus tard, à la possibilité d'éprouver des élans homosexuels à l'endroit de son père.

P.Z. : Ah, ma pauvre mère... mais pourquoi dois-je la défigurer comme ça ? Et j'ai fait friser tous ses cheveux en même temps... Pourquoi ?

J.M. : À quoi cela vous fait-il penser ?

P.Z. : Hitler... et un jeu avec ma sœur — mais ce n'est pas cette moustache-là, pourtant. Tiens ! *C'est la moustache de mon père.* Oh, la pauvre, pourquoi ai-je rendu si laid son joli visage ?

J.M. : Comme si vous le voyiez enlaidi, en interposant l'image de votre père ?

Les séquences qui suivent nous permettent de voir que Paul imagine sa mère comme « salie » par le coït ; toute l'angoisse autour de son corps à elle, « couvert de pustules », la « peau rêche », se résume en une image condensée de la mère « habitée » par le père sadique et sodomique, images d'essence phallique-fécale, ce qui a donné à l'enfant de jadis une impression d'étrangeté et de dégoût et l'impulsion de rejeter tout contact avec le corps de sa mère, mais tout en cherchant constamment le rapprochement corporel avec elle. Il ne réagissait pas à une situation œdipienne *pensable* – « refoulable », peut-on dire – et donc permettant un vécu de jalousie devant le couple, avec l'ouverture vers l'identification secondaire et le renoncement au désir de l'objet de l'autre. Au lieu de la jalousie, nous trouvons l'envie de détruire celui qui possède l'objet du désir parce qu'on en est privé soi-même, mais cette envie vise un objet et une scène irreprésentables pour la psyché. Or, la modification de son fonctionnement psychique va permettre à Paul la mise en place de l'*organisation œdipienne.*

La mise en scène de l'Œdipe

Cette nouvelle tournure dans le monde imaginaire de Paul a pris racine à partir des fantasmes prégénitaux où primait le sadique-anal comme échange avec l'objet maternel. C'est à partir du moment où ses pulsions sexuelles deviennent en même temps imprégnées d'érotisme anal que la mère devient un objet sexué privilégié. À peu près dans le même mouvement, son père commence à exister, lui aussi, comme parent sexué : nous voyons ici un double mouvement dans le couple des parents intériorisés.

Au fur et à mesure qu'il existe un père fantasmé avec des désirs sexuels, Paul peut affronter plus calmement la mère, non seulement dans ses aspects mauvais et terrifiants, mais aussi en tant qu'objet du désir, non dangereux, mais interdit.

Pendant que cette image se précise, le père imaginaire s'enrichit en tant qu'objet interne, son pénis est en voie de devenir « bon » (comme on le verra dans la séquence qui suit) et, ce faisant, prend à son compte les bons aspects du sein. Dans le va-et-vient des séances, nous voyons que le père commence alors à jouer son rôle *symbolique*. Son pénis devient *phallus* et le fantasme du père lui-même fait de lui non seulement l'interdicteur de la possession sexuelle de la mère, mais aussi une image valable d'identification.

En même temps, les yeux de Paul, qui sont passés par le massacre et par l'aveuglement, commencent à avoir des paupières. Dans la séance qui suit on notera que la « névrotisation » de ses défenses continue : il souffre, peut-être pour la première fois, de symptômes d'impuissance sexuelle. Bien que passagers, ces fiascos le poussent à explorer fantasmatiquement, en passant par ses parents, leur corps et leur sexualité, sa vie sexuelle à lui ; il va reconnaître comme sienne la violence qu'il a toujours projetée sur la femme :

> P.Z. : C'est quand je fais l'amour que je suis le plus fragile ; je m'en rends compte pour la première fois. La femme devient très dangereuse à ce moment-là. Je

reste vigilant, parce qu'on ne sait jamais — ah, je glisse vers les pentes dangereuses. C'est l'angoisse. Faut que j'évite d'y penser !

J.M. : C'est encore une façon de « faire le scotome » ? Comme chaque fois que vous vous êtes trouvé devant une idée ou une émotion angoissantes ?

P.Z. : C'est vrai... ce scotome va de plus en plus loin ; même quand je ne le vois pas, je suis convaincu que *c'est une façon de ne pas savoir...* je ne sais trop quoi. Je suis saisi d'une frénésie à ces moments-là, d'une sorte de terreur primordiale.

J.M. : Devant la femme ?

P.Z. : Mais oui, mais oui ! Après avoir fait l'amour je ne peux plus supporter de la regarder. Elle assume à ce moment une identité de vampire (pendant un silence prolongé de la part de Paul, je réfléchis sur cette projection intéressante de sa propre visée d'incorporation). Je pense à ce film, *Le Bal des vampires.* Cela m'a beaucoup angoissé... oui, vraiment, j'ai peur des femmes-vampires.

J.M. : Pourtant c'est vous qui pensez souvent à manger les femmes qui vous attirent. (Je lui rappelle la jolie « maman » de son lieu de travail dont il a imaginé qu'il aimerait manger les seins, ingérer les matières, etc., et je lui demande) : Est-ce le côté destructeur de ces fantasmes amoureux qui vous fait craindre que la femme risque de vous *vampiriser* ?

P.Z. : Tiens, c'est bien possible ! J'ai des palpitations même en y pensant ! Ce sont les mêmes, cette tachycardie, que je ressens maintenant quand je fais l'amour... ou même quand j'y pense. Et cela m'est arrivé pendant ce film... surtout au moment où cet homme a enlevé la jolie fille. Tiens... c'est bizarre que je n'y aie pas pensé ! Ce vampire-là, c'était un *homme* !

J.M. : Le vampire, c'est vous ?

(Paul rit, avec étonnement et plaisir.)

P.Z. : Mais c'est formidable — bien sûr, *le vampire, c'est moi.* Comment ne l'ai-je pas compris avant ? Oh là là, tout cela a à voir avec ma sexualité, j'en suis convaincu.

C'est dire que pour Paul, *aimer, c'est détruire.* Notons aussi que dans le film *Le Bal des vampires*, chaque acte de vampirisme est présenté comme l'équivalent d'un acte sexuel ; le vampire en question cherche à vampiriser une fille qui l'attire sexuellement ; le vampire homosexuel cherche un homme à vampiriser, etc.

P.Z. : J'ai oublié de vous dire que ce vampire du film ressemblait étrangement à mon propre père ; beau vampire en plus. J'ai suivi tous ses mouvements avec le plus grand intérêt.

J.M. : Les mouvements du couple ?

P.Z. : Mais oui, c'est ça. Mon père a quelque chose de Dracula, en lui, quelque chose à la frontière de l'étrange. *J'ai envie de fermer les yeux...* je suis sûr que cela aussi, ça a à voir avec mon scotome ! Eh oui, c'est un couple comme cela que j'ai toujours imaginé. Je ne peux pas supporter de songer aux ébats amoureux de mes parents, vraiment pas ! J'ai toujours cru que ma mère était physiquement détruite et que c'était la faute de mon père... j'étais convaincu qu'il lui faisait mal — comme s'il était dérangé psychiquement... mais c'est peut-être moi qui ai inventé tout cela ?

Avec ce fantasme de la mère détruite nous pourrions déceler un autre sens aux pseudo-perceptions de Paul et au « massacre des yeux » — comme l'équivalent d'un *acte sexuel.*

P.Z. : La succion du vampire... j'ai une image là du sexe de mon père, et moi, en vampire, en train de le sucer. *(Paul couvre ses yeux avec sa main.)* Je vois ce gland vivant — cette image me trouble... sexe vivant... et pourtant l'autre jour je parlais du *sexe mort* de mon père, qu'il n'avait pas de sexe, seulement de la merde. Ah ces images, je n'arrive pas à les arrêter... un flot de visions du sexe vivant de mon père, un flot de sperme aussi. Je ne peux pas les empêcher. Pourquoi ces images ? Ça me fait peur...

De mon côté, je pense que Paul est en train de laisser vivre le sexe de son père pour la première fois dans cette analyse — et en plus de le doter des qualités du sein : un pénis-sein, vivant, actif, qui nourrit.

J.M. : Un pénis qui donne du sperme, pénis vivant au lieu du pénis mort dont il était question l'autre jour ?

Il est à noter que le pénis du père, en train de devenir le support du phallus, et qui reprendra dans sa signification les aspects bénéfiques du sein, n'est pas évoqué sans peine. Il est évident que Paul va être envieux de ce pénis-là et de la relation privilégiée qu'il s'efforce d'imaginer entre ses parents.

P.Z. : Je n'ose toujours pas penser à ce qui se passait entre mes parents. Pourquoi ai-je toujours cru qu'elle était détruite, que le plaisir se tournait en poison, que l'amour devient la mort ? Je vois encore les seins de la femme, les trous noirs. C'est moi qui les ai créés, ces trous-là... des trous morts... les alvéoles du frelon — est-ce la piqûre de la bouche dans les seins ? *(Longue pause.)* Il y a une chose que je ne vous ai pas dite : j'associe l'érotisme à la mort, d'accord, mais depuis quelque temps *j'ai peur de faire l'amour*. À cause des alvéoles du frelon. Je pense « je fais l'amour dans ce trou noir » et plouff ! je perds mon érection — comme ça !

J.M. : Pour éviter d'être le frelon ?

P.Z. : Absolument ! Oui, enfin c'est *moi* qui suis dangereux pour la femme. C'est moi qui détruisais avec mon regard — et maintenant avec mon désir de frelon. Ah, c'est sûr, j'ai peur de détruire la femme... comme l'homme-vampire du film, *j'avais envie d'être lui,* de l'envoyer promener et de prendre sa place.

J.M. : L'homme qui vous a fait penser à votre père ?

P.Z. : Oui — mais est-ce possible que j'aie des envies de détruire mon père ? Je n'ai jamais pensé à ça avant.

C'est justement une dimension qui a manqué — la rivalité œdipienne ; celle-ci était plutôt déplacée sur l'image de la femme, celle qui recelait la puissance du père à l'intérieur d'elle-même.

P.Z. : Mon père, il ne m'a jamais fait peur : un tigre en papier... mais ce flot mystérieux, ça me fait peur — et me fait désirer... je ne sais pas quoi en même temps. Je vois plus clair quand même... ah, j'ai oublié de vous raconter un rêve, quelques jours après ma visite à l'ophtalmo. J'ai rêvé que j'étais pourchassé par la police, et il fallait que *j'enlève mes lunettes pour ne pas être reconnu.*

Ces lunettes représentent pour son inconscient ses troubles visuels avec tout leur cortège de fantasmes archaïques ; mais l'instance paternelle joue enfin son rôle dans cette mise en scène onirique.

> P.Z. : Je veux voir clair — ces visages de femmes qui changent ; je sais maintenant que c'est moi, deux personnes différentes en moi, qui changent de visage — et que je n'arrive pas à accommoder. Mais je n'ai plus peur, ni des femmes ni des hommes. Je les regarde en face. *Je ne suis plus aveugle.*

Et en effet, les symptômes oculaires hystériques ont peu à peu disparu. Bien que Paul enlève ses lunettes pour ne pas être reconnu comme celui qui *voit* les réalités sexuelles et dévoile ses désirs interdits, il ne veut plus être Œdipe, il ne veut plus être aveugle.

Jusqu'ici, face à ses émois œdipiens primitifs et faute de constructions névrotiques qui l'auraient protégé contre les échanges sexuels vécus sur leur versant le plus archaïque, Paul a été à la merci de toute perception capable de mobiliser ces affects, perceptions troublantes venant autant du dehors que du dedans de lui-même ; et il a réagi un peu à l'instar de celui qui est confronté aux planches de Rorschach : le noir, c'est le caca, la mort ; le rouge c'est le sang, le meurtre ; avec en conséquence un court-circuitage du travail psychique, favorisant ainsi un plongeon dans le réel sous forme de resomatisation des affects inavouables et des scènes indicibles. Peut-être s'agit-il du « stress actuel » tel que Freud l'a envisagé en soulignant le manque de référence symbolique dans ce vécu. Je proposerai aujourd'hui qu'un tel fonctionnement psychique soit conceptualisé comme une forme d'hystérie archaïque qui, en mobilisant des affects et des images intolérables pour l'idéal du moi du sujet, est aussitôt forclose du conscient, ce qui peut favoriser la vulnérabilité psychosomatique.

Au lieu de se laisser envahir par des représentations capables d'être un contenant pour de telles impulsions, Paul avait créé à la place un vide — éjection psychique sans aucun remaniement névrotique, ni aucune récupération par des pensées psychotiques. À la place, le soma seul s'est chargé de répondre, dans une tentative de se protéger contre ces agressions permanentes venant du monde visible, sensible, mais traitées comme des menaces biologiques. Dans les premières années de l'analyse, cette réponse muette a cédé devant des angoisses débordantes, sans contenu, et contre lesquelles Paul ne pouvait se défendre, transitoirement, que par des constructions psychotiques : des pseudo-perceptions et des pensées à nuance délirante. Faut-il souligner, alors, que de tels modes de fonctionnement psychique peuvent trouver un dénouement dans des éclosions psychosomatiques, et aussi bien dans des formations borderlines et psychotiques, voire dans des expressions artistiques ?

Quant à Paul, il a pu effectuer — comme le montre ce bref fragment de son analyse — un passage du réel au monde du fantasme, et trouver l'ouverture corrélative vers le monde symbolique. Le corps, lui, est en train de devenir métaphorique ; ses conflits archaïques, des éléments de rêve et de pensée. *Ainsi sa psychosomatose, qui échappait à toute parole, est devenue une psychonévrose, dicible, analysable.*

CHAPITRE IX

Le théâtre en rond : réflexion sur l'économie narcissique

Bien des choses ont été dites et écrites ces dernières années sur les questions théoriques soulevées par le concept de *libido narcissique,* à propos des symptômes dits narcissiques et de cette nouvelle catégorie de patients qui souffrent d'un « désordre narcissique de la personnalité ». Sans doute nos réflexions sont-elles plus particulièrement mobilisées par ces secteurs du champ psychanalytique où les observations cliniques cadrent mal avec les conceptions théoriques classiques. L'abondante littérature concernant ces problèmes, bien que fort diverse dans ses approches théoriques, converge néanmoins pour donner l'impression que les analysants d'aujourd'hui ne sont plus ce qu'ils étaient à la belle époque de la psychanalyse. Avec leur fond psychosé, leur bouclier narcissique, leur impénétrabilité caractérielle, leur pensée opératoire et leur défaut alexithymique, ils ne ressemblent plus aux névrosés d'antan.

Mais y a-t-il vraiment un « nouvel analysant » ?

(Et au demeurant, un « nouveau narcissisme » ? Je reviendrai sur cette question plus loin.) Il me semble qu'il serait plus exact de parler d'une *nouvelle demande.* Les symptômes, la manière dont le sujet éprouve la souffrance qui alimente sa demande d'une psychanalyse, sont peut-être bien différents aujourd'hui. Freud n'a-t-il pas prédit que certaines formes de névrose étaient destinées à disparaître, et plus précisément celles construites à partir d'un refus familial et social de reconnaître l'existence des pulsions sexuelles ? Cette prédiction se voit aujourd'hui partiellement confirmée ; on rencontre en effet rarement de nos jours ces hystéries massives, directement liées au refoulement sexuel, qui se déployaient à l'époque de Freud. Bien plutôt, nos analysants se plaignent d'une incapacité d'aimer, d'une insatisfaction dans la relation aux autres, d'une impression d'aliénation à l'égard de la société, enfin de sentiments dépressifs ou d'un fond d'angoisse sans contenus définis. Cependant, il importe de réfléchir sur les *diverses* interprétations possibles de ces observations courantes.

Même des changements indépendants de la structure psychique — tels le choix des patients ou la longueur des cures — peuvent nous en fournir des explications partielles. À l'inverse de ce qui se passait dans les premiers temps de la psychanalyse, les analysants d'aujourd'hui font de longues années de psychanalyse — et les analystes de même —, ce qui change à la fois le discours de l'analysant et l'écoute de l'analyste. Le soubassement narcissique et archaïque de l'édifice psychique qui fonde la subjectivité et, partant, le maintien de l'économie identificatoire et la régulation de l'estime de soi vient inévitablement se soumettre au processus analytique et risque dès lors de se heurter à un modèle de traitement conçu pour explorer la problématique de la névrose ! Un nouveau « roc » ?

Les manifestations cliniques liées au versant narcissique de l'investissement libidinal suivent des chemins fort variés : non seulement nous y trouvons les « agirs » qui tendent vers la décharge à la place de l'élaboration mentale (issus d'un mode de fonctionnement psychique ni névrotique ni psychotique, mais situé entre les deux, d'où la notion des états « limites »), mais aussi les perversions, les addictions, les névroses et psychoses dites de « caractère », et enfin les éclosions psychosomatiques. Dans tous ces cas se dévoile une fragilité dans l'économie narcissique de l'individu, que ce soit un débordement limité dans le temps ou au contraire un état de fragilité quasi constant dans le sens où la présence d'autrui et les exigences de la réalité externe elle-même sont ressenties comme une menace continue potentiellement traumatique. Cependant, cette couche de la vie psychique avec sa potentialité de débordement se retrouve chez tout individu : chacun doit constamment veiller au maintien en équilibre de son homéostase narcissique. On ne peut nier que beaucoup d'analysants sont sporadiquement ou constamment entravés dans leur travail, dans leurs relations sexuelles et sociales, dans leur façon d'être, par des difficultés d'ordre narcissique (tout comme bien des analystes !) Reste à savoir si l'on a raison d'appeler certaines de ces manifestations de narcissisme perturbé « désordres narcissiques de la personnalité », et de les opposer aux désordres névrotiques « classiques ». On doit s'interroger sur la notion d'un trouble uniquement narcissique, n'ayant aucun lien avec la libido d'objet et la problématique névrotique. Il y a là matière à réflexion, comme, d'ailleurs, la conception de deux libidos de qualité différente, chacune évoluant pour son propre compte. [Kohut, 1971 et 1977.]

Personnellement, je doute de la validité d'une distinction tranchée entre une « structure » narcissique et une « structure » névrotique chez un individu donné. Chaque fois qu'on fait référence à des « névroses de caractère », qu'il s'agisse du « caractère » obsessionnel, masochique, schizoïde, narcissique... et ainsi de suite, on nomme, en fait, une *défense qui prédomine* dans la structure globale de la personnalité. Celui qui est devant nous, sur notre divan, n'est pas vécu de prime abord comme un type de « caractère » ; c'est toujours un être complexe, comme nous-mêmes, muni de son économie psychique spécifique, son monde objectal interne, ses signifiants propres. Il y a donc un risque de généraliser, voire de dépersonnaliser le sujet ; de le déposséder justement de ce qu'il a d'*unique,* pour l'affubler à la place de traits de caractère qui existent, à des degrés variables, chez tout le monde. Dans sa vulnérabilité psychique, personne n'est à l'abri d'une atteinte de son équilibre, voire d'un épanchement incontenable de la sève narcissique. Même si des aspects caractériels sont plus accentués chez certains patients que chez d'autres, ce qui nous intéresse chez les premiers, ce n'est pas tant la surcharge d'une seule ligne de défense dans la structuration du moi, c'est bien plutôt l'*équilibre des forces psychiques, propre à chacun.* C'est de savoir par quel jeu de forces et avec quels repères le sujet maintient son homéostase libidinale et son économie identificatoire (car l'image narcissique est un fantasme fluctuant). C'est par ces voies que se maintiennent non seulement le sentiment d'identité et la régulation de l'estime de soi, mais aussi bien la relation du Moi avec ses objets internes et externes. *Par où passe l'oscillation de ces investissements narcissiques et objectaux ? Comment se préserve, chez un analysant donné, la relation à soi-même ? Et qu'est-ce qui peut menacer ce lien, primordial dans la préhistoire de tout être ?*

Ainsi, mon intérêt pour les problèmes cliniques et théoriques liés au narcissisme dans ses aspects pathologiques ne m'oriente pas vers la délimitation d'une catégorie mais plutôt vers l'exploration de son économie dans ses liens profonds avec la libido d'objet, et de sa fonction identifiante et protectrice. L'observation clinique devrait nous aider à comprendre ce qui lie les défenses narcissiques du soi et les relations objectales narcissiques, à suivre l'oscillation continuelle entre la représentation de soi et celle du monde objectal et à mesurer l'angoisse ou la douleur psychique qui surviennent quand cet équilibre délicat est ébranlé.

Je ne dénie pas toute valeur aux recherches nosographiques — surtout si elles peuvent nous rendre plus sensibles à l'écoute de certains phénomènes cliniques, et même rendre visible une autre dimension de la vie psychique qui, peut-être, se révélera désormais à tout analyste à l'écoute du discours analytique. Qui, avant Freud, a observé la sexualité infantile ? Et qui, depuis, peut l'ignorer ? Ainsi, Heinz Kohut [1971], prophète du « nouveau narcissisme », même s'il donne l'impression de minimiser l'importance de la sexualité infantile, a eu le mérite d'attirer notre attention sur certains phénomènes narcissiques que l'on rencontre fréquemment dans la clinique psychanalytique d'aujourd'hui, et de démontrer les liens qui peuvent exister entre eux. Sans tenir compte de la difficulté de délimiter les frontières de la névrose « classique », s'agit-il véritablement de phénomènes nouveaux en clinique psychanalytique ? La question des « nouvelles névroses » (ou des « mini-psychoses » ?) a été bien posée par J.-B. Pontalis [1977] : « Il se peut fort bien que des formes cliniques dites nouvelles aient été identifiées sous d'autres noms : comment ne pas être frappé, par exemple, par la concordance, tant dans la description que dans les hypothèses pathogéniques avancées, entre les affections psychosomatiques diagnostiquées aujourd'hui et les "névroses actuelles" que Freud tenta de circonscrire en son temps ? De même il est facile de reconnaître dans la plupart des cas des *Études sur l'hystérie* ce qu'on appellerait maintenant des *borderline* ; ou encore dans les "névroses de destinée" [...] une forme de paranoïa. » Par ailleurs, Otto Kernberg [1975] (qui, lui, ne retient pas la conception de deux libidos) a mis en lumière les problèmes concernant la relation du transfert et du contre-transfert dans le secteur narcissique, et il y a vu une tentative de composition avec les traumatismes psychiques précoces et les affects de rage et de haine qui y sont associés. Ses recherches nous montrent comment les problèmes narcissiques peuvent être comparés aux problèmes névrotiques. Dire que la structuration névrotique est construite à partir des avatars de l'investissement pulsionnel autour de la problématique phallique-œdipienne, c'est reconnaître qu'on a tendance à tenir pour acquis l'existence dans le passé de deux *good enough parents* et la présence d'un mode de fonctionnement mental relativement libre des entraves que constituent les défenses psychotiques (déni, forclusion, identification projective, etc.), et présentant dès lors une tendance moins accusée à la résolution des conflits par l'agir, par cette manipulation de réel qu'impliquent les constructions à nuance délirante, ou par l'extériorisation, défense caractérielle qui prend le monde pour scène et les gens pour figurants.

Je me sens plus proche des conceptions théoriques de Kernberg quand il récuse la notion du narcissisme comme pulsion indépendante des relations d'objet intériorisées. La position de Kohut suppose deux libidos de *qualité différente* et d'*évolution séparée,* de telle sorte qu'il peut exister une pathologie narcissique sans qu'il y ait pour autant perturbation dans les investissements libidinaux objectaux. Une faille importante dans l'économie psychique d'un des deux pôles risque toujours, me semble-t-il, de créer une distorsion dans l'autre. Malgré la finesse de ses observations cliniques et l'écho qu'elles ne peuvent manquer d'éveiller chez tout analyste, elles ne concordent pas toujours avec les observations d'autres analystes. Mais la conception kohutienne manque surtout de cohérence sur le plan théorique. Comment la notion d'une indépendance quasi totale des deux formes d'investissement libidinal peut-elle s'appuyer sur un concept qui accepte la théorie des pulsions ? Faut-il alors réviser la métapsychologie ?

Dans son Introduction à *La Vie sexuelle* [1970], Jean Laplanche remarque que c'est la nature traumatique de la sexualité humaine en soi que met en évidence la théorie freudienne. Quant à la symptomatologie narcissique, on peut se demander si elle ne nous confronte pas à des manifestations d'angoisse de castration subtilement déguisées par le fait qu'il s'agit de la *sexualité primitive, archaïque de l'infans* dans son corps-à-corps avec la Mère primordiale. Il importe de distinguer, et de comparer, dans ce contexte, d'une part les sujets qui créent des *relations objectales narcissiques* [McDougall, 1978] (proches de ce que Kohut a nommé avec bonheur les *objets-soi*) qui indiquent une relation à un autre considéré et traité comme une partie de soi-même (un peu comme dans ce qu'on peut imaginer être le vécu infantile du nourrisson avec la Mère-Sein), et d'autre part ceux qui se défendent contre un tel vécu par un retrait narcissique pour parer au danger de perdre les limites de soi. Dans la relation à l'objet-soi, l'autre représente pour l'inconscient du sujet une partie de lui-même qui doit être aimée, haïe, maîtrisée ou détruite. Freud le premier a décelé ce genre de lien objectal dans les relations *homosexuelles* ; il serait fort difficile d'occulter ici l'intrication intime entre libido d'objet et libido narcissique. Nous pourrions ajouter que cette utilisation narcissique de l'autre se retrouve dans toutes les organisations sexuelles perverses, et qu'en plus, elle ne se limite pas à celles-ci. On la retrouve aussi fréquemment, sinon plus, dans les relations *hétérosexuelles* où la sexualité génitale sert surtout à des fins narcissiques, c'est-à-dire est utilisée pour étayer un sentiment parcellaire, fragile d'identité subjective, autrement dit, pour colmater une image endommagée issue d'une problématique sexuelle archaïque. (Bien entendu toute relation sexuelle-amoureuse inclut une visée d'affirmation, voire de récupération narcissique, mais celle-ci n'occulte pas pour autant l'importance de l'autre en tant qu'*autre,* en tant que différent de soi.) La sexualité utilisée à des fins narcissiques vitales rejoint, d'ailleurs, la problématique de l'*addiction* (la sexualité-drogue). Si de telles organisations ont leurs racines dans la sexualité primitive propre aux premières relations, j'y vois également présente une pathologie qui concerne l'évolution des phénomènes que Winnicott a appelés *transitionnels* ; dans ces cas, un objet vivant est utilisé comme tenant lieu d'objet transitionnel [McDougall, 1978, 1980b]. Évidemment l'alcool, le tabac, la nourriture, les médicaments peuvent tout aussi bien remplir cette fonction maternante carentielle dans les identifications manquantes du monde interne. Les sujets en question sont « addictés » (mot qui contient étymologiquement l'idée d'esclavage) comme à une drogue, à leurs objets d'amour plus qu'ils ne sont en relation avec eux.

À l'inverse, ce phénomène que j'ai appelé *défense narcissique* s'érige *contre* l'autre et se traduit par un repli autarcique, secret, un déni des besoins, une fuite devant le désir, comme menace d'un esclavage morcelant et mortifère. Mouvement qui peut aussi être compris comme une fuite devant des demandes que Kohut qualifie de *grandioses,* c'est-à-dire des demandes à nuance surmoïque, idéale, auxquelles il sera toujours impossible de répondre. À l'inverse de Kohut, je suggérerai que cette barrière défensive sert à protéger le sujet contre les visées libidinales objectales, archaïques, visées qui sont associées à ces objets partiels, primitifs, télescopés, parfois confondus avec le sujet lui-même. (Ceci correspond à ce que Guy Rosolato [1976] a décrit sous le terme de *narcissisme secondaire précoce.*)

Qu'il s'agisse de relation ou de défense narcissiques, de telles organisations cherchent à accomplir, dans le cas des relations narcissiques, une relation amoureuse sur le mode primitif d'un fantasme de fusion, ou, quand il s'agit au contraire de défense, grâce à un aménagement particulier de leur relation au monde, de protéger le sujet contre les dangers fantasmés d'une telle visée. L'intrication entre la libido narcissique et la libido d'orientation objectale est donc non seulement infiniment complexe mais inéluctable.

Quand nous avons affaire à des patients ayant réussi à construire un bouclier narcissique contre l'effraction d'autrui, nous pouvons parfois apercevoir ces liens étroits dans la structuration de leur réalité psychique : de nos jours, des patients de ce genre ne manquent pas dans la clientèle psychanalytique. La souffrance particulière qui motive leur demande d'analyse se caractérise par un sentiment de vide, de non-existence, d'épuisement, résultats de la lutte constante entre l'envie d'être en relation avec autrui et le désir (voire la compulsion) de fuir le monde pour se retrouver intact, à l'abri de l'envahissement anticipé. Il s'agit souvent d'artistes, d'intellectuels, ou d'enfants d'apparence rêveuse, différents, imprévisibles, sans qu'ils soient pour autant sortis des rails, dans le délire. Chez de tels analysants adultes, l'aspect dépressif est souvent apparent, mais tout aussi fréquemment l'affect dépressif manque, comme écrasé ou maintenu à distance par des activités constantes, ce qui se traduit parfois par un excès d'investissement auto-érotique du fonctionnement mental. (Tel était le cas d'Angèle, dont il sera question plus loin.) Sur ce point je dirai, comme Kohut, que la carapace narcissique devient en effet une protection, un mur contre le morcellement psychotique. Il ne s'agit pas de la « forteresse vide » telle que Bettelheim l'a décrite en parlant de la structure psychotique [Bettelheim, 1969].

Dans son acharnement à maintenir, coûte que coûte, une distinction nette entre les « deux qualités de libido », Kohut s'appuie lourdement sur une certaine conception de Freud concernant le retournement auto-érotique, où ce dernier est présenté comme l'investissement d'un corps éparpillé et d'une image morcelée de soi. L'appréciation de l'évolution de cette conception chez Freud, et dans la pensée analytique depuis Freud, telle que la formulent Laplanche et Pontalis [1967] dans le *Vocabulaire,* me semble ici fort pertinente. Ces auteurs font remarquer que le concept d'un narcissisme primaire indifférencié, sans clivage entre sujet et monde externe, soulève deux critiques :

— la perte de vue de la référence à une image de soi (en quoi autrement cet état serait-il *narcissique ?*) ;

— le côté problématique d'un supposé état « anobjectal ».

Dans la conclusion de leur article sur le narcissisme, ils notent encore que « rien ne semble s'opposer à ce qu'on désigne du terme de narcissisme primaire une phase précoce ou des moments fondateurs, qui se caractérisent par l'apparition simultanée d'une première ébauche du moi et son investissement par la libido, ce qui n'implique ni que ce premier narcissisme soit l'état premier de l'être humain, ni que, du point de vue économique, cette prédominance de l'amour de soi exclue tout investissement objectal ».

Melanie Klein, bien sûr, a toujours récusé l'idée d'un état « anobjectal », et les recherches de Margaret Mahler et de René Spitz semblent démontrer qu'il existe fort précocement chez certains nourrissons des activités auto-érotiques pathologiques (balancements sans fin, cognement de tête contre les murs, suçotement frénétique et continuel), ce comportement étant lié à des relations mère-nourrisson incohérentes, ce qui laisse supposer le manque d'introjection stable d'une première trace d'objet interne dont on déduit l'existence chez des nourrissons moins perturbés. Ces actes symptomatiques prennent la place du suçotement tranquille et des jeux avec les organes génitaux présents chez les autres enfants.

Une confirmation de plus venant à l'appui de cette conception nous est apportée par des recherches autour des maladies psychosomatiques de la petite enfance [Kreisler, Fain, Soulé, 1974]. Je pense plus particulièrement aux observations de Michel Fain [1974] qui, me semble-t-il, démontrent l'existence d'un déséquilibre narcissique et de défenses érigées très précocement contre l'éprouvé douloureux des nourrissons dans des situations d'instabilité et d'incohérence, lors des échanges primaires avec la mère. Le mérycisme, activité érotique et repli narcissique, sert, par exemple, à maintenir à distance la mère par une défense potentiellement mortifère, comme peut l'être tout symptôme narcissique porté à son extrême. En contrepoint, on trouve l'insomnie des tout-petits qui ne peuvent se détendre que dans les bras maternels — relation objectale précoce, de toute évidence, et qui montre, elle aussi, une faille dans l'investissement narcissique de soi. Incapables de se retrouver narcissiquement dans le sommeil en se fondant avec la « trace » de l'objet interne (ce qui leur permettrait de maintenir un état intérieur proche de l'activité onirique), ces bébés ont besoin de la mère elle-même, de sa présence corporelle, réelle, comme gardien du sommeil[1].

> Lisa : Je ne suis que manque. Il me faut constamment une présence... seule je n'existe pas.
>
> Sabine : Parmi les autres, je perds mes limites ; je ne me retrouve véritablement que quand je suis seule.

Les patients qui, comme Lisa, utilisent les autres comme des objets-soi afin de se rassurer sur leur

1. Bien que ces recherches concernent au premier chef la potentialité psychosomatique, il me semble que l'investissement narcissique primitif — que cela prenne ultérieurement la forme des relations « drogue » ou d'une autarcie narcissique avec clôture sur soi-même — peut aussi servir, dans certains cas, à protéger le sujet *contre* le danger de manifestations psychosomatiques graves, à l'âge adulte.

sentiment d'identité et d'existence ont fait l'objet d'un certain nombre d'écrits analytiques : chez ces analysants, les liens entre la libido narcissique et la libido d'objet sont plus facilement repérables. Certains observateurs leur attribuent une vie sexuelle et amoureuse libre de symptômes, ce qui, d'un point de vue « normalisant », n'est pas tout à fait faux ; ce n'est qu'à l'intérieur de l'expérience psychanalytique que se révèle la misère psychologique de la plupart de ces relations à nuance compulsionnelle. Ceux qui se protègent contre les écorchements de la vie par une fuite devant les autres, donnant ainsi l'impression de s'affranchir des objets externes, présentent une problématique plus complexe quant à la théorisation éventuelle de leur fonctionnement psychique. Leur structure narcissique a reçu moins d'attention dans la littérature psychanalytique. Leur sexualité est secrète, occulte ; parfois ils font preuve d'une indifférence (masquée ou affichée) pour toute relation amoureuse et sexuelle, ou bien ils s'engagent dans des relations sporadiques, opératoires, sans lendemain. Cette pauvreté de la vie sexuelle n'est pas compensée par des symptômes névrotiques ; à la place, on rencontre, ensevelie sous des traits de caractère qui marquent toutes leurs relations, l'insaisissabilité, l'évanescence du sujet dans une fuite autarcique et auto-érotique. Cette même qualité se retrouve à l'intérieur de la relation analytique et s'exprime comme une absence, un vide d'investissement transférentiel. D'après mes propres observations, cette relation ne devient analysable qu'à partir de la découverte des racines pulsionnelles, éparpillées dans la vie, comme dans le discours, de l'analysant. Les signifiants, tout comme les relations objectales internes, sont éclatés, condensés, parcellaires, voire dévitalisés, pour être attachés uniquement aux objets inanimés, parfois collectionnés — sorte de fétichisation de la première coupure. La théorie sexuelle refoulée concerne un corps-sexe et l'angoisse de castration propre à cette organisation narcissique risque, dès lors, de se reporter sur le corps dans sa totalité ou sur l'intégrité psychique du moi.

Dans son article « Un mot primitif : la chimère du sexe », Nathalie Zaltzman [1977] voit la trace de la division en deux sexes dans cette première séparation de deux corps. Parlant de « l'étiologie sexuelle de la douleur de vivre », elle pose la question suivante : « En quoi cette douleur, scandale au regard du principe de plaisir-déplaisir, est-elle d'emblée d'ordre sexuel ? » et elle souligne le paradoxe de la première relation sensuelle, le corps-à-corps mère-infans, en ces termes : « Le corps maternel, en tant que corps libidinal, déjà mieux armé contre les pulsions de mort, les siennes et celles de l'enfant, fait rempart contre un retour au silence du corps biologique infantile » (cependant qu'en même temps) « la séparation et le manque de rempart maternel instaurent l'émergence des premiers fragments de vie psychique ».

Si cette première rencontre, cet engagement sensuel primitif, est bien la condition prototypique de la survie psychique, elle est également le modèle originel à la fois de la vie sexuelle et de l'image narcissique de soi. C'est un moment mythique, primordial dans la structuration psychique du petit sujet à venir, car il n'y a que l'interprétation maternelle (dont Piera Aulagnier [1975] a souligné la « violence » inéluctable) des besoins de son enfant qui fera de ce petit corps biologique un corps pulsionnel. Ainsi, une faille dans le rôle maternel — que celui-ci soit conçu comme un rôle d'interprète (Aulagnier), comme contenant (Bion), comme pare-excitation (Fain) — risque de créer une fragilité potentielle face aux traumatismes inhérents à la vie psychique. C'est dire que la première relation sera toujours intrinsèquement traumatique, tout comme la sexualité humaine. Aussi, un « excès de violence » tel que le conceptualise Aulagnier, une inaptitude à la « rêverie » comme disait Bion, ou encore, dans l'optique de Fain, un « surinvestissement maternel de l'enfant et de son corps » peuvent-ils augmenter la potentialité psychotique ou psychosomatique à venir ; il me semble que de telles relations précoces peuvent également mobiliser des défenses d'ordre *narcissique,* avec l'espoir, éventuellement, d'éviter ces dénouements en créant des remparts objectaux ou défensifs. La fragilité qui les sous-tend n'indique nullement une organisation fragile ou instable, au contraire. Tout comme la poursuite acharnée des « objets-soi », l'autarcie narcissique se rabat sur des objets internes précieux, mais, dans ce cas, l'état de condensation ou de fragmentation et leur qualité archaïque requièrent l'évitement de rencontres avec le dehors, aussi bien pour protéger cet acquis que pour éviter de rencontrer dans le monde extérieur l'objet susceptible d'être perçu comme répondant aux demandes du sujet. Tout objet de besoin, dit Bion [1962], est un objet de haine. Le sujet qui réussit à maintenir un bouclier narcissique entre lui et le monde protège non seulement lui-même et son univers interne, mais aussi l'autre, celui qui invite à une relation haineuse, ressentie comme potentiellement mortifère pour les deux, parce que marquée de tout ce qui compose la sexualité archaïque de l'être humain.

Dans le chapitre suivant, j'illustrerai ce thème, et ma divergence avec Kohut, par une observation clinique. La patiente dont il sera question présentait toutes les conditions, signes et symptômes relevés par cet auteur pour décrire un désordre narcissique de la personnalité. Non seulement elle faisait un transfert « en miroir », mais elle considérait elle-même qu'elle n'avait aucun problème d'ordre « sexuel », qu'elle n'était nullement « névrosée » comme la plupart de ses amis : elle souffrait « autrement » dans son contact avec le monde. Kohut écrit, dans l'introduction de son livre *Le Soi* [1972], que « ces personnes qui ont appris à se distancer des autres le font afin d'éviter le danger spécifique d'être exposé aux blessures narcissiques [...], celles-ci étant dues à des revendications d'un Soi grandiose archaïque, ou étant un rempart contre le manque d'une puissante source externe d'estime de soi, et d'autres formes de support émotionnel ». Je n'ai aucune critique à formuler contre cette description — *mis à part son inadéquation concernant le fond pulsionnel* qui alimente continuellement de telles projections ; ces projections en chaîne qui constituent cette vision du monde persécutant et blessant entourant les « soi fragiles » tirent, selon moi, leur force de la *libido objectale* dans ses couches primitives.

CHAPITRE X

Entre le soi et le sexe ; la sexualité archaïque

Angèle, jolie jeune femme de trente-quatre ans, vit seule avec son enfant, mais garde un bon contact avec le père de celui-ci. Elle se tient à l'écart du monde puisque la vie en société la « fatigue », bien qu'elle éprouve un plaisir certain à *observer* les autres — mais comme s'ils étaient les habitants d'une autre planète. Intellectuelle par goût et par formation, elle écrit beaucoup (la philosophie et la linguistique l'intéressent particulièrement) mais elle ne cherche pas à se faire publier. « Je n'ai pas besoin de "cela" », dit-elle. Elle évite également toute relation qui risquerait de devenir amoureuse ou sexuelle. « Je prends soin de ne pas me présenter comme femme à mes amis masculins — je n'ai pas besoin de "cela" », ajoute-t-elle. Cette attitude affichée ne cache pas une homosexualité niée : à vrai dire, en l'écoutant parler de ses relations amicales, on perçoit peu de distinction entre les hommes et les femmes dans son discours ; ils se confondent et ils n'ont pas de nom. Elle les craint, tous, pour leur pouvoir d'empiéter sur son temps précieux. « Toutefois, j'adore les *regarder* ; c'est comme si j'étais en permanence au théâtre. » Or, si par malchance elle est invitée à « monter sur scène » — à donner à l'improviste son avis ou à parler d'elle-même — c'est la panique. Une angoisse immaîtrisable s'empare d'elle et dès lors elle ne comprend plus les paroles qu'on lui adresse. Il lui arrive également d'*oublier* qu'elle est avec les autres, de se sentir à mille lieues d'où elle est, et l'irruption d'une parole, si elle lui est adressée à ces moments, la pénètre douloureusement, la plonge dans un état de confusion et d'angoisse débordante. « Je perds ma notion du réel — la parole inattendue, c'est comme les demandes sexuelles. Cela vous fait perdre vos limites. » Angèle « déteste » la musique — « ça pénètre, ça dérange », dira-t-elle. (On pense à l'« Enveloppe sonore du soi » et au « Moi-peau » décrits par Didier Anzieu [1976].) De la même façon, elle souffre intensément du *froid* ; elle ne peut plus penser quand elle a froid, mais en même temps elle éprouve une impression d'horreur à l'idée d'être réchauffée par le contact avec un autre. « La différence entre deux températures m'angoisse, et au-delà, me dégoûte de façon insoutenable. » Bref, tout rapprochement avec autrui est ressenti comme dangereux pour son intégrité narcissique, suscite la peur de « perdre [s]a notion du réel ». Est-ce grâce à son attitude de détachement envers l'espèce humaine qu'elle est arrivée à une capacité d'observation rare, et plus particulièrement quand il s'agit de déceler avec acuité les duperies inconscientes, les illusions qu'entretiennent les êtres entre eux ? Peut-être ; mais en même temps Angèle s'observe elle-même avec chagrin : « Il est lourd de se sentir si éloignée des autres, si inapte à la passion. »

Son discours, en dépit de son effet fascinant et étrange, me laissait profondément insatisfaite. Elle était là sans y être ; effet d'évanescence, de désincarnement, d'autant plus vif qu'Angèle amenait sur scène son propre vécu corporel de façon irréelle, comme si elle habitait à côté d'elle-même en tant qu'être physique. Tête sans corps. Ses associations m'ont souvent rappelé la remarque que m'a faite une fois la mère d'un garçonnet psychotique : « Sammy me parle sans cesse — c'est plein d'intérêt en un sens, sauf qu'il ne parle jamais de *choses réelles.* » C'est là la contrepartie du discours dit opératoire — cette pensée qui reste *collée* à l'actualité, au factuel de l'existence et des êtres, comme si les personnes, ou la vie elle-même, se réduisaient à une série de faits « réels ».

Je vais maintenant donner des extraits tirés de la troisième année de l'analyse d'Angèle, période où il m'est devenu possible, pour la première fois, de saisir dans ses associations quelques références à son *corps comme objet d'investissement libidinal,* et du même coup, d'avoir un premier aperçu de l'organisation de sa *sexualité d'enfant, de son Œdipe et de ses théories-fantasmes érotiques-infantiles.* Dans les trois ans d'écoute écoulés, Angèle avait mal toléré mes interventions ; ma voix la « dérangeait » parce qu'Angèle était brusquement confrontée à ma présence ; mes paroles étaient reçues comme des corps étrangers qu'il lui fallait métaboliser de son mieux. Quant à moi, j'avais bâti quelques hypothèses flottantes à son sujet, notamment à propos de la nature de ses fantasmes sexuels occultés : son horreur de la « musique », pour ne prendre que ce seul exemple, faisait penser à la voix maternelle, ou encore, à la scène primitive, entendue, pour être ensuite exclue. Ainsi ma voix (Sein) la pénétrait douloureusement et mes paroles (Phallus), loin d'apporter un sens à la scène œdipienne, lui faisaient mal, la rendaient confuse. Elle se présentait à moi comme un pur esprit, incorporel, vivant dans un espace psychique peu délimité... ses craintes persistantes de « perdre ses limites », de se fondre dans les autres, évoquaient pour moi un corps qui ne pouvait pas tenir sa fonction de contenant : corps perméable, friable, à la limite inconnaissable. Angèle ne se regardait jamais dans la glace et quand, par hasard, elle captait son reflet, elle ne se reconnaissait pas. Le déni massif de son corps en tant qu'objet d'investissement narcissique allait de pair avec son refus de la maladie, de la faim, voire, à l'occasion, de la soif. Il lui arrivait d'« oublier » ses besoins vitaux. Quant à son corps sexué et sexuel, elle n'en faisait jamais mention. Par contre, elle m'offrait parfois de doctes dissertations sur « la sexualité », pour me montrer combien Freud se trompait en fondant une partie de son système conceptuel sur la pulsion sexuelle. La crainte que l'expérience d'une analyse personnelle ne l'expose à de « fausses interprétations de ce genre » l'avait longtemps détournée de tout désir de l'entreprendre. (Elle est venue en analyse à cause d'un épisode dépressif aigu en rapport avec un événement extérieur survenu dans sa vie.) Ses problèmes se situaient « dans un tout autre registre », disait-elle. Elle n'avait pas besoin de « ce » genre d'analyse... n'avait pas de problèmes sexuels.

Une note discordante apparaissait parmi ces thèmes : j'avais bien noté qu'Angèle s'habillait avec une coquetterie évidente et toujours dans des couleurs claires ; l'été, elle était entièrement vêtue de blanc. Même si elle n'« habitait » pas son corps, même si elle évitait d'attirer les regards, d'être un objet de désir sexuel pour les autres, pouvait-elle être un objet-corps, un corps-sexe, pour elle-même ? « Narcissique », certes, mais qu'est-ce à dire ? Survint une séance où je fus fort surprise de l'entendre dire qu'elle manquait de temps pour *laver ses vêtements,* qu'elle avait même failli rater la séance pour cette raison. Cette référence à quelque chose de corporel, ne fût-ce que les habits qui touchaient son corps, produisait le même effet stupéfiant, dans son discours désincorporé, que l'aurait fait, chez un autre sujet, un instant de délire au milieu d'un discours construit.

Je fais un petit bruit interrogatif... elle m'apprend alors qu'en effet elle passe des heures chaque jour à laver ses vêtements... tâche qu'elle ne confie même pas à la bonne. Je lui demande la raison de cette activité, en apparence si importante pour elle. Elle répond d'abord par une dénégation :

> A. : Mais non, cela ne m'intéresse pas particulièrement... simplement, euh, je ne peux jamais enfiler un vêtement que j'ai déjà porté une fois.

Comme cela touchait à son corps réel — avec, en outre, une nuance d'excès, quelque chose de *névrotique* — je l'invitai à expliciter cette idée, et je me mis à prendre des notes !

> A. : Mais j'aurais l'impression d'avoir des cellules mortes sur la peau.

Elle commence à parler très bas, murmure : « C'est pire que la saleté »... et finalement, comme si sa pensée s'estompait, elle tombe silencieuse. Au bout de quelques minutes, elle reprend :

> A. : Vous savez, j'aime laver les trucs ; ce n'est pas un problème, mais un vrai plaisir. *Vraiment.*

Devant son air affirmatif, je lui fais remarquer qu'elle insiste beaucoup sur ce plaisir quotidien ; plaisir à part, est-ce qu'elle souffrait si, pour une raison quelconque, elle était empêchée d'exercer cette activité ? (Je courais avidement après ce morceau de « réel » significatif, avec sa promesse de fantasmes refoulés.)

> A. : Oui, cela me fait souffrir — c'est même la panique quand ça m'arrive.

À partir de là, Angèle donne des détails sur les précautions sans fin qu'elle doit prendre quand elle part en visite, en vacances, en bateau.

> A. : Même si je n'ai qu'un petit bol d'eau, j'arrive quand même à tout laver.

Elle retombe dans le silence ; de toute évidence mes questions la gênent.

> J.M. : Cette panique, quand vos précautions ne réussissent pas, c'est lié à quoi ? Qu'est-ce que vous imaginez alors ?
>
> A. : Je n'ai jamais pensé... enfin... tiens ! Oui, je pense à quelque chose à quoi je n'ai pas pensé depuis des années. Quand j'avais trois ans environ, j'ai attrapé des oxyures. On m'a montré le pot grouillant de vers. Tout blancs, tout petits. Quelle horreur ! Penser que tout ça vivait à l'intérieur de moi — et je ne le savais même pas !

De mon côté, je pensais aux innombrables fois où Angèle m'avait parlé de sa peur d'être « envahie » par les gens ; sa crainte que « les autres prennent possession [d'elle] », en me demandant toutefois la raison pour laquelle cette terreur de l'indifférenciation entre elle et les autres était restée si peu élaborée. En l'écoutant, j'avais noté : « Les *gens* et les *vers* prennent possession d'Angèle de façon analogue... Qu'est-ce qui les lie, les vers et les gens ? » Après un court moment :

> A. : Oui, les vêtements sales — c'est bien ça. Comme les vers. L'horreur !

Mes associations continuent à galoper... je suis d'abord intriguée par la transposition de l'horreur : ce qui était à l'intérieur est maintenant mis dehors : ses vêtements en sont imprégnés. Les vêtements représentent-ils aussi un autre, des autres, qui lui frôlent la peau ? Avec leur saleté ? Leurs cellules mortes ? Ses parents, dont elle a été si tôt séparée ? L'idée me semble saugrenue. Mais il est vrai que ses parents, aujourd'hui morts, sont vécus comme vivants à l'intérieur d'elle. « Soudés ensemble », disait-elle. Des êtres merveilleux, précieux, hautement idéalisés. Nous avons fréquemment mis en paroles l'idée qu'Angèle se retirait du monde pour pouvoir être bien, seule avec eux, comme dans son enfance. Mais ils étaient en même temps des parents irréels, asexués, incorporels. L'organisation œdipienne éclata par son absence.

Séance suivante.

A. : Vraiment, c'est bizarre. Depuis hier je ne pense qu'à ça. Laver mes fringues, ce n'est pas un simple plaisir. Toute mon enfance je lavais des choses ; mon enfance est là-dedans. Faut que je comprenne ! C'est pas simplement la saleté ; ce qui est insupportable, c'est la *forme que prennent les vêtements,* une fois portés. Ils sont rigides, bombés. Mon bras cassé, quand j'étais gosse, ça ne me gênait pas, mais une fois le plâtre enlevé, oh, horreur ! La vue de cette forme bombée. J'ai eu envie de vomir. Tant qu'on ne le voit pas, on ne sait pas.

J.M. : On ne sait pas quoi ?

A. : Mais les vêtements. On est bien dedans, ça entoure, ça épouse le corps ; mais après, on les regarde, et ils sont comme *altérés* par la nuit. Je les lave tout de suite !

Moi, je pense : la nuit, les parents sales, la mère altérée... et mon fantasme d'hier que les vêtements tiennent lieu de gens... qui « épousent », qui entourent le corps. On est bien dans ces bras-là — tant qu'on ne voit pas — quoi ? Je me borne à lui dire : « Les vêtements qui épousent le corps, qui touchent la peau... mais après... altérés ? » Comme si j'avais touché là des signifiants maternels, elle répond avec vivacité :

A. : Cela me fait penser à la peau de ma mère. J'ai un dégoût pour sa peau ; je ne pourrais jamais supporter qu'on me touche. Heureusement ma mère n'était pas du genre à prendre les enfants dans les bras. L'idée d'être serrée dans ses bras me donne un sentiment de dégoût.

J.M. : Comme si elle était sale ?

A. : Tiens ! Comme les vêtements !

J.M. : Les vêtements, c'est en quelque sorte la mère ; ça entoure.

A. : Mais les vêtements portés, cette forme arrondie, avachie ; c'est horrible *(elle esquisse dans l'air une forme qui fait plus penser à une potiche qu'à un habit).*

A. : Ah ! ces vêtements avachis, c'est comme le corps de ma mère que je déteste toucher. *(Elle trace encore cette forme de potiche dans l'air, ce qui me fait penser à un ventre... et à hier, et à son ventre d'enfant grouillant de vers.)*

J.M. : Cette forme arrondie, ça fait plutôt penser à un corps qu'à un vêtement, n'est-ce pas ? Plein de vers ? Comme le ventre de la petite Angèle ? Ou de bébés, comme le ventre de maman ?

A. : Euh ! L'idée d'une femme enceinte m'est toujours désagréable. Je déteste les voir. Surtout l'idée de toucher le ventre d'une femme enceinte. Mais je n'ai jamais *touché* le ventre d'une femme enceinte. Bizarre !

J.M. : Votre mère a été plusieurs fois enceinte quand vous étiez petite.

A. : Ah ça... *(elle murmure de façon inaudible, faisant des gestes dans l'air comme pour repousser un affect pénible)*. Horrible... et moi, je n'ai jamais voulu être enceinte... m'a fallu plusieurs années pour accepter l'idée d'avoir ça dans mon corps. Mais c'est ça exactement, les vers. Euh ! Grouillant à l'intérieur de moi. Il fallait éviter tout ce qui pourrait faire « ça » dans votre corps. *(Silence.)* Est-ce ma mère enceinte que je repousse ? Eh, oui, c'est les trucs qui bougent là-dedans, la saleté ! Quand j'étais gosse, je croyais que les femmes attrapaient « ça » en mangeant quelque chose de vivant. Est-ce qu'elles mangeaient des vers ? *(Silence.)* Mais je pense aux vers qui mangent les cadavres. C'est différent.

J.M. : Ils sont comment ? (Dans mon esprit se conjuguaient les parents morts... Angèle les ayant mangés... son dégoût pour la nourriture... son anorexie infantile. A-t-elle mangé le contenu du ventre maternel ? Existe-t-il dans son monde interne un « vers-père » ? Les associations d'Angèle semblent aller dans le deuxième sens. Il y a *deux* vers.)

A. : J'ai toujours imaginé qu'ils étaient comme les vers de terre. J'aimais les voir sortir tout roses de la terre ; bien moins dégoûtants que les vers dans le ventre ! Ils ne bougent pas beaucoup. Et ils sont toujours isolés.

J.M. : Ver solitaire, quoi ? (J'avance hardiment un pion dans notre jeu analytique.)

A. : Oh là ! notre cuisinière m'a raconté que le ver solitaire pouvait sortir par la bouche. Une fois, elle a mis une soucoupe de lait — pour le faire sortir — et elle lui a coupé la tête après. Oui, je me rappelle, *j'avais tout aussi peur d'attraper un ver solitaire que d'avoir les oxyures.* J'évitais tout le monde par peur de les attraper. Même toucher les gens était dangereux. Euh... Je pense aux cheveux de ma sœur ; elle m'a demandé de les laver. Horreur !

(Je pense : fruit du ventre maternel — un ver de plus ?)

A. : L'idée de la femme enceinte, c'est bien ça. Je frissonne à la pensée qu'elle pourrait me prendre dans les bras. Mais ma mère ne m'aurait jamais fait ça. Même d'entendre les femmes qui parlent de leur grossesse me rend malade. *(Longue pause.)* C'est impudique... cette concupiscence de la chair. C'est trop horrible et ça me fait tourner la tête. *(Elle murmure... « angoissant... » « je me perds... »).*

En voyant ses mouvements de mains et sa difficulté à préciser cet affect, je l'invite à explorer un peu plus ce qui l'angoisse tant.

A. : Participer comme ça, c'est comme si on devenait ça ; *on est mêlé soi-même à leur histoire.* (Encore une fois Angèle montre la difficulté qu'il y a pour elle à ne pas se confondre avec les autres quand ils *parlent* des choses qui la dérangent, qui la touchent de trop près. À ces moments, elle est comme pénétrée par la parole, avec des séquelles destructrices pour son économie identificatoire.)

Danger narcissique, certes, mais infiltré à tout moment, comme nous commençons à le voir, pai des *fantasmes sexuels primitifs.* Un Œdipe archaïque se dessine en même temps. *La scène primitive est bien plantée dans le ventre maternel.* Angèle, dans son imaginaire, « épouse », comme elle l'a dit, ses vêtements, « épouse » pour ainsi dire le corps maternel avec le ver-du-père et ses fruits, les petits vers, à l'intérieur. Ce n'est qu'au moment de *se séparer* de ses vêtements, de constater que le corps-vêtement « bombé » ne fait plus partie d'elle, qu'elle est remplie de dégoût pour tout ce qu'elle a voulu *ingérer.*

A. : Je ne supporte pas le contentement des femmes enceintes, pas plus que cet incroyable manque de sensibilité, cette belle indifférence, pour l'autre. Moi, quand j'étais enceinte, je n'y faisais jamais la moindre allusion — surtout devant les filles qui n'ont pas d'enfants. Oui, cette participation forcée et le plaisir de la femme enceinte, c'est ça qui m'est insupportable ! *(Elle s'exprime avec étonnement devant cette découverte.)*

J.M. : Seriez-vous en train de parler de votre propre mère, et de vous-même, lorsque vous étiez petite fille ?

A. : Mais non, sûrement pas. Je n'ai jamais envié ma mère. D'ailleurs, pourquoi est-ce que j'aurais eu à y participer ? Et je me demande pourquoi les femmes enceintes vous obligent à participer comme ça.

J.M. : Il semble bien que c'est vous-même qui participiez beaucoup — par le regard... jusqu'à vous laisser pénétrer par leurs paroles... et par la vue de leur ventre bombé.

A. : Je regarde beaucoup, c'est vrai, comme si j'étais fascinée... mais je suis toujours fascinée par tout ce que j'observe, pourvu que je ne me sente pas impliquée.

J.M. : Tandis que devant la femme enceinte, vous l'êtes ?

A. : Je crois que je me sens privée, quand même... comme si on possédait quelque chose que moi je n'ai pas... comme si on me tenait à distance peut-être... Il me revient que j'étais parfois très malheureuse quand ma sœur recevait quelque chose que je n'avais pas. Moi, je fais très attention à tout cela — je ne parlerais jamais de mon enfant à quelqu'un qui n'en a pas.

(Elle évite de susciter de l'*envie* chez les autres, façon de maîtriser ce qui a dû être une série d'événements traumatiques de sa petite enfance. Aujourd'hui elle se croit sans envies, sans besoins, sans désirs.)

J.M. : On peut se demander si vous vous êtes sentie « privée »... « tenue à distance »... par votre mère avec son ventre plein. Comme les vêtements avachis — de là, l'idée qu'elle n'avait rien à envier — sauf les *vers*.

A. : La dégueulasserie ! Eh ben, je m'en suis bien tirée... en plus je croyais être la préférée de mon père. Nous faisions bande à part, lui et moi. Dans son bureau, il m'a appris beaucoup de choses. La chair, le corps, tout ça c'était de l'autre côté... le côté cuisine. Chez lui, c'était le calme, la vie intellectuelle. J'étais la plus gâtée de la famille.

J.M. : Pourtant ce n'est pas à vous que votre père a donné son « ver solitaire » ; et les bébés-vers grouillaient dans le ventre de votre mère, pas dans le vôtre.

A. : Mais mon père n'avait rien à faire avec ces trucs-là !... Enfin, je n'ai jamais pensé... c'est étourdissant... (Vagues mouvements de mains, sa voix devient inaudible. Je constate encore une fois que la tentative d'imaginer la scène primitive de ses propres parents s'accompagne fréquemment de sensations de perte d'équilibre, d'étourdissements, de flou visuel, comme si l'enfant de jadis était tiraillé entre le désir de se fusionner à cette scène et le désir de s'en distancer, et de l'arrêter... angoisse complexe, sans doute un mélange d'envie et de mortification narcissiques doublé d'une crainte de perdre le sentiment d'identité subjective.)

A. : Les enfants, ma mère les a confectionnés toute seule. Autrement... ah... c'est impensable... et cela me fait penser qu'il y a quelque chose de pire que les femmes enceintes — c'est d'écouter les femmes parlant de leurs amants, de leur vie sexuelle. *Comme des possédées.* L'idée d'être dévorée de la sorte m'effraie. Elles vivent uniquement pour l'autre. Je ne comprends pas. Ça doit être horrible. Moi, je ne me laisserai jamais posséder.

Ainsi Angèle ne peut s'identifier à la mère génitale qu'à travers l'horreur. La femme « bombée », fermée sur elle-même, sur les bébés-vers qu'elle a attrapés par la bouche — et qui sortent de l'anus — tout est là. Mais il y a encore de la place — car dans ses rondeurs, cette mère bombée cache également le ver solitaire, comme les femmes « possédées par un autre » ; et ce ver solitaire serait également absorbé par la bouche, mais lui en ressortira par cette même voie, et alors sa tête sera tranchée.

L'Œdipe vermiforme

Devant cette scène primitive condensée et archaïque, Angèle a érigé des défenses également archaïques. On ne s'étonne pas que, petite enfant, elle ait été anorexique. Face à ses peurs primitives, le réel lui apportera, comme toujours, une confirmation de ce qu'elle craignait déjà, une représentation pour ses angoisses sexuelles précoces... les oxyures qui se révélaient mystérieusement cachés dans son propre corps ; les paroles de la cuisinière qui faisaient « tilt ». Angèle savait désormais de quoi elle avait envie, et contre quoi il fallait se défendre. Un savoir refoulé. Le déni de la relation sexuelle des parents sera maintenu par un faux clivage en objets bon et mauvais : les *deux vers*, et le ver solitaire ayant un peu plus de chances d'être idéalisé que les petits vers nombreux. Côté cuisine, s'accumulent les odeurs, la chair, le corps — et les oxyures grouillants ; côté bureau, le ver solitaire, père désincarné, pur esprit, et Angèle s'y identifie. Son roman familial aidant, elle a la certitude que sa mère « a confectionné toute seule » ses enfants vermiculaires ! Angèle sera la seule enfant du père, sortie de son esprit telle Athéna de la tête de Zeus.

Le fantasme refoulé de sa théorie sexuelle infantile commence enfin à se dessiner : la mère est salie, altérée, par l'absorption du père, cependant qu'Angèle, encore petite pendant les grossesses suivantes, était peu différenciée de sa mère dans son image narcissique, et dans l'image de son corps propre. Elle a été exposée précocement à la crainte, non seulement de perdre sa relation intime — corporelle et psychique — avec sa mère, mais aussi et du même coup au danger d'être salie et altérée à son tour. En effet, elle s'est affranchie prématurément de son attachement à sa mère. L'année qui s'est écoulée depuis cette dernière séance nous a permis de reconstruire une sorte de psychose infantile ; grâce au retour de quelques souvenirs écrans et au souvenir de l'histoire familiale, j'ai appris qu'Angèle avait été une enfant *gavée* à l'extrême par sa mère ; vers l'âge de dix-huit mois, non seulement elle s'est arrêtée de manger, mais elle a refusé également de parler. C'est la grand-mère qui l'a sortie de l'impasse, en l'enlevant à ses parents. Cet affranchissement précoce de la petite fille est allé de pair avec l'enkystement de sa sexualité infantile. La précocité de ses défenses associée à l'angoissante relation avec la mère est évidente. En deçà de l'angoisse de castration, elle a été aux prises avec un monde où intérieur et extérieur se confondent, et avec des objets sexuels non-génitalisés, capables à tout moment de faire effraction l'un dans l'autre, ou en elle. En ce qui concerne son désir d'enfant qui l'effraye tant, elle a trouvé une solution de clivage, étayée par des dénis massifs, qui lui évitent une attitude envieuse envers sa mère enceinte, et la protègent, d'un autre côté, contre son envie du pénis qui lui manquait. Ce ne sont pas ces représentations en elles-mêmes qui importent ici ; les théories sexuelles qu'elles supportent restent, somme toute, assez banales. Ce qui, à mes yeux, mérite d'être souligné concerne les mécanismes primitifs à l'œuvre dans cette façon de penser sa relation à la sexualité et au monde, et le rapport d'une telle relation avec une image narcissique bien fragile. Le danger d'une irruption — désirée et crainte — associé à cette scène primitive et à un tel fantasme archaïque risque de se réaliser à tout moment, par toutes les portes du corps : le toucher, le regard, l'ouïe, la parole sont des menaces constantes et déspatialisantes. Ainsi elle doit garder une distance prudente, éviter d'être touchée sous peine d'être envahie, vidée, dévorée par les gens ; sous peine de perdre sa corporéité, enfin son sentiment d'identité.

Quant à ses deux vers, le ver solitaire, métaphore du sexe paternel, et les oxyures, métonymiques de la puissance maternelle, elle les désire tous les deux et elle doit se protéger contre son envie dévoratrice de les posséder. Pour se débarrasser de ce danger mortifère pour son moi, elle doit laver indéfiniment des vêtements : ces vêtements qu'elle aime tant, qui sont le tenant-lieu de son corps désirant. C'est là que nous retrouvons la présence et l'action de l'archaïque du sexuel, pour Angèle, « narcissique ».

J'ajouterai pour terminer que, quelques semaines après la séance en question, Angèle allait rencontrer l'homme qui est devenu son amant, signe d'un changement important dans son économie psychique et dans le soubassement de son « désordre » narcissique.

J'espère avoir montré à travers ce fragment d'analyse combien les remparts narcissiques et les symptômes qui en découlent ont partie *liée avec la scène primitive dans sa forme la plus condensée*, et combien l'oscillation perpétuelle qui devrait lier les deux pôles de l'investissement libidinal, quand elle se trouve bloquée, nous renvoie à la sexualité fragmentée et archaïque de la petite enfance. Si on ne prend pas en compte le lien primordial entre libido d'objet et libido narcissique, on risque de se trouver devant des impasses cliniques et des apories théoriques.

CHAPITRE XI

La néo-sexualité en scène

Pour parler de la perversion en ce qu'elle peut avoir de spécifique dans sa structure et son économie psychiques, il faut savoir d'abord de qui on parle. Qu'en est-il de celui que nous nommons pervers ? Qu'est-ce qu'un « pervers » ? On me répondra que tout le monde le sait : c'est quelqu'un qui a une sexualité perverse. Est-ce alors quelqu'un qui ne fait pas l'amour comme « tout le monde » ? La nuance péjorative que comporte le mot « pervers » nous en dit plus long sur celui qui parle que sur celui qui pratique cette sexualité qui n'est pas celle de tout un chacun. Même si le sujet dit pervers fait des « trucs » que tout le monde ne fait pas — avec un miroir, un fouet, des matières fécales, un objet du même sexe, ou tout autre objet qui peut paraître inapproprié au but supposé —, il ne fait pas que cela, il n'*est* pas que cela. On ne peut définir un être par un acte, même s'il s'agit d'un acte-symptôme ; en outre ce symptôme peut renvoyer à des structures différentes. Dirait-on de quelqu'un qui n'arrive pas à trouver le sommeil la nuit : « Bah, c'est un insomniaque », comme si cela le définissait ? Il faut aussi nous rappeler que le fait de se centrer *uniquement sur la perversion* de l'individu est une démarche forcément artificielle qui nous oblige à laisser dans l'ombre tout le reste de sa personnalité.

Or, si je récuse le terme de « pervers » comme donnant une information partielle et partiale sur un autre être, je trouve nécessaire, en revanche, de définir ce que nous entendons par « perversion ». Mais là encore la nuance péjorative apparaît. Étymologiquement, *pervertere* indique tout simplement un mouvement de retournement et de renversement ; cependant, n'importe quel dictionnaire nous informe qu'il s'agit toujours d'un détournement vers le « mal ». Il est mal de ne pas faire l'amour comme tout le monde. L'effort pour échapper à ce jugement de valeur implicite se manifeste chez les analystes qui usent couramment du terme de *déviation* sexuelle ; mais, à son tour, ce terme présente l'inconvénient de suggérer une contre-vérité clinique, car il implique qu'une perversion n'est rien d'autre qu'une route différente (dé-via) pour atteindre le même but que la sexualité dite normale [Stoller, 1975]. Si le but supposé des relations hétérosexuelles est l'orgasme, cela veut-il dire qu'une perversion sexuelle qui aboutit à l'orgasme ne diffère en rien d'autres relations sexuelles, sauf en ceci qu'elle emprunte un chemin plus compliqué ? Rien ne distinguerait alors les perversions des jeux amoureux. Même s'il existe des points communs, cela nous conduirait à une conception simpliste de l'agir pervers. En fait, la sexualité perverse n'est qu'une manifestation d'un état où s'entremêlent dépression, angoisse, inhibitions et symptômes psychosomatiques. Elle n'est pas une simple déviation mais une organisation complexe qui doit répondre à des exigences multiples, ce qui la dote d'une compulsivité particulière.

Quelles sont ces exigences ? Quelle peut être la signification inconsciente d'un acte d'où l'angoisse et la souffrance sont rarement absentes ? Qu'est-ce qui peut prédisposer un sujet à ce genre d'inventions ? Quel est, enfin, le rôle de la perversion sexuelle dans l'économie libidinale et dans l'économie narcissique de celui qui en est l'auteur ? Telles sont les questions que je voudrais explorer en partant des concepts freudiens fondamentaux.

La conception de Freud

Pour Freud, il y a perversion quand il y a changement d'objet (homosexualité, pédophilie) ; de zones (évitement des organes génitaux) ou de buts (recherche de la douleur) ; ou encore quand l'orgasme est subordonné à des conditions impérieuses et externes (fétichisme, voyeurisme, etc.). Et tout cela est mis en rapport avec ce qui, pour Freud, définissait la sexualité dite normale, c'est-à-dire (je cite) « une relation soumise à l'organisation génitale avec une personne du sexe opposé ». Évidemment, cette question d'une sexualité « normale » est épineuse et il nous est loisible de mettre en cause la justesse de la définition freudienne. Dans un ouvrage intitulé *Les Structures sexuelles de la vie psychique* [1977], Donald Meltzer relève chez Freud une « attitude normative » en remarquant qu'il donnait une valeur quelque peu exclusive à l'hétérosexualité *génitale,* comme s'il s'agissait du seul aspect de la sexualité infantile qui méritait la survie à l'âge adulte. Meltzer souligne en revanche que la sexualité adulte, non névrotique et non perverse, est néanmoins profondément *polymorphe.* Même si Freud préconisait malgré lui des normes sexuelles, il a néanmoins écrit que « la disposition à la perversion n'est pas quelque chose de rare et de particulier, mais une partie de la constitution dite normale » *(Trois Essais).*

Bref, les premières formulations de Freud tendent à présenter la perversion comme une simple vicissitude de la pulsion, avec fixation ou régression à un stade libidinal antérieur. L'achèvement de la deuxième topique a produit un remaniement de la théorie de la sexualité lié, parmi d'autres choses, au concept de « Surmoi en tant qu'héritier de l'Œdipe ». Mais c'est surtout le cas de l'*Homme aux loups* qui a amené Freud a approfondir la théorie de la perversion. Il devint évident que la réponse à l'énigme des perversions était à chercher dans la situation de l'enfant face à la scène primitive ; plus question d'un supposé fonctionnement génital bloqué à un stade primitif. Dans les articles ultérieurs (« On bat un enfant », « Le problème économique du masochisme », « Le fétichisme », « Le clivage du Moi », etc.), il est devenu de plus en plus clair qu'une perversion sexuelle ne saurait être conçue comme un simple fragment de la sexualité qui aurait réussi à échapper au refoulement. Du coup, la célèbre formule selon laquelle la névrose serait le négatif de la perversion se révélait insuffisante.

Néanmoins, pour Freud, la perversion, comme la névrose, s'édifie à partir de l'impossibilité de résoudre le complexe d'Œdipe. Effectivement, l'expérience clinique ne fait que confirmer, depuis un demi-siècle, que la « solution » perverse de la sexualité humaine est bel et bien une tentative (mais parmi d'autres visées) de contourner l'angoisse de castration et de maintenir, sous le couvert de l'acte, les liens incestueux de la sexualité infantile. Or, la problématique œdipienne est centrée de façon privilégiée sur le rôle du père. La mère primitive, en tant que Mère-sein, Mère-univers, ne figure pas. Bien que la théorie de la libido donne toute son importance à la relation précoce mère-*infans,* Freud n'a pas interrogé la problématique de la *sexualité archaïque.* En outre, il avait tendance, me semble-t-il, à idéaliser la première relation. On se souvient que si, pour lui, l'objet du désir de l'homme était bien la femme, l'objet du désir de la femme était son *enfant mâle.* Du reste, Freud paraît n'avoir jamais soupçonné que la relation mère-nourrisson puisse mal se passer, puisse être autre chose que le prototype du paradis. Bien qu'il reconnaisse que

« l'objet naît dans la haine », il n'y a pas, pour lui, de mauvaise mère, ni dans l'esprit de l'enfant ni dans la réalité historique de la psyché maternelle. Cependant, si le paradis peut fort bien trouver ses racines fantasmatiques dans la relation de l'enfant-au-sein, l'enfer peut aussi trouver là ses origines. Cette idéalisation de la maternité sert à oblitérer la mère sexuée, la mère en tant que femme, apte à désirer bien d'autres choses que son seul enfant (mâle ou femelle). Et, qui plus est, la maternité érigée en idéal sert à masquer la haine et l'envie destructrice dont le petit humain est inéluctablement porteur envers la mère-sein. La mère interne, idéalisée et intacte dans l'inconscient, joue un rôle essentiel dans l'imaginaire de tous ceux qui créent des perversions. J'espère donc pouvoir montrer que *les deux problématiques — celle de la sexualité œdipienne et celle de la sexualité archaïque — doivent être contenues et contournées dans la solution perverse de la sexualité humaine. Cette sexualité aura pour fonction le maintien, non seulement de l'homéostase libidinale, mais aussi de l'homéostase narcissique. L'importance et l'étendue de l'agir pervers dans la vie du sujet qui l'a créé seront étroitement liées à la fragilité de son économie psychique et au poids que doit porter cet acte érotique.*

Une dernière observation sur la position de Freud. Celle-ci m'a été inspirée par la réflexion de Laplanche et Pontalis dans leur *Vocabulaire* [1967], à savoir que la conception freudienne pose la sexualité humaine comme « pervertie » dans son fond, et cela dans la perspective du concept d'*étayage,* c'est-à-dire le gain de plaisir que l'enfant tire de l'accomplissement d'autres fonctions, notamment des pulsions d'autoconservation. Si, pour le nourrisson, le *lait* est toujours l'*objet du besoin,* c'est bien le *sein* qui devient l'*objet primitif de la pulsion sexuelle.* La bouche remplit dès lors une double fonction — à la fois en tant qu'organe de la fonction alimentaire et organe sexuel. Je voudrais souligner ici le prolongement important de la théorie freudienne en ce qui concerne les prototypes de la sexualité humaine, à savoir l'importance accordée à l'*auto-érotisme* [Laplanche, 1970]. Dans l'optique de Freud, ce n'est donc pas la *succion* qui fondera le modèle de la sexualité à venir mais le *suçotement,* ce qui met l'accent sur l'autonomie de l'enfant par rapport à l'alimentation, et surtout par rapport à l'objet sexuel primitif. Évidemment, ce détournement, cette « déviation » normale peuvent être entravés par l'attitude maternelle, surtout si, dans un deuxième temps, les rituels de miction et de défécation sont également désinvestis de toute valeur libidinale et auto-érotique. Cette notion a toute sa pertinence pour notre interrogation de la perversion en ce qui concerne ses liens primitifs avec l'auto-érotisme génital. L'observation clinique nous amène à constater que *l'enfant destiné à une solution perverse de la sexualité a rarement connu dans l'enfance la masturbation normale.* Celle-ci est toujours manuelle, et cela depuis les premiers mois de la vie. Or, chez certains patients, un hiatus entre la main et le sexe semble avoir été institué fort précocement ; ainsi, l'enfant risque de se trouver, très tôt dans sa vie, conduit à *inventer d'autres façons de faire vivre érotiquement son corps.* La recherche de Spitz concernant ce qu'il appelle le « genital play » des nourrissons est très instructive. Quand il y a perturbation dans la relation précoce à la mère, le jeu avec les organes génitaux est remplacé par des balancements du corps, de violents coups de tête, ou des jeux avec les excréments. C'est là un champ de recherche inexploré concernant les racines précoces de la perversion sexuelle. On peut déjà parler de la *masturbation* « pervertie » ou « déviée » *de son but normal,* qui est la recherche du plaisir génital. Ainsi, *la « déviation » primaire qui fonde la sexualité humaine peut être entravée dès ses débuts chez certains enfants qui, de ce fait, risquent de se trouver acculés à inventer une néo-sexualité afin de pouvoir garder intactes les limites du corps, de pouvoir posséder un corps érogène, et enfin, de pouvoir protéger ce corps contre le retournement sadique primitif où l'auto-érotisme se voit transformé en auto-agressivité. Un des triomphes de la sexualité perverse serait alors l'érotisation de cette pulsion mortifère.*

Le scénario pervers

Celui qui a créé une perversion a réussi en quelque sorte à réinventer la sexualité humaine ; à travers les changements de buts et d'objets, il construit une *nouvelle scène primitive* [McDougall, 1978]. Cette néo-réalité sexuelle n'est nullement gratuite ; l'acte qui en est le support dans le réel est souvent imprégné d'une forte angoisse et il est ressenti par le sujet comme étant doté d'une puissance compulsive qui dépasse toute volonté de sa part de le freiner. Bien que l'angoisse et la compulsivité soient à leur tour érotisées, le sujet a toujours l'impression de n'avoir ni maîtrise ni choix touchant son expression sexuelle. C'est « comme si on m'avait jeté un sort », m'a dit un patient fétichiste. « Je crois que je suis née ainsi », m'a confié une patiente homosexuelle. Il n'a pas le choix, c'est vrai. Tout au plus, il se félicite de l'avoir faite, cette découverte érotique miraculeuse. Il lui arrive parfois de se convaincre, en fonction de l'urgence qui a contribué à faire naître cette invention, qu'il détient le vrai secret de la jouissance sexuelle, de croire que les autres, trop timorés pour la suivre, l'envient d'avoir trouvé cette solution commode, solution dont lui-même a fixé les règles du jeu, ainsi que le rôle du partenaire — car rien n'est laissé au hasard dans cette création. De plus, les règles sont immuables, et le moindre changement dans la situation ou dans la réponse attendue de l'autre risque de déclencher une angoisse insoutenable. Cette fragilité va de pair avec la tendance à attribuer au *socius* une parcelle de la réalité interne du sujet lui-même, projection qui marque la pensée psychotique. « Il est impudique de vendre des fouets dans les quincailleries ; cela incite les gens à la lubricité », disait un jeune homme qui payait des prostituées pour le fouetter. « Tous les hommes sont des homosexuels », insistait un pédéraste, « mais ils ont peur de l'admettre ». En fait, les auteurs de la néo-sexualité guettent le moindre signe qui confirmera leur scénario intime. C'est aussi grâce à cette vigilance qu'ils trouvent, avec une sûreté étonnante, les partenaires aptes à désirer le rôle du figurant dans ce théâtre érotique personnel.

Quant à l'intrigue qui s'y joue, elle est toujours bâtie autour du *thème de la castration* : castration paternelle ou maternelle, castration narcissique, castration sous forme prégénitale, castration primaire où le corps dans son entier, voire la vie même, se trouvent menacés. Mais, dans l'acte pervers, il s'agit toujours d'une *castration ludique,* dans laquelle le thème principal est soigneusement caché par le déni : on ne châtre pas l'autre, on le répare ; on ne se châtre pas, on se complète. S'il n'en va pas ainsi, nous ne sommes plus dans le registre de la perversion mais dans celui de la psychose. Que l'intrigue demande l'acte de fouetter, de lacérer, d'étrangler (le corps, le sexe), de se faire perdre à soi-même ou à l'autre le contrôle (des sphincters, de l'orgasme), de se soumettre à des humiliations ou de les faire subir à l'autre, le sens caché n'en est pas moins immuable. Ainsi, l'angoisse de castration est, à tous les niveaux, maîtrisée de façon illusoire.

Force nous est de présumer que ces inventions « hors sillon » représentent la meilleure solution que l'enfant a pu trouver, face aux conflits et aux contradictions que lui a apportés son enfance : c'est-à-dire dans le discours des parents concernant la sexualité, et à l'intérieur du couple qu'ils formaient aux yeux de l'enfant. Dans le déroulement de l'analyse, maints détails, apparemment bizarres, dans le rituel érotique révèlent leur racine historique et pathétique, surtout quand la mortification narcissique se joint, dans un deuxième temps, à l'angoisse de castration. Voici deux scénarios exemplaires :

Un homme, qui cherchait compulsivement chaque soir des partenaires homosexuels, n'était psychiquement et érotiquement satisfait qu'au moment où il avait sur son sexe les traces de matière fécale du partenaire. Un autre se fouettait devant la glace, et l'acmé de sa jouissance coïncidait avec la vue des marques de fouet sur ses fesses. À quoi renvoient ces scénarios ? D'où tirent-ils leur pouvoir érotique ? Il s'agit de pièces de théâtre lacunaires, dont l'auteur lui-même a perdu le sens originel. Or celui-ci peut être partiellement reconstitué dans l'expérience analytique. L'homme qui devait voir les traces de matière fécale pour parvenir à la jouissance raconta un souvenir infantile dans lequel il était obligé d'aller dans les jardins publics, portant sa culotte maculée et nouée autour de sa tête. Une cousine, une bonne et d'autres enfants auraient participé joyeusement à l'humiliation du petit garçon encoprétique. La mère, exigeante à l'excès sur le contrôle de ses matières, lui administrait très souvent des lavements. Cette relation intime à la mère, bien qu'érotisée dans l'inconscient du petit garçon, était vécue comme une castration phallique. Sa réponse — salir sa culotte plutôt que de subir la castration maternelle — était à son tour source d'une castration narcissique, la mortification prenant le pas sur l'érotisation. Ainsi, dans son jeu sexuel actuel, c'est bien l'humiliation, la déchéance de jadis, qui est devenue la *cause* de son désir et de sa jouissance. Ce qui faisait horreur à la mère est pour lui sexualisé ; mais, comble du triomphe, c'est la matière fécale de l'*autre* qui sera rendue visible ; en prenant la place de sa mère, il fait subir à l'autre, sous le couvert du jeu érotique, la castration et l'humiliation qui étaient autrefois les siennes.

Le patient qui se fouettait devant la glace s'habillait, pour cette scène, de vêtements féminins. Il raconta comment, petit garçon, il était toujours vêtu d'habits d'allure délicate et féminine, ses cheveux tombant jusqu'aux épaules. Le support fantasmatique de son acte était un scénario dans lequel une petite fille devait être fustigée publiquement par une femme âgée. L'intense humiliation supposée de la fillette était le sommet de l'excitation du patient. Elle, c'était lui-même, et tout le monde était témoin de sa castration et de son humiliation. Ainsi, il triomphait sur le désir supposé de sa mère en faisant de sa castration la condition même de la jouissance sexuelle.

Bien entendu, dans ces deux histoires érotiques, d'autres thèmes venaient se greffer sur l'intrigue ou y déterminaient un certain nombre d'éléments. En particulier, l'acte magique était censé contenir non seulement l'angoisse de castration et la mortification narcissique, mais aussi la rage inépuisable de l'enfant floué par la mère complice. Il fallait que cette violence fût également rendue ludique et érotique. Ces visées destructrices peuvent difficilement être dites dans l'analyse car elles ont subi des transformations profondes. Refoulés ou déniés, forclos de la psyché, ces fantasmes visent les objets parentaux, objets clivés, éparpillés, abîmés dans le monde interne des représentations psychiques. Des fragments ne surgissent dans le discours analytique qu'à travers leur déguisement par le processus primaire, et dans le scénario érotique, qu'à travers la distribution de fragments de rôle, déguisés comme dans un rêve. Nous voyons déjà se dessiner le rôle du partenaire dans l'agir pervers : c'est lui qui va incarner non seulement les images idéalisées pourvues de tout ce que le sujet croit être manquant chez lui, mais aussi de tout ce que le sujet ne veut pas assumer : parties de soi valorisées ou dangereuses, destinées ainsi à être ou récupérées, ou maîtrisées. C'est donc le renversement d'un conflit intrapsychique qui est visé, mais la solution est recherchée à l'extérieur. L'autre, par sa participation, par sa jouissance, va fournir la preuve que la castration ne fait pas de mal ; que la différence des sexes n'est pas la cause du désir sexuel, et que la scène primitive est telle que l'auteur du scénario l'a créée. Il y a résolution magique de la tension interne, ce qui fait de la recherche compulsive des partenaires un « besoin » urgent. C'est donc le rôle de l'*autre* que de permettre de contourner l'angoisse phallique-œdipienne. Mais il y a aussi les angoisses plus primitives, signalées plus haut, d'avoir attaqué, voire détruit, les objets internes. Ainsi s'ajoute au besoin de châtrer l'autre ou de se compléter soi-même la visée de *réparation,* celle-ci faisant office de restitution aux objets primordiaux et appartenant au registre de la sexualité archaïque. Un autre élément qui joue un rôle éminent dans maint agir pervers est lié à cette couche profonde : le danger des affects archaïques, sadiques et destructeurs, a nécessité le maintien d'un *état de mort intérieure* afin de protéger le Moi et le monde interne. Dès lors, l'agir pervers et la participation du partenaire doivent *contrecarrer le sentiment de vide,* celui-ci étant craint plus que l'excitation interne, avec l'angoisse de castration et de morcellement qui l'accompagne de façon exacerbée. En somme, *l'autre doit servir de paratonnerre contre l'angoisse névrotique aussi bien que contre les angoisses psychotiques.*

La relation à l'autre

Je vais rapporter deux rêves qui illustrent de façon vivante ces deux problématiques. Le premier montre comment le partenaire sera le support apte à résoudre magiquement la dimension œdipienne, névrotique, ainsi qu'à maintenir en équilibre l'économie psychique narcissique du sujet. Un homme de trente-cinq ans est venu en analyse pour des problèmes professionnels mais aussi pour une certaine anxiété concernant sa pratique homosexuelle. Celle-ci nécessitait un partenaire prêt à maltraiter et à injurier le patient pendant que celui-ci pratiquait sur lui une fellation. Au moment du rêve, dans la cinquième année de l'analyse, l'analysant était en grande partie libéré de sa chasse à l'homme. Il s'était même fiancé avec une jeune fille devenue aujourd'hui sa femme. Mais, au moment des crises[1], ses souhaits et craintes homosexuels reprenaient le dessus ; maintenant, cependant, il en parlait et en rêvait, au lieu de passer à l'acte. Le rêve se situe juste avant les vacances, et dans une période où les journaux parlaient d'hostilités israélo-arabes. Le patient est juif et a fait une série de rêves et de rêveries où les Arabes tenaient le rôle du père castrateur.

> « J'essaie de garer ma voiture ; il y a une place "chouette", juste de la largeur qu'il me faut. À ce moment, un conducteur arabe surgit de je ne sais où, et

1. En fait, bien que le « choix » pervers ait des racines profondes dans la préhistoire du sujet, on peut se demander si la construction perverse ne commence pas toujours « en crise », c'est-à-dire comme un rêve éveillé qui surgit aux moments de tension débordante et de vécu affectif douloureux, révélant alors le pouvoir de cette représentation de détourner l'attention du conflit insoutenable et pénible. N'est-il pas possible que, par la suite, l'enchaînement des éléments : crise affective insoutenable — scénario — décharge de la tension soit maintenu et que ces éléments restent soudés ensemble ?

prend ma place. Fou furieux, je saute vers lui, mais il tire son couteau. Je suis paniqué. Or, à ce moment-là je remarque que son couteau est très beau ; sa forme m'intéresse. Je lui dis que je l'admire et je commence à le caresser doucement. L'Arabe devient souriant et me tend le couteau. Je le saisis avidement et lui demande aussi la petite bourse qu'il porte à la ceinture. Il me la donne également ; elle est en deux parties, exactement comme le porte-monnaie de ma fiancée. Tout d'un coup, l'Arabe tombe dans le canal plein de boue et crie très fort. Mais il est emporté par le courant. Je l'écoute avec mépris et je me dis : "Bof, de toute façon, je savais qu'il allait mourir. Et moi, je suis riche à présent ; je peux partir en voyage, où je veux, sans peur." C'était comme si, avec le couteau et la bourse, je n'avais plus besoin de rien. »

Toute la problématique au niveau œdipien, névrotique, se trouve là, surtout dans sa version homosexuelle. La signification latente du rêve est claire : le fils incestueux cherche à stationner dans le lieu du père-Arabe. Tous deux contestent à l'autre le droit à la possession du lieu maternel. Mais le père, comme il se doit, est mieux armé que lui (ce qui n'était pas évident dans la réalité historique de cet analysant) et il menace le fils avec sa puissance phallique, qui représente en même temps une arme pour châtrer. Face à l'interdiction et aux menaces paternelles, le fils trouve une solution magique (à l'heure actuelle, c'est une solution onirique, mais elle était autrefois *sa* solution érotique), il se détourne du lieu originel du désir — de garer *sa* voiture dans la place « chouette » — pour se centrer exclusivement sur le couteau du père, contestateur de ses droits. Il le caresse et arrive ainsi à séduire l'autre, à détourner son attention de ce qui est en cause, et à faire en sorte qu'il sourie, qu'il crie et qu'il tombe, emporté par le courant érotique, dans la « boue » où il va mourir. Ainsi, il maîtrise érotiquement le persécuteur interne, comme dans son jeu sexuel où le persécuteur était ludiquement projeté sur le partenaire. Sous le couvert d'une réparation de l'autre (car, consciemment, cet analysant considérait sa fellation comme un acte de bienfaisance), nous voyons à travers le rêve que *c'est lui qui se trouve réparé* aux dépens de l'autre. Il se libère donc de l'analyste (en réalité, c'est ce dernier qui part en vacances) pour voyager, se dégageant ainsi d'une mère abandonnante et châtrante ; il se libère également de sa fiancée qui « tient la bourse », signe de la possession et de la puissance fertile du père. Muni de l'arme du père et de la précieuse bourse, il peut faire maintenant ce qu'il veut.

Ce patient avait souvent vanté ses conquêtes homosexuelles du passé et le plaisir érotique de « faire tomber » ses partenaires, ce qui voulait dire, il en convenait, maîtriser leur jouissance et ainsi les châtrer symboliquement, d'où son impression, pendant un court moment, d'être plus « viril ». Or, le détail du rêve dans lequel il assume tranquillement la mort du partenaire l'a inquiété, et cette visée meurtrière allait être élaborée dans l'analyse durant une année entière. Peut-être aura-t-on repéré la métaphore qui exprime ce désir dans le rêve — le père-Arabe meurt par expulsion *anale* — métaphore riche de significations. « Tomber dans la boue », c'est tomber dans la « sexualité », « emporté » par l'anus-vagin ; c'est tomber également dans la honte, car le thème de l'humiliation, thème fréquent dans la sexualité perverse, est toujours associé à l'érotisme anal comme à la maîtrise des fonctions corporelles. Tous ces éléments se relient évidemment à la castration (dans ses versants œdipien, narcissique et prégénital). Mais, pour cet analysant, comme pour d'autres, c'est la découverte de la dimension meurtrière dans sa relation affective aux partenaires (comme aux imagos paternelles) qui a produit un changement radical dans son économie libidinale. C'est à partir de l'élaboration assidue de ses affects de haine pour les hommes, et, parallèlement, de son image haineuse de lui-même, qu'il lui fut possible d'assumer tout son sadisme infantile, de comprendre que cela faisait partie de la sexualité primitive qui n'avait jamais pu être élaborée chez lui, et qui avait été seulement maintenue clivée du reste de son économie libidinale, ce qui provoquait une culpabilité également archaïque le poussant compulsivement à rechercher la punition. Bref, cela avait à voir avec tout ce qui est inclus dans le concept de *position dépressive,* à savoir ce mode de relation d'objet qui s'instaure, selon Melanie Klein, vers le quatrième mois de la vie. Elle est, entre autres, caractérisée par l'angoisse de perdre et de détruire la mère, vue comme objet total, du fait du sadisme. C'est à partir de cette phase de l'analyse que le côté compulsif de l'agir sexuel de ce patient disparut.

J'en arrive au rêve suivant, qui touche plus directement à la question pressante de la réparation de l'autre ou du déni d'un état de mort intérieure, état d'amortissement, de paralysie qui se situe en deçà de la dépression, plus proche des angoisses psychotiques de la relation primitive que de la problématique œdipienne. La patiente, homosexuelle, est arrivée, en sept ans d'analyse, à résoudre un côté persécutif de son caractère et, également, à modifier des idées quasi délirantes concernant son propre corps. Le résultat s'est traduit par une plus grande stabilité dans son travail et ses relations amoureuses. Condamnée dans le passé à chercher sans cesse des partenaires multiples, elle a pu, enfin, vivre plusieurs années avec la même amie. Comme maints homosexuels des deux sexes, la patiente se désintéressait totalement de son plaisir sexuel personnel, ou plutôt elle disait que le seul plaisir érotique qu'elle connaissait, c'était le plaisir donné aux partenaires. Comme s'il n'y avait qu'un sexe pour deux. Le rêve se situe au moment de la perte de son amie.

> « Je suis sur le flanc d'une vallée sèche ; moi aussi je suis desséchée, comme assoiffée. De l'autre côté je vois Béatrice, mais elle s'est enfermée dans sa maison. Furieuse de la voir si loin, je pars à sa recherche et je m'engage de force dans la vallée sèche. C'est rempli de crottes de chien, mais au fur et à mesure que j'avance, il y a des herbes et des plantes qui poussent

> et de l'eau qui coule. Tout devient verdoyant. Je me trouve dans le sous-sol de la maison de Béatrice, et là encore il y a des arbres, des plantes et des fruits. J'essaie d'attraper un fruit mais il se dérobe et je pleure de rage... »

J'interromps ici le récit du rêve pour souligner le fantasme qui a pu être élaboré par la patiente, à savoir qu'elle aura toujours pour mission d'apporter à l'autre la verdure, l'eau, la vie... et qu'elle ne goûtera jamais les fruits de son amour érotique. C'est elle qui a soif, mais c'est à l'autre qu'elle va apporter la nourriture dont elle se prive. Évidemment, tout cela est contenu dans son acte d'amour ; en plus, ses bien-aimées étaient des filles « cassées », comme elle le disait, pleines de problèmes psychologiques qu'elle s'évertuait à résoudre pour elles. Il fallait qu'elle répare ; autrement, elle était envahie de sentiments d'être nuisible, dangereuse, mortifère. À ces moments-là, dans la réalité, elle avait tendance à avoir de graves accidents et à flirter avec la mort. Or, dans la suite du rêve, elle *tue son amie* à coups de revolver. Si elle ne peut plus être l'agent de la réparation, si elle ne peut plus faire à l'autre le don de sa vie, elle n'a plus d'identité, plus d'existence qui vaille. Il en était ainsi avec sa mère quand elle était petite. Cette mère déprimée n'a jamais pu donner à sa fille la moindre liberté. Bébé, elle ne pouvait dormir que dans les bras de sa mère ; plus tard, elle n'avait pas le droit de fermer la porte de sa chambre, la mère abusive l'avait à l'œil à l'aide d'un miroir fixé dans la chambre des parents, etc. Mais c'est de Béatrice, substitut de l'imago mortifère, qu'elle dira : « Avec elle tout est angoisse et lutte pour l'empêcher de me détruire ; pourtant, sans elle je n'existe pas. C'est elle — ou la mort. » C'est la relation de la Mère-sein, Mère-univers, mère à qui l'*enfant* doit apporter la vie, afin de trouver un sens à sa propre vie, afin de pouvoir survivre. Un sexe pour deux, un corps pour deux, et même une vie pour deux.

Pour ces patients, le suicide n'est pas une vaine menace, car il est sous-tendu par le fantasme de meurtre dans l'inconscient, meurtre qui lui-même renvoie toujours, en fin de compte, à l'horreur du vide et à la mort psychique du sujet. Devant cette horreur, qui est peut-être le prototype de ce qui deviendra l'angoisse de castration, l'individu prendra n'importe quel chemin pour y échapper. À moins de faire un passage à l'acte psychotique (c'est-à-dire de tuer l'autre qui lui enlève le sens de sa propre vie — mais ce dénouement est plutôt rare), il choisira toujours sa propre mort.

Avant de laisser le thème du rôle de l'autre en tant que contenant et support de projections multiples, je voudrais faire remarquer que certains novateurs sexuels *préfèrent jouer seul* leur théâtre érotique. Il y a plusieurs raisons à cela. Parfois, personne ne désire jouer le rôle requis pour satisfaire les exigences en cause ; ou bien il s'agit d'une visée mégalomane de jouer tous les rôles, d'être les deux sexes à la fois, d'être affranchi de toute dépendance à l'autre. Parallèlement, cette visée narcissique ne supportera pas le moindre changement, le moindre écart entre le désir du scénariste et le désir de l'autre. Mais il peut y avoir aussi une peur mortelle de la rencontre avec l'autre, et l'on touche là au soubassement psychotique plutôt qu'au versant névrotique de la structure perverse[1]. Il s'agit là de l'angoisse devant les pulsions destructrices ainsi que de l'angoisse du néant dans lequel le Je risque de se dissoudre.

Un exemple m'a été fourni par un collègue. Un patient fétichiste réalisait depuis toujours dans la plus stricte solitude un scénario dans lequel une femme devait administrer, de force, un lavement d'eau brûlante à une jeune fille [Stewart, 1972]. Avec les accessoires de scène, le patient se faisait ce lavement douloureux en se traitant de « sadique » parce qu'il faisait « cela » à une jeune fille ! Un jour il céda à la tentation de réaliser avec une vraie partenaire ce drame érotique, peaufiné depuis vingt ans. Après des recherches appropriées, il téléphona à l'adresse indiquée ; une voix rauque de femme lui assura qu'elle saurait appliquer « avec méthode et sévérité la punition requise », sur quoi le patient perdit le souvenir de ce qu'il fit ensuite. Il revint à lui une heure plus tard comme s'il se réveillait d'un

1. Je ne me réfère pas ici à l'*utilisation psychotique de la relation sexuelle,* dans laquelle le sujet cherche et accepte n'importe quelle relation érotique pourvu qu'elle lui apporte une délimitation de son espace psychique ; à travers les limites corporelles il retrouve alors la confirmation de son état d'*existant*.

cauchemar. Tout ce dont il se souvient, ce sont des phrases dites au téléphone, et de sa sortie précipitée de la cabine où, en outre, il avait laissé l'appareil décroché ! Il dit simplement : « J'avais rendez-vous avec ma mort. »

Certaines créations littéraires ont pu mettre en lumière cette dimension de la perversion sexuelle qu'est la terreur devant l'attirance mortifère : telle la pièce de Tennessee Williams, *Soudain l'été dernier,* dans laquelle un homosexuel fonce vers la fin qui l'attend, être mangé par une bande de garçons affamés. Le roman de Truman Capote, *Autres chambres, autres voix,* traite essentiellement du même thème. On pense aussi à l'œuvre de Sade où la mort se profile toujours à l'horizon de la jouissance perverse. Tout se passe comme si le sujet ne pouvait se faire reconnaître comme objet du désir de l'Autre qu'en se soumettant à une loi inexorable qui exigera en contrepartie le don de sa vie.

CHAPITRE XII

Scénarios suspendus : entre fantasme, délire et mort

De nombreux travaux analytiques ont décrit les images parentales chez les individus qui ont innové en matière de sexualité. Moi-même, j'ai écrit [McDougall, 1978, chapitre I et II] que ces portraits familiaux étaient si ressemblants entre eux qu'on croirait volontiers qu'il s'agit des enfants d'une même famille : mère adorée et hautement idéalisée, souvent décrite comme complice de son fils ou de sa fille pour exclure le père, et parfois même comme ayant favorisé la sexualité déviante de son rejeton.

Le père est décrit comme absent, faible, soumis à la loi maternelle, ou bien doté de traits de caractère qui font de lui un être méprisé, une image à dénigrer. Consciemment, l'enfant ne veut ni lui ressembler ni être aimé de lui. Dans le discours analytique, on repère également les contreparties clivées de ces images : la mère sorcière, châtrée-châtrante ; le père divinisé, phallus impeccable et inchâtrable. L'évitement de l'Œdipe, la tromperie de la castration, le refus de symboliser la différence des sexes et des générations, ou de faire du phallus le signifiant du désir, le désaveu de la scène primitive, tout cela se dessine nettement, avec les personnages internes et le drame conflictuel entre eux qui perdure dans l'inconscient.

Or, le couple parental — mère adorée, père méprisé — n'est pas l'apanage de ceux qui réinventent la sexualité humaine. Cette nouvelle sexualité et cette nouvelle scène primitive, comportant un caractère de vérité pour le Je du sujet, ne s'expliquent pas non plus uniquement par les frustrations devant l'Œdipe, ou par le besoin de protéger des investissements libidinaux et narcissiques. On dit souvent que derrière toute perversion se cachent des désirs bisexuels ; mais ces souhaits d'être et d'avoir les organes et les privilèges des deux sexes existent également chez les amoureux hétérosexuels et constituent même une dimension importante de leur relation. Chez les névrosés, ces souhaits sont une source fertile de symptômes. Chez les sujets « pervers », il serait plus exact de dire que cette bipolarité dans les identifications sexuelles est angoissante et interdite. Ceux-ci n'ont pu s'identifier ni à l'un ni à l'autre sexe. À la place, il y a une identification factice, plus proche d'une caricature que d'une identité (caricature de la féminité chez les travestis, ou du père « viril » dans les pratiques sado-masochistes, etc.). S'il existe donc un « en-moins » à ce niveau, il y a aussi un « en-plus » dans ce que les enfants destinés à une sexualité perverse ont entendu et compris. Il y a toujours une recherche de sens, rendue urgente pour combler un discours lacunaire, le discours parental concernant le sexe et le corps, les siens et ceux du sexe opposé, discours, enfin, sur la sexualité des parents eux-mêmes.

La parole maternelle est rappelée ou interprétée comme hostile à l'endroit du père, de son sexe, du monde des hommes en général. S'il est souvent vrai que le désir pervers vise une identification à la mère dans son désir opposé de *recevoir* le pénis (dans les relations homosexuelles ou à travers les substituts sous forme de fouet, de bock à lavement, de lacets, etc.), il est également vrai qu'en même temps se produit une *identification profonde à l'attitude castratrice de la mère* envers les hommes, le père, le pénis.

Et, en particulier pour ceux qui deviennent homosexuels, il y a une deuxième identification à ce qui a été entendu dans le discours maternel concernant ceux qui sont du sexe opposé à celui de l'enfant. Pour le garçon, ce discours proclame que les filles sont dangereuses, captatrices, sales, rusées ; pour la fille, que les hommes n'ont qu'une idée en tête, abuser d'elle, la violenter, la salir, voire l'entraîner dans des histoires de viols sadiques qui se terminent par la mort. Des relations hétérosexuelles présentées sous ces couleurs — qui les désirerait ? De plus, ce dénigrement de l'homme et cette haine de la féminité laissent supposer que le seul objet d'amour valable est la mère elle-même. Son savoir sur le sexe est reçu comme une vérité absolue, surtout quand le père se montre complice par sa dérobade ou une tendance fréquente à tenir ses enfants à distance, ou par ses moqueries concernant la sexualité de l'enfant et sa valeur en tant qu'homme ou en tant que femme à venir. La dépression qui vient au jour dans l'analyse de tous ces patients est en partie liée à cette non-reconnaissance, par le père, de leur identité sexuelle, donc de leur valeur intrinsèque en tant que sujet.

La structure œdipienne, modèle, pour tout enfant, de la sexualité humaine et de ses prolongements — un modèle qui plus tard ordonnera les échanges interhumains dans tous les domaines — est manifestement distordue, chez les enfants qui nous occupent ici, par les dires parentaux, dans la mesure où ceux-ci s'écartent du discours culturel. Dès lors, les points de repère identificatoires concernant les valeurs sexuelles, ainsi que la place de l'enfant dans l'ordre familial, sont rendus incohérents. On pourrait assez justement dire que les enfants sont prisonniers des désirs et des craintes inconscients de leurs parents. Mais tous les prisonniers ne veulent pas s'évader ! L'enfant incestueux veut croire que c'est lui, que c'est elle, l'objet destiné à combler la mère ; il veut croire qu'il est soutenu dans son désir de châtrer le père, de posséder magiquement la puissance phallique. L'écroulement tardif de ses illusions précipite chez lui la cristallisation de son scénario sexuel, avec les objets déjà prêts à être privilégiés comme « cause » du désir. L'enfant répudie alors le mythe œdipien avec son fondement universel qui tient pour inéluctable la différence des sexes et sa signification, et pour immuables les interdictions qui visent la différence des générations. Il échappe ainsi aux apories qui se présentent à lui et il se crée une *mythologie privée, à son usage exclusif et dont lui seul établira les lois.* Au discours insensé il arrive à donner un sens.

La découverte de sa sexualité est certes un triomphe sur les parents réels ; mais le sujet ainsi libéré aura toujours affaire à ses objets internes. Dans sa réalité psychique, la guerre continue, et l'image endommagée du phallus symbolique subsiste dans l'inconscient. Le phallus, symbole de puissance, de fertilité, de vie, devait renvoyer pour les deux sexes à la complétude narcissique, au signifiant originaire du désir. À la place, il y a une image morcelée, les différents morceaux étant chargés de significations mystérieuses et dangereuses. Il faut souligner néanmoins leur valeur structurante : si cette place était vacante, nous aurions affaire à la confusion psychotique, avec le risque de projection sans fin dans la représentation du corps-sexe maternel, abyssal, sans phallus paternel pour limiter sa surpuissance.

Dans la structure perverse, le pénis, désinvesti de sa valeur phallique symbolique, se divise en pénis sadique-et-persécuteur et en pénis idéalisé-et-inatteignable, dont l'un doit être évité et l'autre récupéré dans un ailleurs mal défini. Le fantasme d'être un homme châtré, assimilé dans l'inconscient à une image aliénante de la féminité, est facilement accessible aux analysants des deux sexes ; mais derrière ce fantasme s'en cache un autre, plus menaçant pour le sujet, à savoir la *conviction d'être muni d'un mauvais pénis interne* — avec la visée de destruction de soi et des autres. Il importe de reconnaître la force qu'exerce cette représentation. Ce fantasme est d'abord le support de la représentation endommagée du père ; mais, dans ses prolongements, le fantasme menace le sujet lui-même ; celui-ci se trouve alors obligé de chercher quelque part à l'extérieur un pénis idéalement « bon », celui d'un autre homme, ou un pénis-fétiche à ajouter au sien afin de le transformer en pénis efficace, permettant la réalisation de l'acte sexuel. Une autre manifestation de ce pénis « mauvais » est le surgissement de craintes hypocondriaques. Un fragment d'analyse d'un patient névrosé qui souffrait de fantasmes homosexuels obsédants illustre ce genre de problématique dans l'imaginaire. Le patient avait une longue histoire de troubles dorsaux, d'origine psychique et somatique. Un soir, il rêva qu'un médecin lui ouvrait le dos pour trouver la source de ses douleurs ; et là il découvrit un pénis énorme, en putréfaction, qu'il put extraire du dos de l'analysant. L'espoir que l'analyste lui enlève ce pénis dangereux était manifeste. (À la suite de l'élaboration analytique de ce matériel, les problèmes homosexuels se sont modifiés, et les troubles dorsaux ont aussi disparu !)

Un aspect de l'entrave que crée l'image du pénis dangereux, mais cette fois-ci menaçant pour l'autre, m'a été montré par un patient fétichiste qui trouvait extrêmement érotique le fait de fouetter férocement ses partenaires (elles aussi désiraient cette jouissance, suivant un fantasme complémentaire), cependant qu'il devenait fortement angoissé au moment de les pénétrer avec son pénis réel, à l'idée de leur faire mal.

Dans les exemples cités, il s'agit d'un pénis aux qualités fécales et sadiques-anales. Pour la fille, ce même fantasme inconscient déteint sur l'image du corps tout entier — son apparence ou son fonctionnement —, déclenchant des angoisses hypocondriaques, ainsi que des idées qui confinent parfois au délire.

Le seul espoir pour le sujet dont le monde interne présente une telle représentation est de transformer ses qualités nuisibles et effrayantes en qualités érotiques, bonnes et réparatrices : réparation de soi, réparation de l'Autre. Mais cette réparation est maniaque et illusoire. Un acte réel ne saurait modifier un dommage fantasmatique. Ainsi, le fétiche qui répare le sujet, en même temps qu'il protège le partenaire, devient de plus en plus un objet précieux et obsédant ; l'acte de fellation continuelle qui apaise les persécuteurs internes devient de plus en plus compulsif ; les jeux fécaux, les lavements brûlants, supposés débarrasser le sujet de ce pénis dangereux, se font de plus en plus urgents et nécessaires... et ainsi de suite, car l'aliénation du sexe propre continue. Beaucoup de ces analysants craignent d'être obligés de passer leur vie entière à poursuivre leur drame érotique inexorable

Avant de quitter ces considérations sur le monde interne et ses objets dynamiques, il faut mettre l'accent sur un autre fantasme, également inquiétant : celui de la mère empoisonnée par le pénis paternel avec ses qualités fécales et urinaires ; la mère est vue comme *abîmée* par les relations sexuelles. Dans ce contexte, tout élan désirant de l'enfant envers elle, son corps, son sexe, devient catastrophique. Le fantasme de la mère abîmée est surdéterminé par la projection sur cette représentation du sadisme anal et oral de l'enfant lui-même. Pour des raisons diverses, ses pulsions archaïques, matériau brut de l'amour, n'ont pas été rendues créatrices dans la relation précoce à la mère. Peut-être s'est-il agi de mères incapables, comme le dit Bion, de *contenir* les projections féroces de leurs bébés et de les transformer en fantasmes constructifs. Quoi qu'il en soit, l'enfant est souvent envahi d'une compulsion impérieuse à rester près de la mère réelle, à la protéger contre toute attaque, à se montrer fidèle à sa personne, comme à ses jugements, ses goûts, ses préjugés, ses idéaux. Seule la création de sa néosexualité peut le sortir de l'impasse, et à la seule condition que celle-ci se révèle capable de mettre en scène tous les conflits en cause, toutes les réparations à effectuer pour ne pas avoir à faire face pour toujours au contenu réel de ces conflits dynamiques, pour ne pas avoir à souffrir pour toujours des angoisses incontrôlables et inavouables.

Nous pouvons comprendre alors la puissance dynamique dont est chargé le modèle excentrique de la relation sexuelle dans les perversions ; mais cette néo-sexualité doit aussi se maintenir face à la réalité externe et au discours culturel qui s'y opposent. Bref, cette invention doit assurer une *certitude* en ce qui concerne le corps sexué et les objets ou actes qui seront tenus pour cause du plaisir et du désir. Certes, le concept de *clivage dans le Moi* nous aide à théoriser cette problématique, à expliquer en quelque sorte comment un sujet peut garder intacte sa « psychose focale » (le terme est de Phyllis Greenacre), alors que lui-même, par ailleurs, n'est nullement psychotique. Mais il reste bien des obscurités dans cette structure.

Pour mieux comprendre le pôle psychotisant de la scxualité perverse et de ses racines précoces, il faut chercher au-delà du discours lacunaire et contradictoire des parents et essayer de reconstruire, à travers nos observations cliniques, la relation de l'*infans*, avant l'acquisition de la parole, à son vécu corporel. La première « différence » est la différence entre deux corps. Cela nous renvoie à la *voix* maternelle et à la façon de la mère de bercer, de nourrir, de caresser son bébé — cela renvoie donc à tout ce qui se passe *entre la mère et le corps de son enfant.* Dans ce premier engagement sensuel à deux, la première ébauche d'une identité sexuelle future est en train de se constituer. Les représentations des parties du corps et du fonctionnement des zones érogènes s'épanouissent en relation étroite avec le corps de l'Autre. Ainsi, peu à peu, le corps biologique devient un *corps psychique érogène.* Si, dans un premier temps, la psyché de l'*infans* hallucine que les objets du besoin et du plaisir sont par lui engendrés, cette mégalomanie primaire cède rapidement la place à la reconnaissance d'un « ailleurs ». Dès ce moment, l'enfant devient un petit chercheur infatigable, en quête constante d'un savoir sur les conditions et les objets qui lui apportent du plaisir ou du déplaisir. Sa psyché fonctionne désormais suivant le raisonnement propre au processus primaire, dont le postulat, comme le dit Piera Aulagnier [1976], se résume ainsi : tout pouvoir, loin d'être auto-engendré, est entièrement entre les mains d'une Autre, et cette Autre seule peut décider si le petit sujet va éprouver plaisir et jouissance, ou, au contraire, déplaisir et douleur. Tout ce qui lui arrive est fonction de son désir à elle. Nous voyons déjà s'esquisser à ce stade le noyau de ce qui, remanié par la pensée psychotique, pourrait devenir la « machine à influencer » de la théorie sexuelle psychotique, l'appareil, impossible à maîtriser par le sujet, qui lui procure des sensations sexuelles ou cruelles. C'est aussi une ébauche de la croyance, maintenue par le clivage dans l'acte pervers : on m'a jeté un sort ; ce n'est pas moi qui me fais cela ; à ce moment, je suis un Autre ; je suis comme programmé d'avance, etc. C'est l'Autre qui en est responsable. Le sujet, lui, du même coup, n'est pas responsable et ne saurait être coupable.

Pour tout enfant au stade précoce de la vie psychique, la psyché répondra à ce que la mère, consciemment ou inconsciemment, désire pour lui.

La présence de ce que Piera Aulagnier appelle « l'ombre parlée » projetée sur le corps de l'*infans* est une constante du comportement maternel. « À ce corps, soigné, dorloté, nourri, [la mère] demande de confirmer son identité à l'ombre [...]. Cette ombre, ce fragment de son propre discours, représente pour le Je de la mère ce que le corps de l'enfant, sur une autre scène, représente pour son désir inconscient [...] : un être, un avoir, un devenir sont souhaités pour l'*infans* » [1976]. Ainsi, ce que toute mère désire pour son enfant va inéluctablement devenir ce que l'enfant demande et attend d'elle.

Il est évident qu'une mère, à son insu, peut faire de son petit enfant et de son corps une appropriation indue. Je reprends l'exemple, déjà cité, de la patiente qui donnait à ses enfants, dès l'âge le plus tendre, des lavements fréquents ; la raison inconsciente de ces soins corporels était un fantasme de se débarrasser, elle, d'un sentiment d'être sale. L'enfant peut aussi venir prendre la place d'un objet contraphobique face aux angoisses maternelles, ou d'un objet de stimulation pour parer à la dépression. Dans sa recherche exhaustive sur l'identité du genre et l'identité sexuelle, Robert Stoller [1968] a émis l'hypothèse que les mères des déviants sexuels ont pu utiliser l'enfant comme objet transitionnel. Et, bien entendu, c'est la mère qui va donner à l'enfant les noms des parties du corps et des zones érogènes. Les problèmes de la mère peuvent alors communiquer à l'enfant une image fragile, désérotisée, aliénante ou mutilée de son propre corps. Quoi qu'il en soit de cette histoire précoce perdue dans la nuit des temps, je crois que, pour de nombreux enfants, *la construction érotique perverse fonctionne comme une barrière contre l'effritement de la représentation corporelle en tant qu'entité, et contre la fragmentation du sentiment d'identité.* Celle-ci évite aussi l'écueil d'un vécu corporel et d'une sexualité psychotiques, sexualité qui, dans l'imaginaire du sujet, sera détachée du corps propre et entièrement manipulée par une puissance étrangère. À la place, la création perverse avance une idée « délirante » concernant la cause du plaisir sexuel, mais c'est un délire bien délimité, dont le sujet a la maîtrise et sur lequel son Je adulte peut garder un doute.

La question de l'évolution de l'auto-érotisme chez l'enfant est liée à l'Œdipe précoce et à la sexualité maternelle. Celui-ci dépend étroitement des souhaits de la mère, permettant ou refusant à son enfant le droit de se détacher du corps maternel et de prendre en lui son image ; cet acte psychique l'aidera à supporter la séparation d'avec elle, et, en son absence, à se refermer auto-érotiquement sur lui-même, mais avec, comme support, l'ébauche d'un objet introjecté. Le vrai auto-érotisme primitif, selon Freud, c'est le suçotement, donc une création — hallucinatoire — de l'enfant lui-même. Je crois, avec Melanie Klein, qu'un tel investissement libidinal n'est possible que s'il existe, chez le nourrisson, une *image ou une trace de l'Autre,* aussi fragmentaire soit-elle. Viennent étayer cette hypothèse les recherches de René Spitz et celles qui relèvent du champ psychosomatique. Celles-ci nous montrent que certaines mères ne permettent aucune introjection précoce de leur image, ne supportent aucun substitut d'elles-mêmes auprès de leur enfant ; ce sont les mères qui offrent leur corps à la place d'un espace dans lequel l'enfant peut trouver ses premiers substituts auto-érotiques et constituer un certain capital narcissique ; cette situation risque de créer une des maladies « psychosomatiques » de la première enfance [Fain, 1974] — les nourrissons insomniaques qui ne peuvent dormir que dans les bras maternels. D'autres, en empêchant par des contraintes physiques toute manifestation de l'auto-érotisme normal (peut-être en raison d'une angoisse concernant la maîtrise de leurs propres pulsions sexuelles), peuvent également déclencher chez le petit enfant la maladie « psychosomatique » de mérycisme, sorte de perversion auto-érotique précoce, et qui peut mettre en danger la vie de l'enfant.

Mes observations cliniques m'ont amenée à constater la fréquence des maladies psychosomatiques chez des patients qui maintiennent par ailleurs une sexualité perverse. Chez des patients qui « somatisent » de façon prédominante face aux conflits psychiques, j'ai relevé la même carence dans l'activité masturbatoire normale que celle qu'on observe chez les déviants sexuels [McDougall, 1978, chapitre VIII]. Il y a chez les deux types de patients des histoires de balancements de corps sans fin, d'insomnies précoces, d'allergies respiratoires et cutanées qui, toutes, témoignent d'une perturbation dans l'investissement du corps et dans la formation des liens narcissiques qui unissent soma et psyché, main et sexe. Si l'enfant, malgré ces coupures entre le corps et l'esprit, entre la main et le sexe, lutte néanmoins pour rejoindre ses organes génitaux, force lui est d'inventer d'autres mouvements et d'autres zones d'excitation — rétention des urines, jeux avec les matières fécales, frottement incessant du corps, recherche de la douleur, cognements de tête — afin de rendre vivant le corps, ses fonctions et ses limites, en l'absence de l'objet. Chez ceux qui deviennent des novateurs érotiques, *l'auto-érotisme infantile normal est vraisemblablement déjà dévié bien avant la crise œdipienne.* La distance qui s'est installée entre le sujet et son sexe donne la mesure de la distance qui existe entre la représentation narcissique de lui-même et la représentation de son identité sexuelle. En un sens, nous pourrions dire que la recherche érogène et auto-érotique de ces jeunes enfants vise à les convaincre qu'ils sont vivants, et *capables d'exister séparés de l'Autre.* Certains mots, témoins de cette quête, reviennent souvent dans le discours des analysants sur leur agir pervers : « C'est le seul moment où j'ai la preuve que j'existe », disait un analysant en parlant de sa pratique fétichiste ; et un autre, exhibitionniste, notait : « Je me sens réel, vivant, et après, je peux rentrer chez moi tranquille. » Les homosexuels qui « draguent » des heures durant tiennent des propos semblables. Ainsi, sur des plans différents, le sujet cherche compulsivement, dans le monde extérieur, un objet apte à remplacer le *manque dans son monde interne :* objet phallique-narcissique pour éluder l'affrontement de l'angoisse de castration, ainsi que l'objet maternel primaire, afin d'éviter l'état de mort intérieure, ou l'éveil des pulsions destructrices.

Un théâtre érotique figé

La sexualité perverse, nous l'avons vu, n'est ni une simple régression ni une « déviation » de la pulsion sexuelle. C'est une néo-réalité qui est le fruit du travail psychique de l'enfant aux prises avec les problèmes inconscients des deux parents. Ces problèmes sont de deux ordres : au premier plan se trouvent les conflits sexuels non résolus, et en filigrane se profilent des conflits plus profonds d'ordre narcissique.

La découverte du jeu érotique représente pour l'enfant un défi aux images parentales et elle constitue une mesure de libération de leur entrave. En sortant des ténèbres du discours parental sur le sexe et le corps, l'enfant réussit à créer un *scénario érotique qui donne sens au désir, qui lui permet d'exister sexuellement, éventuellement d'avoir accès à des relations érotiques avec autrui.* Mais ce n'est pas tout, car ce théâtre sexuel sera appelé à remplir d'autres fonctions. Non seulement il doit détourner l'angoisse de castration, mais il peut aussi servir à amortir l'angoisse suscitée par des pulsions sadiques et à décharger la frustration déclenchée par toute la gamme des blessures narcissiques dont l'homme est la cible.

On voit donc que cette invention infantile à fonctions multiples est solidement construite et qu'elle sera à peine modifiée dans les années à venir. Le jeu secret de l'enfance devient pour le sujet adolescent *sa* sexualité ; bien que cette sexualité soit frappée au coin d'une vérité inéluctable pour lui, c'est aussi le moment où le sujet reconnaît son aliénation par rapport à la sexualité des autres. Ainsi, c'est le début d'une recherche sans relâche des partenaires susceptibles de tenir leur rôle dans le théâtre érotique ; pour d'autres, au contraire, c'est la découverte qu'ils sont condamnés à l'autarcie érotique, et à assumer, à partir de ce moment, la solitude ainsi imposée.

Comment situer structuralement et économiquement cette organisation complexe d'une manière qui permettrait de mieux comprendre sa fonction vitale pour le Je conscient du sujet qui l'a créée ?

Si, au point de vue structural, la sexualité perverse est le « positif » de la névrose, elle est également le « négatif » de la psychose. En effet, cette organisation participe des deux en ce qui concerne les caractéristiques et les défenses. L'acte pervers se rapproche du rêve, voire des rêveries des névrosés, mais c'est un rêve agi. En même temps, comme dans la psychose, il représente une récupération de soi par la construction d'une néo-réalité. C'est un « mini-délire ».

Ce qui distingue la perversion des symptômes névrotiques et psychotiques, c'est d'abord qu'il y a agir à la place de l'élaboration psychique ; ensuite, le fait que cet agir est ouvertement érotisé. Tout comme la construction d'une névrose ou d'un délire, la création d'une perversion sexuelle représente une tentative d'autoguérison de conflits internes. Quels sont les conflits en cause ? Et qu'est-ce qui donne à cet agir son côté compulsif, inexorable pour le sujet ?

Schématiquement, nous pourrions dire que la névrose témoigne d'une défense ratée contre les pulsions libidinales et que la psychose témoigne d'une défense ratée contre les pulsions sadiques. L'une lutte pour la sexualité, l'autre pour la vie. Si la première est marquée par une tentative de composition avec l'angoisse de castration, la deuxième est dominée par la crainte de l'éclatement du Moi, avec risques de passages à l'acte violents ou d'impulsions suicidaires. La construction d'une perversion représente un effort pour parer aux dangers des deux côtés et toujours au moyen de l'acte. L'angoisse de castration, ainsi que les angoisses de morcellement et de mort doivent être rendues ludiques, comme un défi aux deux ; et ce jeu doit être érotisé. Pour prouver que tout ce qui suscite l'angoisse de castration est inopérant, il y a *exigence de jouissance* ; pour prouver que tout ce qui suscite la violence sadique n'est pas dangereux, il y a exigence de réparation. C'est dire que l'acte doit soutenir ces illusions fondamentales.

Les implications économiques peuvent se résumer ainsi : *celui qui a réussi à créer une néo-réalité sexuelle et à la mettre en acte a trouvé une façon contournée de résoudre la problématique œdipienne en évitant l'élaboration de l'angoisse de castration, et il a trouvé en même temps une façon contournée de résoudre la problématique de l'altérité et de la mégalomanie infantile en évitant l'élaboration de la position dépressive.*

La structure perverse est ainsi appelée à porter un poids considérable, d'autant plus que l'élaboration psychique est éludée ; les représentations et la douleur mentales constamment mobilisées doivent être aussitôt déchargées à travers l'acte magique. Cet agir fébrile et répétitif fait partie de ce que j'ai appelé [voir chapitre VI] les *actes-symptômes,* néologisme qui désigne toute organisation psychique qui tend à résoudre, par la mise en acte dans le monde extérieur, un conflit interne. Cette exigence d'agir renvoie à des manques symboliques ainsi qu'à une carence dans l'élaboration fantasmatique.

Comme nous l'avons vu au chapitre III, cette extériorisation des conflits qui n'ont pu, pour diverses raisons, être élaborés psychiquement, n'est pas réservée à la seule perversion. Nous trouvons ces mêmes mécanismes à l'œuvre dans le maintien de l'homéostase psychique chez les névrosés de caractère, ceux qui se trouvent soumis à la compulsion de répéter sans cesse les mêmes drames et déceptions avec leur entourage, utilisant les autres (ceux qui s'y prêtent, comme dans les perversions) comme figurants pour un scénario interne, méconnu du metteur en scène ; lequel, la plupart du temps, attribue aux autres la responsabilité de la souffrance qui en découle. L'érotisation est toujours là, mais totalement inconsciente.

Ce que l'on pourrait appeler des addictions est apparenté à cet équilibre économique face aux conflits libidinaux et narcissiques : l'éthylisme, la boulimie, la dépendance aux drogues, etc. J'ai suggéré que les névrosés de caractère utilisaient les autres comme une drogue et que les déviants sexuels utilisaient dans le même but leur sexualité, leur pouvoir orgastique ou celui d'un autre. De ce point de vue, je suis tentée de parler de sexualité addictive pour souligner son côté compulsif et archaïque : c'est-à-dire sa *dimension contraphobique.* Il est intéressant de noter à ce propos qu'au cours de l'analyse, à mesure que ces différents « agirs » compulsifs se modifient, nous voyons surgir chez les analysants des *phobies intenses* ; c'est un tournant décisif et délicat, et qui mérite des interprétations intensives. Mais c'est là un chapitre qui déborde notre sujet actuel.

J'ouvre ici une parenthèse pour faire remarquer que la sexualité, en tant qu'addiction, comprend également l'hétérosexualité non perverse qui, elle aussi, peut être imprégnée de compulsivité, permettant de fuir des états psychiques pénibles, et où le partenaire n'existe pas en tant que sujet mais en tant que drogue, ou en tant qu'objet renfermant une partie dangereuse du sujet, et qui permet de la maîtriser érotiquement.

Derrière toute organisation addictive, nous retrouvons la mère archaïque, la *mère-drogue,* celle qui n'a pas pu être intériorisée de façon stable dans le monde interne de l'enfant. Cette faille fondamentale risque de produire des désastres psychiques en chaîne. Le sujet encourt le danger d'être obligé de chercher sans relâche à faire jouer à un objet du monde extérieur le rôle de l'objet interne manquant ou endommagé, manque symbolique, mais aussi manque dans l'imaginaire, car une interdiction implicite de fantasmer librement est comprise dans cette problématique. Le fonctionnement psychique est soumis à la crainte de la toute-puissance du désir et de la pensée. C'est dire aussi que, dans un deuxième temps, l'évolution des phénomènes transitionnels a subi une distorsion pathologique, d'où une incapacité de jouer avec les fantasmes afin d'opérer une autorégulation des tensions psychiques et des affects douloureux. Il y a eu un achoppement dans la tentative vitale de rendre l'absence significative.

Situé entre la névrose et la psychose, ce mode de fonctionnement est également suspendu entre *le fantasme et le délire.* Les fantasmes qui sous-tendent l'agir pervers sont issus de la créativité précoce. L'enfant a découvert cette théorie sexuelle pour répondre à deux visées fondamentales : l'évitement des interdictions œdipiennes avec la reconnaissance de la signification de la différence entre les sexes et les générations ; et l'évitement des angoisses primitives liées aux pulsions destructrices ainsi qu'à leur corollaire, un état de mort intérieure. Mais cette création fantasmatique, presque trop réussie pour contourner toutes les menaces en cause, est maintenant pétrifiée à vie (ou doit-on dire « pétrifiée à mort » ?). À partir du moment où surgit l'une des pressions, externe ou interne, qui menacent continuellement d'ébranler cet édifice, la mise en acte devient inévitable. Face à l'impossibilité pour le sujet d'élaborer mentalement sa douloureuse problématique, celui-ci verse dans ce qui est l'opposition radicale à toute élaboration : l'agir. Et c'est ici que commence l'hémorragie psychique que seule la manipulation du réel peut provisoirement arrêter. Délirer, c'est croire à la réalité objective de ses fantasmes ; comme Freud l'a démontré dans son étude sur le cas Schreber, c'est une tentative de guérison, l'espoir de reconstruire un monde dans lequel, malgré l'effondrement interne, on peut, à nouveau, vivre. Or la difficulté, du point de vue économique, qui nous préoccupe ici, c'est que le délire ne remplit pas la fonction du fantasme. Jacques Caïn [1978] résume ainsi ce qui lie et sépare fantasme et délire : « Le fantasme dont les liens avec l'activité narcissique sont évidents se suffit le plus souvent à lui-même ; alors que le délire implique l'accès au réel manipulé. En somme, *il y a toujours dans le réel quelque facticité ; alors que le fantasme, ne s'appliquant pas directement à l'objet, ne peut le détériorer.* » (C'est moi qui souligne.) « [...] La persistance du fantasme correspond à son impossibilité de s'épuiser dans le réel tandis que le délire arrive à trouver dans le réel une réalisation [...] c'est de répétition qu'il s'agit. Ainsi, si le fantasme a toujours à voir avec le principe de plaisir, le délire a toujours à voir avec la mort. »

J'ai à maintes reprises souligné l'imprécision de la frontière entre la sexualité dite « normale » et la sexualité dite « perverse » ; les fantasmes « pervers-polymorphes » font partie de l'érotisme de chaque sujet. Dans la mesure où ceux-ci sont à sa disposition, ils enrichissent sa vie amoureuse. Mais si la part de réparation narcissique et du déni de l'agressivité dépasse largement les visées libidinales de donner et de recevoir du plaisir, on passe dans le registre de la sexualité « addictive » où l'acte sexuel porte la marque d'un acte-symptôme. Et là, nous voyons combien peut être fragile la marge entre les actes-symptômes et certaines psychoses. Clivage et projection, déni et forclusion, tous se joignent pour doter l'acte d'une toute-puissance magique, aux dépens de la pensée et de la vie fantasmatique. En fin de compte, il est plus facile d'agir que de se représenter ses désirs, que de faire face à ses angoisses et à ses persécuteurs internes.

Nous voyons enfin que la sexualité perverse n'est qu'*une* manifestation d'un état psychique complexe où se dévoilent également des états dépressifs, des états d'angoisse mal structurés, des symptômes psychosomatiques et des inhibitions diverses. Il s'agit d'une sexualité-drogue utilisée autant pour fuir ces états psychiques pénibles, et pour combler des trous dans le sentiment d'identité, que pour servir de voie de réalisation des désirs instinctuels. Cette tentative d'auto-guérison a l'avantage de permettre au sujet un contact érotique avec lui-même ainsi qu'avec autrui, tout en lui permettant en même temps d'éviter un débordement affectif susceptible de le précipiter dans des actes de violence ou d'autodestruction. Si la sexualité perverse a la fonction d'une addiction, *son aspect non sexuel, qu'est la mise en scène de l'énigme du désir et de l'altérité, ressemble à un acte créateur.* Tant que la dimension de réparation subsiste, quoique maniaque et illusoire, la sexualité perverse, faisant l'économie d'une solution psychotique pour certains des conflits en cause, remplit sa fonction : Éros triomphe de la mort.

ÉPILOGUE

Illusion et vérité

Cela ne me choque plus d'être pour moi-même ma méchante mère et mon père coupable... pas plus que de savoir que je suis habité par un fou, un tyran, un saint et un obsédé sexuel.

Patient dans la troisième
année d'analyse.

L'analyse est un théâtre où se reprennent tous les scénarios, se remodèlent tous les visages, se réécrivent toutes les répliques. Comme l'œuvre de Michelet qui cherchait à faire parler les silences de l'Histoire ; comme Balthazar dans *Le Quatuor* de Durrell, reprenant toute l'histoire de Justine.

C'est sur ce métier que se dévoilera la vérité du sujet, quand il aura reconnu toutes les trames qui font partie de son tissu ; quand il aura réglé ses comptes avec les personnages aimés-haïs, désirés-rejetés qui l'habitent, les aura possédés au lieu d'être possédé par eux ; quand enfin il aura fait l'inventaire de son héritage et aura pris sa place sur le damier des générations.

L'analyse prendra alors fin en tant que cure, l'analyste et l'analysant mettant un terme à leurs rendez-vous. L'analysant aura compris que l'entreprise était inachevable et infinie, que d'autres créatures d'illusion auront réussi à garder l'anonymat, prêtes cependant à sortir des coulisses de l'inconscient à la moindre sollicitation.

Quant à ses voix demeurées silencieuses, une question s'impose, lancinante : est-ce parce que l'analyste s'est bouché les oreilles pour ne pas entendre leurs clameurs ? A-t-il été distrait au point d'avoir négligé leur chuchotement ? Ou bien, ces voix parlaient-elles une langue de lui inconnue ? Rhinencéphalienne ? diabétique ? hyperthyroïdienne ? cardiaque ? En somme, comment faire le partage des dissimulations de l'inconscient, des claudications de la théorie et des avatars du contre-transfert ? Le plus grand risque étant, on le sait, que l'analyste écoute trop attentivement les harmoniques de son propre inconscient et de ses souhaits personnels ; qu'il infléchisse ainsi le fil du discours, exporte ses propres complexes.

L'entreprise d'éclatement des drames sera tout de même finie. Tous les personnages auront regagné leur loge et se seront dépouillés de leurs costumes. On pourra souhaiter dorénavant que le sujet connaisse suffisamment les codes de ses scénarios psychiques pour, le cas échéant, les redécouvrir en filigrane dans ses vécus, pour se retrouver dans sa réalité psychique, avec ses mots à lui, ses affects propres. Le sens de l'analyse, au-delà de la prise de conscience, c'est l'ouverture à l'auto-analyse. Essentiellement. C'est pouvoir ramener des limbes les âmes des personnages qui se seront fait entendre sur la scène psychanalytique, pour redécouvrir l'identification étroite que le Je a faite avec chacun d'eux, pouvoir rencontrer en soi Œdipe, Jocaste, Laïos, Antigone, Narcisse, Hermaphrodite... et quelques ténébreuses Érinyes. Mais il n'y a pas que du mythe ou du rêve dans les textes que le Je se sera réappropriés. La réalité psychique, ne l'oublions pas, s'est construite sur le roc du réel et sur la vérité des désirs infantiles. L'analyse sera toujours écartelée entre ces deux pôles, entre le réel et l'illusion.

Qui donc est Je ? Et qui parle en lui ? Quelle est la part de l'illusion dans la construction et la reconnaissance de cette instance faite de paroles et découverte entre deux espaces parlants ?

L'analyste fonctionne peut-être comme le metteur en scène de *Six personnages en quête d'auteur,* cherchant à maintenir un espace où viendront les habitants du monde intérieur de l'analysant, ainsi que les personnages égarés et les parties détachées de lui qui circulent en dehors de lui. Le Je a besoin de ses créations et de ses illusions ; il ressemble en ceci à l'émouvant *Père* de l'œuvre de Pirandello qui plaide pour la réalité de son personnage parce que le metteur en scène lui rappelle âprement qu'il n'est qu'une créature d'illusion.

> *Le Père :* C'est simplement pour savoir, monsieur, si, tel que vous êtes maintenant, vous vous voyez

> pareil, à travers les années, à celui que vous étiez autrefois, avec toutes les illusions que vous nourrissiez alors ?... Ne vous rendez-vous pas compte que « celui » que vous vous sentez en ce moment, toute votre réalité d'aujourd'hui est destinée demain à ne vous paraître qu'une illusion ?

Ce Je qui se révèle au sujet comme étant lui, avec ses joies et ses déchéances, ses forces et ses faiblesses propres, sa capacité d'aimer et de haïr, de travailler et de jouer, son droit de réussir — et d'échouer — dans ses projets, enfin sa possession et sa tolérance du Je enfant en lui — ce Je-là, découvert sur le plateau analytique, ressemble plus à un portrait qu'à une photographie.

Ce que l'analyste souhaite à ses analysants parvenus au bout de leur aventure psychanalytique, n'est-ce pas un peu ce que déclarait Gertrude Stein devant le portrait que fit d'elle Picasso, en s'exclamant : « Pour moi, c'est JE ! »

BIBLIOGRAPHIE

ANZIEU, D. (1985), *Le Moi-peau*, Paris, Dunod.

BETTELHEIM, B. (1969), *La Forteresse vide,* Gallimard.

BICK, E. (1968), « The Experience of the skin in early object relations », *Int. J. Psychoanal,* vol. 49.

BION, W. (1962), *Eléments de psychanalyse,* Paris, P.U.F., 1979.

BRAHMY, V.-G. (1977) : article inédit.

CAIN, J. (1978), « Fantasme, délire et mythe », in *Psychanalyse à l'Université,* n° 10.

CASTORIADIS-AULAGNIER, P. (1975), *La Violence de l'interprétation,* Paris, P.U.F.

CAZAS, A. (1977), article inédit.

DAYAN, M. (1981), « Causalité psychique et interprétation », in *Topique,* n° 27.

ENGEL, G. (1962), « Anxiety and depression withdrawal : the primary affects of unpleasure », *Int. J. Psychoanal,* vol. 43.

FAIN, M. (1971), « Prélude à la vie fantasmatique », in *Revue française de Psychanalyse,* nos 2-3.

FAIN, M. (1974), in *L'Enfant et son corps* (Fain, Kreisler, Soulé), Paris, P.U.F.

FREUD, S. (1914), « Pour introduire le narcissisme », in *La Vie sexuelle,* Paris, P.U.F 1969.

FREUD, S. (1915), « Le Refoulement », in *Métapsychologie,* Paris, Gallimard, 1968.

FREUD, S. (1915), « L'Inconscient », in *Métapsychologie,* Paris, Gallimard, 1968.

FREUD, S. (1920), « Au-delà du principe du plaisir », in *Essais de psychanalyse,* Paris, Payot, 1970.

FREUD, S. (1926), *Inhibition, symptôme et angoisse,* P.U.F.

GREEN, A. (1973), *Le Discours vivant,* Paris, P.U.F.

HANLY, C. & MASSON, J. (1976), « A critical examination of the new narcissism », *Int. J. Psychoanal.,* vol. 57.

KLEIN, M. (1932), *La Psychanalyse des enfants,* P.U.F.

KOHUT, H. (1971), *Le Soi,* Paris, P.U.F., 1974.

KOHUT, H. (1977), *The Restoration of the Self,* New York, International Universities Press.

KUHN, T. (1962), *The Structure of Scientific Revolutions* (2nd Edition), in International Encyclopedia of Unified Science, vol. 2, n° 2.

KRYSTAL, H. (1978a), « Trauma and Affects », *Psychoanalytic Study of the Child,* vol. 36.

KRYSTAL, H. (1978b), « Self-representation and the capacity for self-care », *Annual of Psychoanalysis,* 6.

KRYSTAL, H. (1980), « The hedonic aspects of affects » (sous presse).

LAPLANCHE, J. (1970), *Vie et mort en psychanalyse,* Paris, Flammarion.

LAPLANCHE, J. & PONTALIS, J.-B. (1967), *Vocabulaire de la psychanalyse,* Paris, P.U.F.

LEFEBVRE, P. (1980), « The narcissistic impasse as a determinant of psychosomatic disorder », *Psychiatric Journal,* University of Ottawa.

MAHLER, M. et al. (1975), *La naissance psychologique de l'être humain,* Paris, Payot, 1980.

MARTY, P. (1976), *Les Mouvements individuels de vie et de mort,* Paris, Payot.

MARTY, P. & M'UZAN, de, M. (1963), « La Pensée opératoire », *Revue française de psychanalyse,* vol. 27.

MARTY, P., M'UZAN, de, M. & DAVID, C. (1963), *L'Investigation psychosomatique,* Paris, P.U.F.

McDOUGALL, J. (1964), « De l'homosexualité féminine », *La Sexualité féminine,* ouvrage collectif, J. Chasseguet (éd.), Paris, Payot.

McDOUGALL, J. (1972), « L'Anti-analysant en analyse », in *Plaidoyer pour une certaine anormalité,* Paris, Gallimard (1978).

McDOUGALL, J. (1976), « Narcisse en quête d'une source », in *op. cit.* (1978).

McDOUGALL, J. (1978), « De la douleur psychique et du psychesoma », in *op. cit.* (1978).

MELTZER, D. (1967), *Le processus psychanalytique,* Paris, Payot, 1971.

MELTZER, D. et al. (1975), *Explorations dans le monde de l'autisme,* Paris, Payot, 1980.

MELTZER, D. (1977), *Les Structures sexuelles de la vie psychique,* Paris, Payot, 1977.

MODELL, A. (1969), *Object Love and Reality,* London, Hogarth.

MONTGRAIN, N. (1978), « Contours des petites filles », in *Interprétation,* n° 24, 1980.

NEMIAH, J.C. (1978), « Alexithymia and psychosomatic illness », *J.C.E. Psychiatry,* octobre 1978.

PONTALIS, J.-B. (1977), *Entre le rêve et la douleur,* Paris, Gallimard.

SCHNEIDER, M. (1973), « Affect et langage chez Freud », in *Topique,* n°s 11-12.

SIFNEOS, P.E. (1973), « The prevalence of « alexithymic » characteristics in psychosomatic patients », *Psychother. Psychosom.,* vol. 22.

SIFNEOS, P.E. (1974), « Reconsideration of psychodynamic mechanisms in psychosomatic symptom formation in view of recent clinical observations », *Psychother. Psychosom.*, vol. 24.

SIFNEOS, P.E. (1975), « Problems of psychotherapy in patients with alexithymic characteristics and physical disease », *Psychother. Psychosom.*, 26.

SMIRNOFF, V. (1977), « Epreuves », *Nouvelle Revue de Psychanalyse,* n° 16, « Écrire la psychanalyse ».

STEIN, M. (1979), Book Review of *The Restoration of the Self* by Heinz Kohut, in *Psychoanalytic Quarterly,* n° 49.

STEWART, S. (1972), « Quelques aspects théoriques du fétichisme », in *La Sexualité perverse,* Paris, Payot.

STOLLER, R. (1968), *Recherches sur l'identité sexuelle,* Paris, Gallimard, 1978.

STOLLER, R. (1975), *La Perversion,* Paris, Payot.

STOLOROW, R. (1975), « Towards a functional definition of narcissism », *Int. J. Psychoanal.,* vol. 56.

WINNICOTT, W. (1971), *Jeu et réalité,* Paris, Gallimard, 1975.

DU MÊME AUTEUR

Aux Éditions Gallimard

PLAIDOYER POUR UNE CERTAINE ANORMALITÉ, 1978.

THÉÂTRES DU JE, 1982.

THÉÂTRES DU CORPS, 1989.

ÉROS AUX MILLE ET UN VISAGES, 1996.

DANS LA COLLECTION FOLIO / ESSAIS

280 Pierre Hadot : *Qu'est-ce que la philosophie antique ?*
281 Jean-Jacques Rousseau : *Émile ou De l'éducation.*
282 Jean Bastaire : *Péguy tel qu'on l'ignore.*
283 Pascal Engel : *Philosophie et psychologie.*
284 Jean-Paul Sartre : *L'existentialisme est un humanisme.*
285 Jean Prévost : *La création chez Stendhal.*
286 Carlos Castaneda : *Le second anneau de pouvoir.*
287 André Breton : *Les Vases communicants*
288 Jean-Noël Schifano : *Désir d'Italie.*
289 Francis Bacon : *Entretiens avec Michel Archimbaud.*
290 Roger Caillois : *Babel* précédé de *Vocabulaire esthétique.*
291 C. G. Jung : *Un mythe moderne.*
292 Paul Valéry : *Tel quel.*
293 Jorge Luis Borges et Alicia Jurado : *Qu'est-ce que le bouddhisme ?*
294 Witold Gombrowicz : *Testament.*
295 Gaëtan Picon : *1863. Naissance de la peinture moderne.*
296 Thomas Pavel : *L'art de l'éloignement (Essai sur l'imagination classique).*
297 Stendhal : *Histoire de la peinture en Italie.*
298 André Malraux : *La politique, la culture.*
299 Gérard Mairet : *Le principe de souveraineté (Histoires et fondements du pouvoir moderne).*
300 André Malraux : *Le Musée Imaginaire.*
301 Jean-Marc Lévy-Leblond : *La pierre de touche (La science à l'épreuve…).*
302 Pierre Hadot : *Plotin ou la simplicité du regard.*
303 Marc Jimenez : *Qu'est-ce que l'esthétique ?*
304 Jean-Jacques Rousseau : *Discours sur les sciences et les arts.*
305 Albert Camus : *Actuelles (Écrits politiques).*
306 Miguel de Unamuno : *Le sentiment tragique de la vie.*
307 Benjamin Constant : *Écrits politiques.*

308 Platon : *Les Lois.*
309 Fernand Léger : *Fonctions de la peinture*
310 Carlos Castaneda : *Le don de l'Aigle.*
311 Bertrand Vergely : *La souffrance.*
312 Régis Debray : *L'État séducteur.*
313 Édouard Glissant : *Le discours antillais.*
315 Françoise Dolto : *Les étapes majeures de l'enfance.*
316 Simone Weil : *Réflexions sur les causes de la liberté et de l'oppression sociale.*
317 Bruno Bettelheim : *La Forteresse vide.*
318 Sigmund Freud : *La question de l'analyse profane.*
319 Raymond Aron : *Marxismes imaginaires (D'une sainte famille à l'autre).*
320 Antonin Artaud : *Messages révolutionnaires.*
322 Paul Klee : *Théorie de l'art moderne.*
323 Paul Valéry : *Degas Danse Dessin.*
324 Carlos Castaneda : *Le feu du dedans.*
325 Georges Bernanos : *Français, si vous saviez..*
326 Édouard Glissant : *Faulkner, Mississippi.*
327 Paul Valéry : *Variété I et II.*
328 Paul Bénichou : *Selon Mallarmé.*
329 Alain : *Entretiens au bord de la mer (Recherche de l'entendement).*
330 Sous la direction d'Henri-Charles Puech : *Histoire des religions I*.*
331 Sous la direction d'Henri-Charles Puech : *Histoire des religions I**.*
332 Sous la direction d'Henri-Charles Puech : *Histoire des religions II*.*
333 Sous la direction d'Henri-Charles Puech : *Histoire des religions II**.*
334 Sous la direction d'Henri-Charles Puech : *Histoire des religions III*.*
335 Sous la direction d'Henri-Charles Puech : *Histoire des religions III**.*
336 Didier Anzieu : *Beckett.*
337 Sous la direction de Brice Parain : *Histoire de la philosophie I, vol. 1.*

338 Sous la direction de Brice Parain : *Histoire de la philosophie I, vol. 2.*
339 Sous la direction d'Yvon Belaval : *Histoire de la philosophie II, vol. 1.*
340 Sous la direction d'Yvon Belaval : *Histoire de la philosophie II, vol. 2.*
341 Sous la direction d'Yvon Belaval : *Histoire de la philosophie III, vol. 1.*
342 Sous la direction d'Yvon Belaval : *Histoire de la philosophie III, vol. 2.*
343 Rémi Brague : *Europe, la voie romaine.*
344 Julien Offroy de La Mettrie : *L'Homme-Machine.*
345 Yves Bonnefoy : *Le nuage rouge.*
346 Carlos Castaneda : *La force du silence (Nouvelles leçons de don Juan).*
347 Platon : *Gorgias* suivi de *Ménon.*
348 Danilo Martuccelli : *Sociologies de la modernité (L'itinéraire du XXe siècle).*
349 Robert Castel : *Les métamorphoses de la question sociale (Une chronique du salariat).*
350 Gabriel Marcel : *Essai de philosophie concrète.*
351 J.-B. Pontalis : *Perdre de vue.*
352 Patrick Chamoiseau, Raphaël Confiant : *Lettres créoles.*
353 Annie Cohen-Solal : *Sartre 1905-1980.*
354 Pierre Guenancia : *Lire Descartes.*
355 Julia Kristeva : *Le temps sensible (Proust et l'expérience littéraire).*
357 Claude Lefort : *Les formes de l'histoire (Essais d'anthropologie politique).*
358 Collectif : *Narcisses.*
359 Collectif : *Bisexualité et différence des sexes.*
360 Werner Heisenberg : *La nature dans la physique contemporaine.*
361 Gilles Lipovetsky : *Le crépuscule du devoir (L'éthique indolore des nouveaux temps démocratiques).*
362 Alain Besançon : *L'image interdite (Une histoire intellectuelle de l'iconoclasme).*
363 Wolfgang Köhler : *Psychologie de la forme (Introduction à de nouveaux concepts en psychologie).*

364 Maurice Merleau-Ponty : *Les aventures de la dialectique.*
365 Eugenio d'Ors : *Du Baroque.*
366 Trinh Xuan Thuan : *Le chaos et l'harmonie (La fabrication du Réel).*
367 Jean Sulivan : *Itinéraire spirituel.*
368 Françoise Dolto : *Les chemins de l'éducation.*
369 Collectif : *Un siècle de philosophie 1900-2000.*
370 Collectif : *Genre et politique (Débats et perspectives)*
371 Denys Riout : *Qu'est-ce que l'art moderne ?*
372 Walter Benjamin : *Œuvres I.*
373 Walter Benjamin : *Œuvres II.*
374 Walter Benjamin : *Œuvres III.*
375 Thomas Hobbes : *Léviathan (ou Matière, forme et puissance de l'État chrétien et civil).*
376 Martin Luther : *Du serf arbitre.*
377 Régis Debray : *Cours de médiologie générale.*
378 Collectif : *L'enfant.*
379 Schmuel Trigano : *Le récit de la disparue (Essai sur l'identité juive).*
380 Collectif : *Quelle philosophie pour le XXIe siècle ?*
381 Maurice Merleau-Ponty : *Signes.*
382 Collectif : *L'amour de la haine.*
383 Collectif : *L'espace du rêve.*
384 Ludwig Wittgenstein : *Grammaire philosophique.*
385 George Steiner : *Passions impunies.*
386 Sous la direction de Roland-Manuel : *Histoire de la musique I, vol. 1. Des origines à Jean-Sébastien Bach.*
387 Sous la direction de Roland-Manuel : *Histoire de la musique I, vol. 2. Des origines à Jean-Sébastien Bach.*
388 Sous la direction de Roland-Manuel : *Histoire de la musique II, vol. 1. Du XVIIIe siècle à nos jours.*
389 Sous la direction de Roland-Manuel : *Histoire de la musique II, vol. 2. Du XVIIIe siècle à nos jours.*
390 Geneviève Fraisse : *Les deux gouvernements : la famille et la Cité.*
392 J.-B. Pontalis : *Ce temps qui ne passe pas* suivi de *Le compartiment de chemin de fer.*
393 Françoise Dolto : *Solitude.*

Composition Nord Compo.
Impression Société Nouvelle Firmin-Didot
à Mesnil-sur-l'Estrée, le 12 mars 2007.
Dépôt légal : mars 2007.
1er dépôt légal : mars 2004.
Numéro d'imprimeur : 84193.

ISBN 978-2-07-031429-4/Imprimé en France.

151381